INFOGRAPHIC ELEMENTS

business

trade

success

Excel 金融建模

预测、估值、交易和增长分析

Hands-On Financial Modeling with Microsoft Excel 2019

[尼日利亚] 什穆埃尔·奥卢瓦（Shmuel Oluwa）◉ 著

潘丽萍 潘淳 ◉ 译

人民邮电出版社

北京

图书在版编目（CIP）数据

Excel金融建模：预测、估值、交易和增长分析 /
（尼日利）什穆埃尔·奥卢瓦著；潘丽萍，潘淳译. --
北京：人民邮电出版社，2021.12
（金融科技系列）
ISBN 978-7-115-57576-0

Ⅰ. ①E… Ⅱ. ①什… ②潘… ③潘… Ⅲ. ①表处理
软件-应用-金融学 Ⅳ. ①F830-39

中国版本图书馆CIP数据核字(2021)第202732号

版权声明

- ◆ 著　　　[尼日利亚] 什穆埃尔·奥卢瓦（Shmuel Oluwa）
  译　　　潘丽萍　潘　淳
  责任编辑　胡俊英
  责任印制　王　郁　焦志炜
- ◆ 人民邮电出版社出版发行　北京市丰台区成寿寺路 11 号
  邮编　100164　电子邮件　315@ptpress.com.cn
  网址　https://www.ptpress.com.cn
  涿州市京南印刷厂印刷
- ◆ 开本：800×1000　1/16
  印张：14.25　　　　　　2021 年 12 月第 1 版
  字数：273 千字　　　　2021 年 12 月河北第 1 次印刷
  著作权合同登记号　图字：01-2021-1436 号

定价：89.90 元
读者服务热线：(010)81055410　印装质量热线：(010)81055316
反盗版热线：(010)81055315
广告经营许可证：京东市监广登字 20170147 号

内容提要

  Excel 是大众熟知的 Office 软件之一，它不仅拥有优秀的统计功能、数据分析功能，在金融建模领域也被广泛应用。

  本书基于 Excel 2019 编写，全书共 10 章内容，涉及财务模型及 Excel 简介、建立财务模型的步骤、Excel 函数和公式的使用、各种财务表格、比率分析、估值以及如何测试模型的合理性和准确性等知识点。

  本书将 Excel 用于金融建模实践，囊括了丰富的案例和操作演示，力求帮助读者了解金融建模场景中常用的 Excel 工具，解决金融领域的预测、估值、交易、数据分析等业务难题。

  本书适合金融及财务方向的从业者阅读，对企业并购、估值建模等具有参考价值，是一本实用的工具书。

推荐序

非常荣幸受译者潘丽萍老师之邀为本书作序！潘丽萍老师是瑞士某上市公司的财务总监，拥有英国皇家特许管理会计师（CIMA）和全球特许管理会计师（CGMA）的资格认证，是一名非常资深的财务专家，也是我一直非常钦佩的前辈之一。

多年来，我一直扎根于"职业教育"领域，尤其是近10年专注于服务财经工作者，依托"互联网+"模式打造实战内容体系、智能需求匹配系统、一体化的企业学习管理平台等助力提升学员的工作效能，力争让"财经专业知识触手可及"，目前我们的平台服务于6000多家企业客户以及10万名以上财经工作者。我们一直在钻研所谓的"实战"，其实实战莫过于企业中体验着"真枪实弹"的各位财经工作者。

我们按照行业、职能、职级打造了一个三维立体的知识内容模型，通过自研的内容设计流程，包括讲师的筛选、案例的筛选，将案例由浅入深地设计、编撰成知识内容，并最终演绎与呈现。也正因如此，我们需要与大量的实战专家深入探讨交流，反复打磨，最终形成具有实用性的知识内容。这是一个非常有趣的过程，会得到很多洞见。我猜测也正因为过往与潘老师多次交流所产生的共鸣，才获邀为本书作序。

与大家分享一个我的观察，先抛出个问题，并购案的估值建模者是财务人员，还是投行人员？提起并购，你可能会条件反射地想到"投行"这种专业机构，然而在大多数的并购案中，并购对价是由并购案双方提出后经谈判最终确定，而不是由投行提出再要求双方认可。换言之，并购案双方的负责人委托第三方标的公司/市场同类公司进行初步尽调后，结合股东期望建立估值模型并提出并购对价。其中投行担当的是协调和促进对接确认的角色，在整个并购过程中金融建模的主体是并购案的双方，从实务操作上前期涉及大量的工作，且时间紧、任务重，更多是标的公司的财务人员，其中估值建模是避不开的任务了。

　　然而提到建模，往往会令人生畏，对于金融建模，许多人更是不知如何下手。通过阅读潘老师翻译的这本书，你会发现金融建模主要依托的是会计的基础和财务分析的能力，模型的建立是基于三大财务报表之间的嵌套和各个会计科目的勾稽关系而来。

　　本书内容贴近实务，且具备非常强的可操作性，以财务三大报表的 5 年历史数据作为基点，逐步教你如何运用 Excel 的计算特性将公司未来 5 年的规划用数字化形式呈现，进而生成能够反映公司未来 5 年经营成果及财务状况的预测表，进阶测算不同估值模型下企业的价值。最后结合 Excel 2019 的内置运算模块对企业估值进行敏感分析以检测估值模型的合理性，形成完整的闭环。

　　感谢本书作者和译者的智慧和努力，使我们得以读到如此优秀的佳作，重新认识金融建模。也祝愿广大读者在学完本书后，不仅仅能够对并购有所了解，也希望能够快速上手并掌握 Excel 金融建模基本能力。

——景俊淇

铂略咨询 Linked-F 联合创始人

作者简介

　　什穆埃尔·奥卢瓦（Shmuel Oluwa）是一位金融高管和资深讲师，在金融相关领域拥有超过 25 年的经验，对传授知识充满热情。他在如何使用微软 Excel 方面积累了丰富的经验，并开发了商业 Excel、Excel 财务建模、Excel 取证和欺诈检测、用 Excel 做调查和非会计人员的会计课程等方面的培训课程。他在很多地方都开设了线下课程，在线上也拥有大量的学生。

技术审校者简介

伯纳德·奥本·博阿滕（Bernard Obeng Boateng）是一名数据分析师和金融建模者，在银行、保险和业务发展方面有 10 多年的工作经验，拥有加纳大学商学院的管理学士学位，并获得了世界一流商学院——沃顿商学院的商业分析认证。伯纳德是 BEST 有限公司的主要顾问，该公司为加纳的个人和机构提供培训和财务解决方案。

作为一名金融建模者，伯纳德·奥本·博阿滕是加纳和卢旺达政府创建的农业保险风险模型团队中的一员。他在加纳培训了 50 万以上的企业员工，并有一个名为"提高工作效率的 Excel 技巧"的在线培训视频系列。

托尼·德·琼克（Tony De Jonker）是微软 Excel 领域的名人，他开授了一系列与 Excel 业务相关的培训课程。他是 Excel 体验日、Excel 专家班、阿姆斯特丹 Excel BI 峰会等 Excel 年度活动的创始人和主讲人。基于 30 多年的电子表格建模经验和 40 多年的财务和会计经验，托尼专为全球客户提供金融建模、分析、报告和培训，并撰写了 150 多篇关于在商业中使用 Excel 的文章。

前言

金融建模是许多金融从业者需要具备的核心技能，本书基于 Microsoft Excel 2019 编写，旨在通过一系列金融建模实践和 Excel 实操技巧，帮助读者掌握高效率的金融建模解决方案。

全书共 10 章内容，涉及财务模型及 Excel 的基础知识、建立财务模型的步骤、Excel 函数和公式的使用、各种财务表格、比率分析、估值以及如何测试模型的合理性和准确性等知识点。本书囊括了丰富的案例和操作演示，力求帮助读者了解金融财务场景中常用的 Excel 工具和建模技巧，解决金融领域的预测、估值、交易、数据分析等业务难题。

在阅读本书时，读者还可以借助随书提供的配套数据表格和彩色图片，跟随书中的提示，逐步进行实践操作。读者将在相关案例的学习中，进一步巩固金融建模相关的知识，掌握运用 Excel 完成金融建模的技能。

本书涵盖以下主要内容。

第 1 章介绍财务模型相关的知识，包括财务模型的定义及分类等。此外，还介绍了财务建模可用的软件以及与 Excel 有关的内容。

第 2 章介绍建立财务模型的步骤，包括创建模型框架、获取历史财务数据、编制各种表格等内容。

第 3 章介绍金融建模中常用的函数和公式，还涉及数据透视表和数据透视图的绘制。

第 4 章介绍 Excel 的"引用"功能，包括相对引用、绝对引用、混合引用等内容。

第 5 章介绍如何了解项目的性质和目的，构建出符合客户预期的模型，还通过案例演示突出了各种财务表格的重要性。

第 6 章介绍固定资产明细表和负债明细表，涉及一些基础概念和分析方法，让读者深刻认识资本支出计划表和还款计划表的重要性。

第 7 章介绍如何使用 Excel 中的函数来编制现金流量表，通过具体的案例和步骤演示了 Excel 中的操作技巧。

第 8 章介绍比率分析，涉及多种比率及其计算方式，理解了比率分析的局限性并掌握了相关的分析方法。

第 9 章介绍估值方法，包括绝对估值法和相对估值法，结合有关案例给出了具体的估值思路，并演示了具体的分析步骤。

第 10 章介绍测试模型的合理性和准确性，通过将测试和排错的过程纳入模型来提高模型的准确性。

目标读者

本书适合金融及财务方向的从业者阅读，对企业并购、估值建模等具有参考价值。

配套资源

本书提供配套的数据表格和相关彩图，希望能够帮助读者更好地复现书中案例，并掌握相关知识点，上述资源可以从异步社区免费下载。

资源与支持

本书由异步社区出品，社区（https://www.epubit.com/）为您提供相关资源和后续服务。

配套资源

本书提供配套资源，请在异步社区本书页面中单击"配套资源"，跳转到下载界面，按提示进行操作即可。注意：为保证购书读者的权益，该操作会给出相关提示，要求输入提取码进行验证。

提交勘误

作者和编辑尽最大努力来确保书中内容的准确性，但难免会存在疏漏。欢迎您将发现的问题反馈给我们，帮助我们提升图书质量。

当您发现错误时，请登录异步社区，按书名搜索，进入本书页面，单击"提交勘误"，输入勘误信息，单击"提交"按钮即可。本书的作者和编辑会对您提交的勘误进行审核，确认并接受后，您将获赠异步社区的 100 积分。积分可用于在异步社区兑换优惠券、样书或奖品。

详细信息	写书评	提交勘误	
页码：	页内位置（行数）：	勘误印次：	

```
B I U ✄ 三· 三· " ⺍ ⊞ 亙

                                                        字数统计
                                                         提交
```

扫码关注本书

扫描下方二维码，您将会在异步社区微信服务号中看到本书信息及相关的服务提示。

与我们联系

我们的联系邮箱是 contact@epubit.com.cn。

如果您对本书有任何疑问或建议，请您发邮件给我们，并请在邮件标题中注明本书书名，以便我们更高效地做出反馈。

如果您有兴趣出版图书、录制教学视频，或者参与图书翻译、技术审校等工作，可以发邮件给我们；有意出版图书的作者也可以到异步社区在线投稿（直接访问 www.epubit.com/selfpublish/submission 即可）。

如果您所在的学校、培训机构或企业，想批量购买本书或异步社区出版的其他图书，也可以发邮件给我们。

如果您在网上发现有针对异步社区出品图书的各种形式的盗版行为，包括对图书全部或部分内容的非授权传播，请您将怀疑有侵权行为的链接发邮件给我们。您的这一举动是对作者权益的保护，也是我们持续为您提供有价值的内容的动力之源。

关于异步社区和异步图书

"异步社区" 是人民邮电出版社旗下 IT 专业图书社区，致力于出版精品 IT 图书和相关学习产品，为作译者提供优质出版服务。异步社区创办于 2015 年 8 月，提供大量精品 IT 图书和电子书，以及高品质技术文章和视频课程。了解更多详情请访问异步社区官网 https://www.epubit.com。

"异步图书" 是由异步社区编辑团队策划出版的精品 IT 专业图书的品牌，依托于人民邮电出版社近 40 年的计算机图书出版积累和专业编辑团队，相关图书在封面上印有异步图书的 LOGO。异步图书的出版领域包括软件开发、大数据、人工智能、测试、前端、网络技术等。

异步社区

微信服务号

目录

第一部分　财务建模概述

第二部分　运用 Excel 工具和函数进行财务建模

第三部分 建立综合财务模型

第一部分
财务建模概述

您将在本部分了解使用 Excel 建立财务模型的意义以及建立综合财务模型所需的步骤。

本部分包括以下两章：

01

第1章
财务模型及
Excel 简介

如果您问五个专业人士"财务建模"的定义是什么，您可能会得到五个不同的答案。事实上，这五个答案在各位回答者的语境中都是正确的。财务模型的使用边界几乎每天都在不断地延展，新的使用者从自身的角度来定义这门学科的特性，不可避免地造成了一千个人有一千种答案的状况。在本章中，您将了解财务模型的组成以及我喜欢的关于财务建模的定义。您还将了解目前业界广泛使用的不同财务建模工具，以及 Excel 中可用于建模的一些功能——正是这些功能使得 Excel 成为处理各种财务模型的理想工具。

本章涵盖以下主题：

- 财务模型的主要组成部分；

- 什么是数学模型；

- 财务模型的定义；

- 财务模型的类型；

- 能替代 Excel 进行财务建模的软件；

- Excel 是理想的工具。

1.1 财务模型的主要组成部分

当存在一种需要做出财务决策的情景时，应考虑两个或多个选项后做出决策。首先需要考虑的选项是财务决策的不同类型。

财务决策可分为三种主要类型：

- 投资；

- 融资；

- 分红。

1.1.1 投资

投资决策往往基于以下场景。

1. 购买新设备

您可能已经具备了自行建造设备的能力和知识，也可能已经有了类似的设备，因此通常围绕以下几点进行决策。

- 制造设备还是购买新设备？

- 出售旧设备还是保留旧设备？

- 以旧换新？

2. 业务拓展决策

业务拓展决策可能意味着上线新的产品、开设一个新的分支机构或扩大现有的分支机构。因此通常围绕以下两点进行决策。

投资的成本：指所有与投资有关的成本。例如，投资项目的建筑成本、投资项目所需的额外人力成本、投资项目所增加的运营成本、投资项目对现有业务的不利影响，以及保障投资项目运营的营销成本等。

投资的益处：指从投资中获得的收益。例如，投资项目可以获得的额外销售额、投资项目对其他项目的销售额的促进，以及其他可量化的收益。计算投资回报率（Return on Investment，ROI），正投资回报率表示投资有利可图。

投资决策还涉及是用自有资金投资还是用外部资金投资。如果决定用贷款购买一辆汽车，就需要先告诉银行想拿出多少钱作为首付款，这样银行才能制订贷款计划。这时需要考虑的因素如下。

- 利率：银行收取的贷款利率越高，贷款人能承受的贷款额就越低。

- 贷款期限：贷款期限越长，每月还款额就越低，但给银行支付的贷款利息总额就越高。

- 贷款金额：无论银行提供了什么样的利率，都要考虑贷款金额。

- 还款方式：月付、季付或是年付。

1.1.2　融资

公司需要决定是从内部融资（向股东申请增资）还是从外部融资（获得银行贷款）。融资决策通常围绕以下几点考虑。

- **融资的成本**：银行融资的成本很容易计算，即利息和相关费用。无论公司是否有盈利，都应支付这些财务费用。股权融资的成本相对低，因为公司不需要每年支付股息，而且支付的金额由公司决定。

- **融资的渠道**：一般来说，除非已经有了良好的业绩和令人满意的分红，否则很难从股东那里获取更多的资金。所以，公司可能除了外部融资没有别的选择。

- **融资渠道的固有风险**：外部融资存在这样的风险，即公司可能无力偿还到期的款项。

- **理想的负债或股权比率**：公司管理层希望保持与其风险承受能力相称的负债与股权比率。风险追求者会对高于 1：1 的比率感到满意，而风险规避者则希望比率为 1：1 或更低。

1.1.3　分红

当公司拥有盈余资金时会做出分配利润的决定。分红决策可以是分配所有的盈余资金、分配部分盈余资金，或完全不分配盈余资金。做出分红决策时通常围绕以下几点考虑。

- **股东的期望**：股东对有利可图的、能得到回报的融资方案，通常能耐心地等待自己的投资得到回报。回报通常表现为公司的净利润、股票股价的增长，或是公司派发的股息。特别是股息，对股东的财务状况产生直接影响。

- **保留盈余以满足未来增长的需要**：董事会成员有责任在满足尽可能多地派发股息的要求的同时，保留部分盈余，以备未来发展和应急之需。

- **保持健康股利政策的愿望**：健康的股利政策是保持现有股东信心和吸引潜在未来投资者的必要条件。

1.2　什么是数学模型

在制订计划时，最佳或最优的解决方案通常是以货币来衡量的。最佳方案可能是收益最高的方案、成本最低的方案、风险最可接受的方案或最环保的方案，但通常是这些特征的混合体，这就不可避免地存在着固有的不确定性。正因如此，您需要根据过去的结果对计划进行假设。捕捉场景中所有固有的不确定性的合适的方法是建立一个数学模型。该模型将建立变量和假设之间的关系，并将之作为模型的输入值。当模型包括一系列用以评估输入信息、阐述并呈现各种备选方案及其结果的计算时，该模型被称为财务模型。

1.3　财务模型的定义

维基百科认为：财务模型是一种数学模型，它以抽象的形式呈现金融资产、项目或其他投资的表现。

公司金融研究机构认为：财务模型通过利用某些变量来估计特定财务决策的结果，有利于预测未来的财务业绩。

《商业词典》同意维基百科关于数学模型的概念，认为财务模型由方程组组成。该模型通过关注财务决策的结果来分析公司是如何对不同的经济形势做出反应。《商业词典》接着列举了一些您期望在财务模型中找到的报表和附表。此外，该出版物还认为，模型可以预估公司的政策以及投资者和贷款人所设置的限制对公司产生的财务影响，并列举了一个关于现金预算的财务模型的示例。

《电子财务管理》杂志认为：财务模型是财务分析员预测未来几年收益和业绩的一种工具。该杂志认为，完整的模型是商业交易的数学表示。该杂志将 Excel 列为建模的主要工具。

以下是我个人赞同的定义：

"在做财务决策时，需要建立一个数学模型来促进决策。根据模型的计算结果确定首选的行动方案及其后果。"

1.4 财务模型的类型

财务模型的类型根据模型的目的和受众不同可以分为很多种。一般来说，当想估值、预测或两者兼有时，可以创建一个财务模型。

以下内容为公司估值模型的示例。

1.4.1 三大财务报表

资产负债表、损益表及现金流量表是大多数估值模型的基础。

资产负债表（或财务状况表）：图 1.1 是一份关于**资产**（指公司拥有的具有经济价值的资源，通常是为公司创造收入的资源，如厂房、机器和存货）、**负债**（指公司的现时义务，如应付账款和银行贷款）和**所有者权益**（指所有者对公司投资情况的计量）的报表[1]。

Wazobia 全球有限公司	复核	正确	正确	正确	正确	正确	正确	正确	正确	正确	正确
(显示单位: 千元，特殊情况另外注明) 年份		Y01A	Y02A	Y03A	Y04A	Y05A	Y06F	Y07F	Y08F	Y09F	Y10F
资产负债表											
资产											
非流动资产											
物业、厂房和设备		90,000	80,000	70,000	240,000	210,000	180,000	150,000	120,000	90,000	60,000
投资		12,197	11,549	58,106	63,106	58,106	58,106	58,106	58,106	58,106	58,106
非流动资产总额		102,197	91,549	128,106	303,106	268,106	238,106	208,106	178,106	148,106	118,106
流动资产											
存货		15,545	18,007	21,731	14,530	14,530	20,274	14,778	20,525	15,030	20,779
应收账款		20,864	31,568	35,901	28,054	28,054	39,026	31,097	42,207	34,423	45,683
现金和现金等价物		7,459	17,252	9,265	110,863	148,306	178,435	243,864	290,573	373,372	438,279
流动资产总额		43,868	66,827	66,897	153,447	190,890	237,736	289,739	353,305	422,825	504,741
流动负债											
应付账款		12,530	16,054	15,833	14,072	14,072	15,682	14,285	15,896	14,501	16,114
透支											
流动负债总额		12,530	16,054	15,831	14,072	14,072	15,682	14,285	15,896	14,501	16,114
经营营运资本		31,338	50,773	51,066	139,375	176,818	222,054	275,454	337,409	408,325	488,628
长期资本		133,535	142,322	179,172	442,481	444,924	460,160	483,560	515,515	556,431	606,734
非流动负债											
无担保贷款		40,000	35,000	30,000	275,000	270,000	265,000	260,000	255,000	250,000	245,000
其他非流动负债		5,000	5,000	5,000	10,000	5,000	5,000	5,000	5,000	5,000	5,000
非流动负债总额		45,000	40,000	35,000	285,000	275,000	270,000	265,000	260,000	255,000	250,000
股权											
股本		70,000	70,000	70,000	70,000	70,000	70,000	70,000	70,000	70,000	70,000
留存收益		18,535	32,322	74,172	87,481	99,924	120,160	148,560	185,515	231,431	286,734
总股本		88,535	102,322	144,172	157,481	169,924	190,160	218,560	255,515	301,431	356,734
所有者权益和非流动负债总额		133,535	142,322	179,172	442,481	444,924	460,160	483,560	515,515	556,431	606,734

图 1.1

---

1 特别说明：在本书相关的财务表格中，当涉及"金额""成本"等项目时，对应的单位均为"元"，后续不再单独说明。

损益表（或综合损益表）：图 1.2 是一份总结公司业绩的报表，将公司在特定时期内产生的收入与同时期内发生的支出进行比较。

Wazobia 全球有限公司

	复核	正确	正确	正确	正确	正确	正确	正确	正确	正确	正确
(显示单位：千元；特殊情况另外注明)	年份	Y01A	Y02A	Y03A	Y04A	Y05A	Y06F	Y07F	Y08F	Y09F	Y10F
损益表											
收入		260,810	272,241	285,009	297,938	311,453	325,582	340,351	355,791	371,930	388,802
成本		177,782	184,703	179,052	179,690	180,331	181,619	182,917	184,223	185,539	186,865
毛利		83,028	87,538	105,957	118,247	131,122	143,962	157,434	171,567	186,391	201,937
销售费用		9,204	10,521	11,099	11,210	11,719	12,250	12,806	13,387	13,994	14,629
管理费用		25,145	26,402	21,752	26,786	28,001	29,271	30,599	31,987	33,438	34,955
折旧		10,000	10,000	10,000	30,000	30,000	30,000	30,000	30,000	30,000	30,000
其他费用		5,675	13,342	4,394	8,559	8,948	9,353	9,778	10,221	10,685	11,170
营业利润		33,004	27,273	58,712	41,692	52,455	63,088	74,252	85,972	98,274	111,184
其他收入		3,333	2,183	2,156	2,156	2,156	2,156	2,156	2,156	2,156	2,156
其他财务费用		9,265	9,644	9,848	9,848	9,586	9,586	9,586	9,586	9,586	9,586
息税前利润		25,072	16,062	47,770	19,013	17,775	28,908	40,572	52,792	65,594	79,004
利息		2,000	3,750	3,250	15,250	27,250	26,750	26,250	25,750	25,250	24,750
税前利润		23,072	12,312	44,520	3,763	(9,475)	2,158	14,322	27,042	40,344	54,254
所得税		6,537	2,275	5,920	5,704	5,333	8,672	12,172	15,838	19,678	23,701
净利润		18,535	13,787	41,850	13,309	12,443	20,236	28,401	36,955	45,916	55,303

图 1.2

现金流量表：图 1.3 是一份说明特定时期内投资、融资、生产运营及贸易往来所产生的现金流入及流出情况的报表。**现金及现金等价物净增加额**应等于本报告所述期间资产负债表中显示的**现金和现金等价物余额**的变动情况。

Wazobia 全球有限公司

	复核	正确	正确	正确	正确	正确	正确	正确	正确	正确	正确
(显示单位：千元；特殊情况另外注明)	年份	Y01A	Y02A	Y03A	Y04A	Y05A	Y06F	Y07F	Y08F	Y09F	Y10F
现金流量表											
经营活动产生的现金流											
净利润			13,787	41,850	13,309	12,443	20,236	28,401	36,955	45,916	55,303
加：折旧			10,000	10,000	30,000	30,000	30,000	30,000	30,000	30,000	30,000
加：财务费用			3,750	3,250	15,250	27,250	26,750	26,250	25,750	25,250	24,750
经营营运资本											
加：应付账款增加额			3,524	(223)	(1,759)	-	1,610	(1,397)	1,611	(1,396)	1,613
减：库存增加额			(2,462)	(3,724)	7,201	0	(5,745)	5,496	(5,747)	5,494	(5,748)
减：应收账款增加额			(10,704)	(4,333)	7,847	-	(10,972)	7,929	(11,110)	7,785	(11,261)
经营营运资本净额			(9,642)	(8,280)	13,290	0	(15,107)	12,028	(15,245)	11,883	(15,396)
经营活动产生的现金流净额			17,895	46,820	71,849	69,693	61,879	96,678	77,460	113,049	94,657
投资活动产生的现金流											
减少：购置固定资产、无形资产及其他投资活动的支出			-	-	(200,000)						
增加：处置资产所得收益											
减少：在建工程所付的现金											
减少：增加投资所支付的现金			648	(46,557)	(5,000)	5,000					
投资活动产生的现金流净额			648	(46,557)	(205,000)	5,000	-	-	-	-	-
融资活动产生的现金流											
增加：发行股票											
增加：新增无担保贷款			-	-	250,000						
减少：已偿还的无担保贷款			(5,000)	(5,000)	(5,000)	(5,000)	(5,000)	(5,000)	(5,000)	(5,000)	(5,000)
减少：已支付的股息											
减少：已支付的利息			(3,750)	(3,250)	(15,250)	(27,250)	(26,750)	(26,250)	(25,750)	(25,250)	(24,750)
融资活动产生的现金流净额			(8,750)	(8,250)	229,750	(32,250)	(31,750)	(31,250)	(30,750)	(30,250)	(29,750)
现金及现金等价物净增加额			9,793	(7,987)	96,599	42,443	30,129	65,428	46,710	82,799	64,907
现金及现金等价物余额											
期初现金及现金等价物余额			7,459	17,252	9,265	105,864	148,306	178,435	243,864	290,573	373,372
现金及现金等价物净增额			9,793	(7,987)	96,599	42,443	30,129	65,428	46,710	82,799	64,907
期末现金及现金等价物余额			17,252	9,265	105,864	148,306	178,435	243,864	290,573	373,372	438,279

图 1.3

这个模型的计算结果始于历史数据。换而言之,需要先将过去 3 至 5 年的**损益表**、**资产负债表和现金流量表的数据**输入 Excel。然后提出一系列的假设条件,并根据这些假设条件推导出未来 3 到 5 年三大财务报表的结果。稍后将对其做更详细的说明。

1.4.2 现金流量折现模型

大多数专业人士认为**现金流量折现(Discounted Cash Flow,DCF)模型**是评估公司价值最精确的方法。**现金流量折现模型**的基本逻辑是,公司的价值是公司未来可以产生的所有现金流量的总和扣除各种负债后形成的自由现金流量。**现金流量折现模型**还考虑了货币的时间价值,关于货币的时间价值这个概念将在其他章节中详细介绍。

现金流量折现模型的估值模型是从三大财务报表中提取现金流量,稍后在"三大财务报表"节将充分解释此评估模型所包含的技术参数。

1.4.3 相对价值模型

相对价值模型的依据是类似的公司其倍数也应该相似。倍数指可比公司价值与其经营业绩之间的比。经营业绩可以是:

- 税息折旧及摊销前利润(Earnings Before Interest,Taxes,Depreciation and Amortization,EBITDA);
- 息税前利润(Earnings Before Interest and Tax,EBIT);
- 税前利润(Profit Before Tax,PBT);
- 净利润(Profit After Tax,PAT)。

以上列举的不同层次的经营业绩,都可以用来乘以可比公司的倍数,以得到目标公司的实体价值。这个方法简单但是很主观。例如:如何选择可比公司?尽管如此,相对价值模型仍在分析师中广受青睐,因为它提供了一种快速确定一家公司的实体价值的方法。

同样,**相对价值模型**也是以三大财务报表为基础的。根据目标公司的情况,选出 3 至 5 家可比公司。在选择可比公司时,需要考虑的因素有业务的性质、资产和/或销售额的大小、地理位置等。按以下步骤构建**相对价值模型**。

(1)计算每个可比公司的各个经营业绩的倍数[如公司价值倍数(EV/EBITDA)、销售收入倍数（EV/SALES）、市盈率（P/E）]。

（2）计算可比公司各个经营业绩的倍数的平均值和中位数。

中位数通常比平均值更好，因为它排除了异常值的影响。异常值指样本中的某个明显大于或小于其他项目的项目，它会使平均值偏向一边或另一边。

（3）在三大财务报表中找到合适的经营业绩指标，如税息折旧及摊销前利润。

（4）转换公式，得到目标公司的实体价值。

$$目标公司实体价值=目标公司税息折旧及摊销前利润 \times 倍数$$

1.4.4   并购模型

当两家公司寻求兼并，或者一家公司欲收购另一家公司时，分析师就会建立**并购**（Merger and Acquisition，M&A）模型。该模型首先分别为各个公司建立估值模型，然后为合并后的实体建立模型，并计算其每股收益（Earnings Per Share，EPS）。每股收益是衡量公司盈利能力的指标，计算方法为净利润/流通在外普通股股数。**使用并购模型**的目的是确定合并对目标公司每股收益的影响。如果合并后每股收益增加，那么合并可行，反之即为不可行。

1.4.5   杠杆收购模型

在杠杆收购情况下，A 公司以现金（股权）和贷款（负债）相结合的方式收购 B 公司，而且负债部分占比很大。收购完成后，A 公司经营 B 公司，用 B 公司的利润偿还收购时产生的负债，并在收购后的 3 到 5 年内出售 B 公司。杠杆收购（Leveraged Buyout，LBO）模型将用于计算 B 公司在收购时的价值以及最终出售时的可能回报。

1.4.6   还款计划表

当贷款人向银行申请汽车贷款时，客户专员会指导贷款人完成贷款计划。该计划内容包括贷款金额、首付比例、利率、月还款额。图 1.4 展示了还款计划表的内容。

从图 1.4 中，可以看到以下假设。

假设一：首付比例为 10%。

假设二：年利率为 10%。

假设三：贷款期限为 10 年。

月还款额由 Excel 中的 PMT 函数生成。

还款计划表				
资产价值	20,000,000.00			
首付比例	10%			
贷款金额	18,000,000.00			
年利率	10%			
贷款期限（年）	10			
年还款次数	12			
月利率	0.83%			
月还款额	237,871.33			

期数	还款额（本利合计）	本金	利息	未偿还本金
0				18,000,000.00
1	($237,871.33)	($87,871.33)	($150,000.00)	$17,912,128.67
2	($237,871.33)	($88,603.59)	($149,267.74)	$17,823,525.09
3	($237,871.33)	($89,341.95)	($148,529.38)	$17,734,183.14
4	($237,871.33)	($90,086.47)	($147,784.86)	$17,644,096.67
5	($237,871.33)	($90,837.19)	($147,034.14)	$17,553,259.48
6	($237,871.33)	($91,594.16)	($146,277.16)	$17,461,665.32
7	($237,871.33)	($92,357.45)	($145,513.88)	$17,369,307.87
8	($237,871.33)	($93,127.09)	($144,744.23)	$17,276,180.77
9	($237,871.33)	($93,903.15)	($143,968.17)	$17,182,277.62
10	($237,871.33)	($94,685.68)	($143,185.65)	$17,087,591.94
11	($237,871.33)	($95,474.73)	($142,396.60)	$16,992,117.21
12	($237,871.33)	($96,270.35)	($141,600.98)	$16,895,846.86
13	($237,871.33)	($97,072.60)	($140,798.72)	$16,798,774.26
14	($237,871.33)	($97,881.54)	($139,989.79)	$16,700,892.72
15	($237,871.33)	($98,697.22)	($139,174.11)	$16,602,195.50
16	($237,871.33)	($99,519.70)	($138,351.63)	$16,502,675.80
17	($237,871.33)	($100,349.03)	($137,522.30)	$16,402,326.78
18	($237,871.33)	($101,185.27)	($136,686.06)	$16,301,141.51
19	($237,871.33)	($102,028.48)	($135,842.85)	$16,199,113.03
20	($237,871.33)	($102,878.72)	($134,992.61)	$16,096,234.31

图 1.4

在 PMT 函数的表达式中：

参数 NPR 应设为 120，相当于 10 年 × 12 个月；

参数 RATE 应设为 0.83%，相当于年利率 10% ÷ 12 个月；

参数 PV 应设为 18,000,000，相当于全款 2,000 万美元，首付 10%。

拖曳模型中的滚动条能轻松地对假设条件进行变更。例如，将首付比例设定在 10%～25%、年利率在 8%～21%，以及还款期限在 5～10 年。当拉动滚动条产生新的假设条件后，该模型会立即重新计算。

参考还款计划表有助于迅速地做出抉择。

1.4.7 预算模型

预算模型是一个关于公司现金流入及流出的财务计划，为销售、采购、投资、筹资等环节构建了一个可能的方案。管理层会在实际业绩与预算或预测进行比对后，做出决策。预算模型通常是每月或每季度制定一次，并且以损益表为主。其他类型的财务模型包括：

- 首次公开发行模型；

- 分类加总估值模型；

- 合并模型；

- 期权定价模型。

1.5 能替代 Excel 进行财务建模的软件

Excel 一直被公认为是财务建模的首选软件，但它存在着显著的缺点。特别是在建立复杂模型的情况下，严谨的建模者不得不寻找其他的软件作为建模的工具。以下是其他财务建模软件可以弥补 Excel 缺点的功能。

- **大型数据集**：Excel 在处理数量庞大的数据时很吃力。很多情况下，Excel 会重新运行模型所包含的公式。数据量不大时，其计算速度非常快。然而，当模型包含了大量的数据和复杂的公式时，其计算速度明显变慢，而有些软件可以处理包含复杂公式的多维数据集。

- **数据提取**：在建模的过程中，需要从互联网和其他来源中获得数据，例如从公司的网站获得公司的财务报表、从其他网站获得汇率等。这些数据以不同的格式和不同的结构出现。但是，必须通过手工操作来完成这些数据获取。因此，整个提取过程不仅乏味而且受制于提取数据的操作人员的技术水平。Oracle BI、Tableau 和 SAS 等工具则内嵌了自动提取及分析数据的功能。

- **风险管理**：财务分析中很重要的一个环节就是风险管理。下面就来看看风险管理的一些例子。

  ➤ **人为错误**：与人为错误有关的风险。对于 Excel 来说，人为错误的风险很大，也是不可避免的。大多数替代性建模软件在设计时都将防错作为首要考虑因素。由于许多程序是自动化的，所以把人为错误的可能性降到了最低。

  ➤ **错误的假设**：在建立模型时，需要提出一些假设条件，因为是在对未来可能发生的事情做出有根据的猜测。尽管这些假设条件很重要，但它们是主观的。不同的建模者面对同样的情况，可能会提出不同的假设条件，从而产生不同的结果。这就是为什么有必要通过用一系列替代值代替关键假设条件来测试模型的准确性,并观察其对模型的影响。这套程序被称为敏感性分析和情景分析,是建模的一个重要组成部分。这些分析可以在 Excel 中完成,但它们的范围有限,并且需手动完成。替代软件可以很容易地利用蒙特卡罗模拟对不同的变量或变量集进行模拟,以提供一系列可能的结果以及发生的概率。蒙特卡罗模拟是一种数学技术,它为各种假设代入一系列的值,然后反复运行计算。这个过程可能涉及数万次计算,直到最终产生一个关于各种可能结果的分布,该分布表示个别结果发生的概率。

Excel 的优点

尽管 Excel 存在很多局限性,而且其他建模软件也非常出色,但 Excel 仍然是财务建模的首选工具。

下面就来深入了解一下 Excel 的优点。

- **已经安装好了**:计算机上可能已经安装了 Excel。替代的建模软件往往是专有的,要手动安装到计算机上。

- **熟悉的软件**:大约 80% 的用户已经具备 Excel 的基本运用知识。通常需要一段时间来掌握替代的建模软件的基本操作。

- **没有额外的费用**:您很可能已经订阅了包括 Excel 在内的微软 Office 软件。安装新的专业软件和学习如何使用软件的成本往往很高,而且是持续的。每一批新的用户都要接受替代软件的培训,但这会产生额外的费用。

- **灵活性**:替代的建模软件通常是为了处理某些特定的条件集而设计的,因此,虽然它们在这些特定情况下是结构化的和准确的,但它们是刚性的,不能修改和处理与默认条件有很大差异的情况。Excel 是灵活的,可以适用不同的情况。

- **可移植性**:用替代软件建立的模型不能轻易与其他用户或组织外的用户共享,因为对方要拥有相同的软件才能打开模型。Excel 在不同的用户之间是一样的,而且跨越了地理界限。

- **兼容性**:Excel 与其他软件的兼容性非常好。几乎所有的软件都可以生成一种或多种 Excel 可以运行的格式。同样,Excel 也能生成许多不同软件都可以运行的格式。换而言之,无论是想导入还是导出数据,Excel 都具有兼容性。

- **良好的学习体验**：用 Excel 从头开始建立模型能给用户带来很好的学习体验。用户可以更好地了解项目及其所在的公司，还可以了解模型不同部分之间的关联。

1.6　Excel 是理想的工具

下列功能使 Excel 成为处理数据的理想工具。

- **处理数据**：Excel 具有极强的理解力。Excel 懂得一分钟有 60 秒，一小时有 60 分钟，一天有 24 小时，以此类推到周、月、年。Excel 知道星期、月份，以及它们的缩写，比如，Wed 代表星期三，Aug 代表 8 月。Excel 甚至知道哪些月份有 30 天，哪些月份有 31 天，哪些年份的 2 月有 28 天，哪些年份是闰年，2 月有 29 天。它可以区分数字和文字，可以对数字进行加减乘除，可以按字母顺序排列文字。在这种类似人们对这些参数的理解的基础上，Excel 提供了一系列强大的功能，使用户能够从一系列数据中提取到想要的信息。

- **导航**：模型很容易变得非常庞大、复杂。想象力和野心可能会使模型变得笨重。Excel 所具备的丰富的导航工具和快捷键能使用户轻松驾驭模型。

以下是一些导航工具的例子。

- **Ctrl+PgUp/PgDn**：按这些键可以快速地从一个工作表移动到下一个工作表。按"Ctrl+PgDn"组合键跳转到下一个工作表，按"Ctrl+PgUP"组合键跳转到上一个工作表。

- **Ctrl+方向键（→↓←↑）**：如果活动单元格（所在的单元格）是空白的，那么按"Ctrl+↑"组合键将使光标跳转到光标方向的第一个填充单元格。如果填充了活动单元格，那么按"Ctrl+↓"组合键将使光标跳转到箭头方向的最后一个填充的单元格。

1.7　本章小结

在本章中，我们研究了财务模型的主要构成、各种类型的财务模型以及它们在 Excel 中的工作方式，还探讨了财务模型的替代工具以及 Excel 所具备的优点。最后，我们分析了 Excel 是创建财务模型的理想工具的原因。在第 2 章中，我们将介绍创建模型所涉及的步骤。

02

第 2 章

建立财务模型的步骤

运行项目应该从准确了解项目的内容开始。如果开始的方向不对，就会出现以下 3 种情况。

- 在项目进行到一半的时候，会意识到这不是客户想要的，然后就要重新开始。

- 最终说服了客户接受一个从未想过的项目。

- 继续坚持做下去，最后被客户拒绝接受。

项目的成败取决于了解项目内容这个阶段，因此这个阶段通常会占用总建模时间的 75%左右。

本章涵盖以下主题：

- 与管理层讨论；

- 构建使模型成立的假设条件；

- 创建模型框架；

- 获取历史财务数据；

- 编制预测资产负债表和预测损益表；

- 编制预测辅助明细表；

- 编制预测现金流量表；

- 进行比率分析；

- 预测估值。

2.1 与管理层讨论

管理层是了解公司未来计划和趋势的信息的主要来源。通过与管理层的沟通，可以确定或确认模型的范围和目标。

通常情况下，不可能在第一次讨论的时候就了解所有的细节。因此，应该做好准备，与部门负责人沟通，从希望了解更多信息的立场出发，提出相同或类似的问题。

2.1.1 了解管理层的期望

在与管理层讨论的时候，需要清楚地了解他们对这项任务的期望，以及他们希望能够实现的目标。

如果管理层所需要的只是一个预计的现金流，那么建立全面的估值模型将会浪费时间和资源，可能不会因为额外的工作而得到报酬。后文将详细介绍重要的现金流量表和不同的估值模型。

2.1.2 了解客户的业务

您应当十分了解客户的业务。您需要了解该公司的行业，并找出因地理位置而产生的特殊性，以及客户的特殊性。您还应该对行业的发展趋势，以及客户的竞争对手有一定的了解。如果客户处于一个专业性非常强的行业，您需要考虑向该领域的专业人士咨询。每当有不确定因素时，充分的调研是保证做对事情的有效方式。

2.1.3 评估各部门负责人

在构建未来增长和预期趋势的假设条件方面，部门负责人的作用最大。他们已经在各自的专业领域工作多年，比大多数人更了解业务。因此，应该参考他们的意见，同时要评估他们的能力，判断他们的能力是否能对公司的计划提出有价值的见解。

2.2　构建使模型成立的假设条件

财务建模就是预测未来的结果或行为。要做到这一点，需要构建一套假设条件以弥补实际业绩和未来结果之间的差距。虽然需要预测模型中的每一个项目，但假设条件将集中在对最终结果有实质性影响的项目上。其他非实质性项目可以将其占实质性影响项目的百分比作为预测用的假设，例如其占销售额的百分比（对于损益表内的项目）或直接假设的一个最佳判断数字（对于资产负债表内的项目）。

假设条件时需要考虑项目金额是会增加、减少还是保持不变。能影响到项目金额变化的元素被称为驱动因子。例如，对于收入项目的预测，驱动因子可以是通货膨胀率、同比增长率或其他指标。

2.3　创建模型框架

在建立和维护模型的方式上，标准化很重要。即使只有自己会使用到这个模型，但每当在一段时间后重新使用该模型时，也不想在各种明细表和主表中穿梭，以找到需要的数据。如果模型将被其他人使用，这一问题将显得更加突出。

确保模型易于使用的一个好方法是建立一个框架（标准格式）。框架包含一些简单的规则来指导如何输入和显示数据。一般来说，至少需要六栏数字，其中历史年和预测年各三栏。如有需要，可以另外增加三栏或四栏描述性信息。框架应该有很强的导航性并且易于操作。创建框架的过程中，要做出的第一个重大决定是采用单一工作表还是多工作表。

以下是这两种方法的一些利弊。

- **多工作表法**：在多工作表的方法中，每张工作表里只有一张报表，如图 2.1 所示。假设资产负债表、现金流量表等报表，都在不同的工作表上。这意味着，最终会有很多张工作表。

当一张工作表只包含一张报表（如资产负债表）时，就代表资产负债表工作表上的内容只与资产负债表有关，工作表上没有其他的内容。如果随后需要修改或查询该工作表的内容，可以不用考虑是否会影响到资产负债表以外的报表。

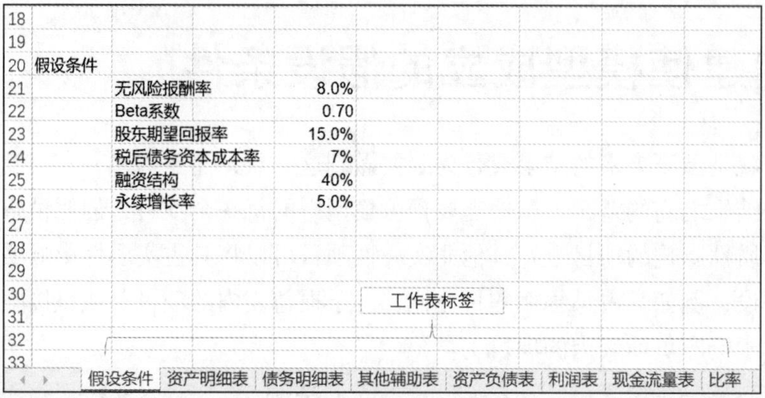

图 2.1

为了方便、有效地浏览模型，应该确保每个年度的数据在每张工作表的同一列中。例如，"Y06F" 年的数据在资产负债表工作表的 J 列中，那么在损益表、现金流量表和其他工作表中，"Y06F" 年的数据也应该在 J 列中。

- **单一工作表法**：要使用这种方法，应当确保从一开始所有报表都保持同一标准的布局。对列宽的改变、插入或删除列的操作会影响到所有的报表，因为它们是堆叠在一起的。采用这种方法的一个关键要点是对每张报表进行分组。Excel 允许对行进行分组，创建组后，可以单击在行标签旁边的 "−" 或 "+" 来折叠/隐藏或展开/显示它们。图 2.2 为使用单一工作表法的 Excel 界面。

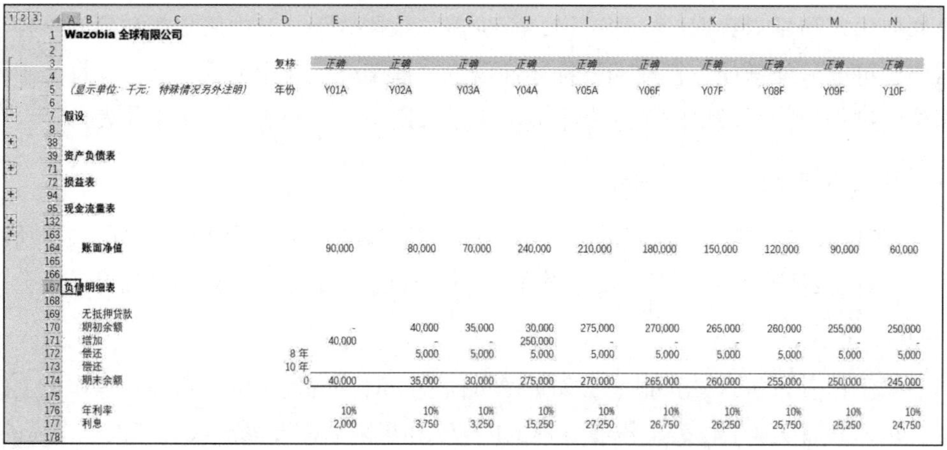

图 2.2

左侧边框下有竖线，就在行号之前。每条竖线涵盖了该组中所包含的行数。折叠或展开按钮显示在行的首端。当组被展开时，它显示为 "−"。

单击"–"将折叠该组，并将该标志变成"+"。如果想展开组，单击"+"。

创建组时，需要确保报表的标题可见，如图 2.2 所示。在折叠了计划表后，第 39 行后面是第 71 行。中间被折叠的行是资产负债表。单击第 71 行标签旁边的"+"，该组将被展开以显示完整的资产负债表。图 2.3 显示了组被正确展开时的资产负债表。

资产负债表									
资产									
非流动资产									
物业、厂房和设备	90,000	80,000	70,000	240,000	210,000	180,000	150,000	120,000	90,000	60,000
投资	12,197	11,549	58,106	63,106	58,106	58,106	58,106	58,106	58,106	58,106
非流动资产总额	102,197	91,549	128,106	303,106	268,106	238,106	208,106	178,106	148,106	118,106
流动资产									
存货	15,545	18,007	21,731	14,530	14,530	20,274	14,778	20,525	15,030	20,779
应收账款	20,864	31,568	35,901	28,054	28,054	39,026	31,097	42,207	34,423	45,683
现金和现金等价物	7,459	17,252	9,265	110,863	148,306	178,435	243,864	290,573	373,372	438,279
流动资产总额	43,868	66,827	66,897	153,447	190,890	237,736	289,739	353,305	422,825	504,741
流动负债									
应付账款	12,530	16,054	15,831	14,072	14,072	15,682	14,285	15,896	14,501	16,114
透支									
流动负债总额	12,530	16,054	15,831	14,072	14,072	15,682	14,285	15,896	14,501	16,114
经营营运资本	31,338	50,773	51,066	139,375	176,818	222,054	275,454	337,409	408,325	488,628
长期资本	133,535	142,322	179,172	442,481	444,924	460,160	483,560	515,515	556,431	606,734
非流动负债									
无担保贷款	40,000	35,000	30,000	275,000	270,000	265,000	260,000	255,000	250,000	245,000
其他非流动负债	5,000	5,000	5,000	10,000	5,000	5,000	5,000	5,000	5,000	5,000
非流动负债总额	45,000	40,000	35,000	285,000	275,000	270,000	265,000	260,000	255,000	250,000
股权									
股本	70,000	70,000	70,000	70,000	70,000	70,000	70,000	70,000	70,000	70,000
留存收益	18,535	32,322	74,172	87,481	99,924	120,160	148,560	185,515	231,431	286,734
总股本	88,535	102,322	144,172	157,481	169,924	190,160	218,560	255,515	301,431	356,734
所有者权益和非流动负债总额	133,535	142,322	179,172	442,481	444,924	460,160	483,560	515,515	556,431	606,734
损益表									
现金流量表									

图 2.3

接着来看看列的设置。为了有更强的导航性，减小 A 列和 B 列的宽度，加大 C 列的宽度。A 列展示一级标题，B 列展示二级标题，C 列则展示关于行的描述或指标，如图 2.4 所示。

Wazobia 全球有限公司

	Y01A	Y02A	Y03A	Y04A	Y05A	Y06F	Y07F	Y08F	Y09F	Y10F
盈利指标										
息税前利润率	10%	7%	18%	11%	14%	17%	20%	22%	24%	27%
税前利润率	10%	6%	17%	6%	9%	12%	15%	18%	20%	
净利润率	9%	5%	16%	1%	-3%	1%	4%	8%	11%	14%
增长指标										
销售额		4%	5%	5%	5%	5%	5%	5%	5%	5%
息税前利润		-27%	158%	-33%	31%	24%	20%	18%	16%	14%
税前利润		-36%	197%	-60%	-7%	63%	40%	30%	24%	20%
税后利润		-26%	204%	-68%	40%	40%	30%	24%	20%	
成本费用分析										
成本	68%	68%	63%	60%	58%	56%	54%	52%	50%	48%
销售费用	4%	4%	4%	4%	4%	4%	4%	4%	4%	4%
管理费用	10%	10%	8%	9%	9%	9%	9%	9%	9%	9%
其他管理费用	2%	5%	2%	3%	3%	3%	3%	3%	3%	3%
短期偿债比率										
流动比率	2.3	3.0	2.9	9.9	12.5	13.9	19.2	20.9	28.1	30.0
投资回报率										
净资产收益率		14%	34%	9%	8%	11%	14%	16%	16%	17%
已占用资本收益率		10%	26%	4%	3%	4%	6%	7%	9%	10%
总资产回报率		9%	22%	4%	4%	4%	5%	6%	6%	7%
杠杆比率										
产权比例	51%	39%	24%	181%	162%	142%	121%	102%	85%	70%
负债/折扣销售息前利润	1.21	1.34	0.57	4.43	3.67	3.15	2.74	2.40	2.11	1.87
利息保障倍数	13.5	5.3	15.7	2.2	1.7	2.1	2.5	3.1	3.6	4.2

图 2.4

这种排列方式具有层叠效果，便于使用 Excel 键盘组合键在同一层次的标题之间快速转移。例如，当光标放在资产负债表上的单元格 A39 时，按"Ctrl+↓"组合键将使光标向下跳至损益表上的单元格 A71。

D 列展示单位，E 列展示第一年的历史财务数据。正如本章前文所述，在多工作表方法中，每张工作表上的年份应该处于相同的列。在单一工作表方法中，这不是一个问题，因为报表是叠加起来的。

- **颜色编码：**这种方法用于区分可更改和修订的输入（硬编码）单元格和包含公式的单元格。硬编码单元格应使用蓝色字体，包含公式的单元格应保留默认的黑色。这样的区分在排除错误原因或需要修改原始假设条件时将起到非常大的作用，将能够非常快速地识别输入单元格（唯一可能需要修改的单元格）。

- **冻结窗格：**使用了这个功能后，当向下拖曳滚动条至低于其通常的可见度水平时，行标题和列标题仍然可见。例如，在冻结了单元格 D6 后，无论如何下拉滚动条，"复核"和"年份"这两行的数据仍然可见。

- **四舍五入：**当要用年度财务数据填充 10 列数据时，四舍五入的作用就显而易见了。屏幕空间很快就被填满，因此需要向右滚动才能查看一些数据。

> 尽可能地将数字四舍五入，使所有年份的数据都在一个屏幕空间内。

2.4　获取历史财务数据

设置完框架，下一步就是获取历史财务数据。有用的历史财务数据是历史的资产负债表、损益表和现金流量表。在编制财务报表的过程中，会形成一些初稿，这些初稿中的内容未必是最终报表所载的内容。因此需要确保得到的财务数据是经过审计的最终财务报表的数据。掌握的信息越多，预测就越准确。

但是，过多的信息会使模型变得烦琐。一般来说，模型中的历史数据以五年为限，另加五年的预测财务数据。尽量取得可转换成 Excel 可读格式的历史财务数据的电子版，因为这将大大减少需要花在转换模型格式上的时间。

您将不可避免地对数据进行整理，使格式和布局符合模型框架和其他特殊情况。在构建模型时，历史财务数据中的实际数字不会改变；但是，用户往往会从与其偏好和优先级不同的来源获得财务数据。此外，这些财务数据并没有考虑到用户和其财务模型，因此，导入的数据可能在格式上或表现形式上出现异常，使得它很难被阅读，有时甚至无法使用一些 Excel 工具和快捷方式。这就需要重新输入部分或全部财务数据。

图 2.5 是埃森哲公司 2018 年 8 月 31 日公布的资产负债表。它说明了即使是有名的咨询公司发布的财务报表，也需要调整以适应模型框架。

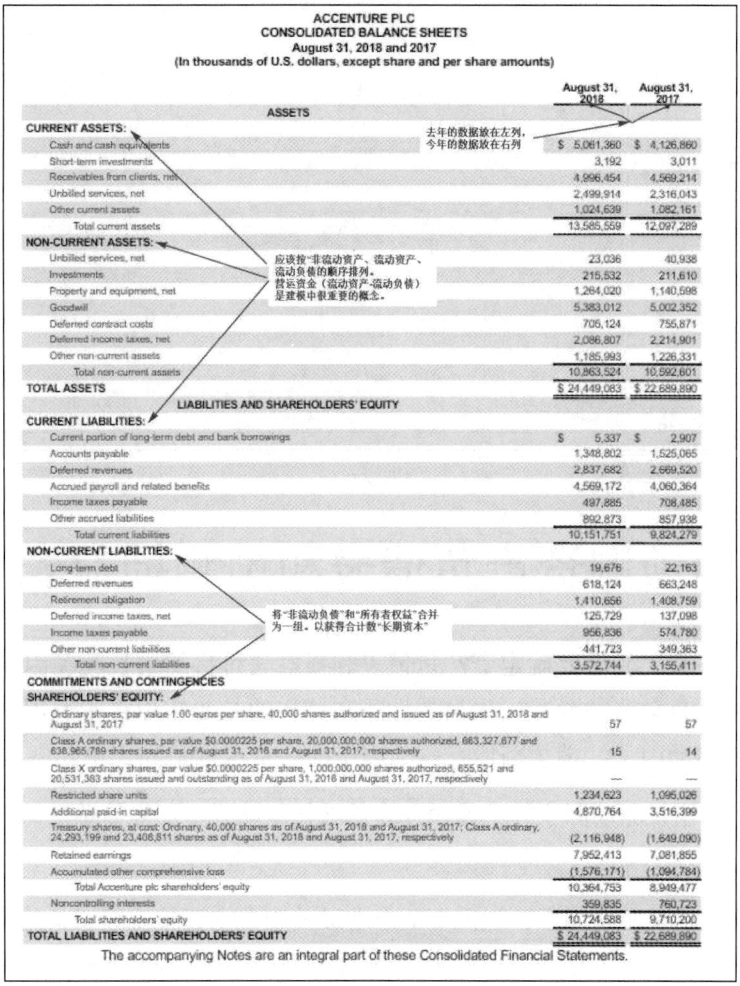

ACCENTURE PLC
CONSOLIDATED BALANCE SHEETS
August 31, 2018 and 2017
(In thousands of U.S. dollars, except share and per share amounts)

	August 31, 2018	August 31, 2017
ASSETS		
CURRENT ASSETS:		
Cash and cash equivalents	$ 5,061,360	$ 4,126,860
Short-term investments	3,192	3,011
Receivables from clients, net	4,996,454	4,569,214
Unbilled services, net	2,499,914	2,316,043
Other current assets	1,024,639	1,082,161
Total current assets	13,585,559	12,097,289
NON-CURRENT ASSETS:		
Unbilled services, net	23,036	40,938
Investments	215,532	211,610
Property and equipment, net	1,264,020	1,140,598
Goodwill	5,383,012	5,002,352
Deferred contract costs	705,124	755,871
Deferred income taxes, net	2,086,807	2,214,901
Other non-current assets	1,185,993	1,226,331
Total non-current assets	10,863,524	10,592,601
TOTAL ASSETS	$ 24,449,083	$ 22,689,890
LIABILITIES AND SHAREHOLDERS' EQUITY		
CURRENT LIABILITIES:		
Current portion of long-term debt and bank borrowings	$ 5,337	$ 2,907
Accounts payable	1,348,802	1,525,065
Deferred revenues	2,837,682	2,669,520
Accrued payroll and related benefits	4,569,172	4,060,364
Income taxes payable	497,885	708,485
Other accrued liabilities	892,873	857,938
Total current liabilities	10,151,751	9,824,279
NON-CURRENT LIABILITIES:		
Long-term debt	19,676	22,163
Deferred revenues	618,124	663,248
Retirement obligation	1,410,656	1,408,759
Deferred income taxes, net	125,729	137,098
Income taxes payable	956,836	574,780
Other non-current liabilities	441,723	349,363
Total non-current liabilities	3,572,744	3,155,411
COMMITMENTS AND CONTINGENCIES		
SHAREHOLDERS' EQUITY:		
Ordinary shares, par value 1.00 euros per share, 40,000 shares authorized and issued as of August 31, 2018 and August 31, 2017	57	57
Class A ordinary shares, par value $0.0000225 per share, 20,000,000,000 shares authorized, 663,327,677 and 638,965,789 shares issued as of August 31, 2018 and August 31, 2017, respectively	15	14
Class X ordinary shares, par value $0.0000225 per share, 1,000,000,000 shares authorized, 655,521 and 20,531,383 shares issued and outstanding as of August 31, 2018 and August 31, 2017, respectively	—	—
Restricted share units	1,234,623	1,095,026
Additional paid-in capital	4,870,764	3,516,399
Treasury shares, at cost: Ordinary, 40,000 shares as of August 31, 2018 and August 31, 2017; Class A ordinary, 24,293,199 and 23,406,811 shares as of August 31, 2018 and August 31, 2017, respectively	(2,116,948)	(1,649,090)
Retained earnings	7,952,413	7,081,855
Accumulated other comprehensive loss	(1,576,171)	(1,094,784)
Total Accenture plc shareholders' equity	10,364,753	8,949,477
Noncontrolling interests	359,835	760,723
Total shareholders' equity	10,724,588	9,710,200
TOTAL LIABILITIES AND SHAREHOLDERS' EQUITY	$ 24,449,083	$ 22,689,890

The accompanying Notes are an integral part of these Consolidated Financial Statements.

图 2.5

由于需要五年的历史数据，所以需要下载 2014 年、2016 年、2018 年三个年度的年报（每份年报包含两年的数据）。这意味着，将不得不对这三年的年报都做一次调整。在对历史账目的格式和布局进行更正后，将历史财务数据导入模型框架中，最早的年份罗列在 E 列，随后四年（F 列~I 列）的数据罗列在后续的列中。确保这些历史数据的复核结果正确，以保证历史数据已被完全和准确地导入。图 2.6 显示了模型是如何进行复核的。

图 2.6

2.5 编制预测资产负债表和预测损益表

为了预测财务状况，需要确定资产负债表和损益表科目的增长驱动因子。增长驱动因子是能捕捉单个项目动态的参数。项目的性质和用户的专业知识将影响用户选择哪个参数作为适当的增长驱动因子。销售额增长驱动因子的一个示例是同比增长率或通货膨胀率。

资产负债表的增长驱动因子并不像损益表的增长驱动因子那样简单。第 5 章将详细讲解项目及构建假设条件。

一旦计算出了增长驱动因子，就需要征求上级关于未来五年业绩增长的可能性的建议。例如，在过去五年的历史年复合增长率（Compound Annual Growth Rate，CAGR）上每年稳步增长。关于历史年复合增长率，在第 5 章中将进行详细讲解。

现在，预测未来五年的增长驱动因子。

一旦得到增长驱动因子，将增长驱动因子应用至第一个预测年"Y06F"的预测中。用增长驱动因子乘以历史数据最后一年的实际销售额,即历史数据的最后一年"Y05A",得到第一个预测年"Y06F"的预测销售额,如图 2.7 所示。

Wazobia 全球有限公司		复核	正确	正确	正确	正确	正确	错误	错误	错误	错误	错误
(显示单位:千元。特殊情况另外注明)		年份	Y01A	Y02A	Y03A	Y04A	Y05A	Y06F	Y07F	Y08F	Y09F	Y10F
收入增长率 %								4.5%	4.5%	4.5%	4.5%	4.5%
资产负债表												
资产												
非流动资产												
物业、厂房和设备			90,000	80,000	70,000	240,000	210,000	180,000	150,000	120,000	90,000	60,000
投资			12,197	11,549	58,106	63,106	58,106	58,106	58,106	58,106	58,106	58,106
非流动资产总额			102,197	91,549	128,106	303,106	268,106	238,106	208,106	178,106	148,106	118,106
流动资产												
存货			15,545	18,007	21,731	14,530	14,530	20,274	14,778	20,525	15,030	20,779
应收账款			20,864	31,568	35,901	28,054	28,054	39,026	31,097	42,207	34,423	45,683
现金和现金等价物			7,459	17,252	9,265	110,863	148,306	178,435	243,864	290,573	373,372	438,279
流动资产总额			43,868	66,827	66,897	153,447	190,890	237,736	289,739	353,305	422,825	504,741
流动负债												
应付账款			12,530	16,054	15,831	14,072	14,072	15,682	14,285	15,896	14,501	16,114
透支												
流动负债总额			12,530	16,054	15,831	14,072	14,072	15,682	14,285	15,896	14,501	16,114
经营营运资本			31,338	50,773	51,066	139,375	176,818	222,054	275,454	337,409	408,325	488,628
长期资本			133,535	142,322	179,172	442,481	444,924	460,160	483,560	515,515	556,431	606,734

图 2.7

以此类推,其他预测年份中的项目应按照这一程序编制资产负债表和损益表。

2.6 编制预测辅助明细表

在图 2.7 中,可以发现复核一栏有警示错误,表明预测年份的资产负债表不平,这是因为资产负债表和损益表还没有填制完成。可以对大多数科目直接预测,但有一些科目需要特殊处理,例如资本性支出(Capital Expenditure,CapEx)、折旧、债务和利息。

预测资本性支出表:编制预测资本性支出表是为了记录物业、厂房和机器的变动。图 2.8 显示了全部:资本支出和折旧。

公司预算期的资本支出计划都包含在预测资本性支出表内。固定资产的历史成本以及资产处置情况都在发生的年份下列示。该表还考虑到了固定资产的成本和使用寿命以及折旧率和方法。对不同折旧率的资产将分别处理。处理的方式取其首字母,称为 BASE 法。本表最终得到的结果是年末固定资产总成本及其累计折旧费。年末的固定资产账面净值计入资产负债表,而当年的总折旧计入损益表。

负债明细表:编制负债明细表是为了列示有担保贷款和无担保贷款的变动情况。编制的方法仍为 BASE 法。债务明细表的期末余额计入资产负债表,当年利息费用计入损益表。图 2.9 是负债明细表和用于更新资产负债表和损益表的其他附表的说明。

资本性支出预测表

项目	单位										
折旧方式	直线折旧法										
资产使用寿命	年	10	10	10	10			10	10	10	10
残值		-	-	-	-			-	-	-	-
投资计划		100,000	-	-	200,000	-	-	-	-	-	-
年折旧金额											
Y01A		10,000	10,000	10,000	10,000	10,000	10,000	10,000	10,000	10,000	10,000
Y02A											
Y03A											
Y04F					20,000	20,000	20,000	20,000	20,000	20,000	20,000
Y05F											
Y06F											
Y07F											
Y08F											
总计		10,000	10,000	10,000	30,000	30,000	30,000	30,000	30,000	30,000	30,000
固定资产原值											
期初金额			100,000	100,000	100,000	300,000	300,000	300,000	300,000	300,000	300,000
增加: 投资		100,000	-	-	200,000	-	-	-	-	-	-
减少: 出售/处置			-	-	-	-	-	-	-	-	-
期末金额		100,000	100,000	100,000	300,000	300,000	300,000	300,000	300,000	300,000	300,000
累计折旧											
期初金额		-	10,000	20,000	30,000	60,000	90,000	120,000	150,000	180,000	210,000
增加: 当月计提折旧		10,000	10,000	10,000	30,000	30,000	30,000	30,000	30,000	30,000	30,000
期末金额		10,000	20,000	30,000	60,000	90,000	120,000	150,000	180,000	210,000	240,000
账面净值		90,000	80,000	70,000	240,000	210,000	180,000	150,000	120,000	90,000	60,000

图 2.8

负债明细表

项目											
无抵押贷款											
期初余额			40,000	35,000	30,000	275,000	270,000	265,000	260,000	255,000	250,000
增加		40,000	-	-	250,000	-	-	-	-	-	-
偿还	8 年	-	5,000	5,000	5,000	5,000	5,000	5,000	5,000	5,000	5,000
偿还	10 年										
期末余额	0	40,000	35,000	30,000	275,000	270,000	265,000	260,000	255,000	250,000	245,000
年利率		10%	10%	10%	10%	10%	10%	10%	10%	10%	10%
利息		2,000	3,750	3,250	15,250	27,250	26,750	26,250	25,750	25,250	24,750

图 2.9

所有者权益变动表：所有者权益是指股本以及尚未分配历年累积下来的盈利。所有者权益的增加以及因当年净利润、股息和其他分派而导致的留存收益的变动将在此表中反映。股本和留存收益的最终余额计入资产负债表。

2.7 编制预测现金流量表

此时预测年的损益表项目已经填写完毕。但是资产负债表上的复核栏仍然有"错误"的字样，说明资产负债表中缺少一些数据。这是因为还没有预测现金。与其他科目不同，现金无法直接预测。现金余额是预算期进行的所有交易的结果，因此应有一张考虑了所有交易的现金流入和流出的现金流量表，然后将现金净增加额与期初现金余额相加，获得期末现金余额。图 2.10 展示了一张已完成的预测现金流量表，该表以"期末现金及现金等价物余额"结束，并将其计入资产负债表。

Wazobia 全球有限公司	复核	正确	正确	正确	正确	正确	正确	正确	正确	正确	正确
(显示单位：千元；特殊情况另外注明)	年份	Y01A	Y02A	Y03A	Y04A	Y05A	Y06F	Y07F	Y08F	Y09F	Y10F
现金流量表											
经营活动产生的现金流											
净利润			13,787	41,850	13,309	12,443	20,236	28,401	36,955	45,916	55,303
加：折旧			10,000	10,000	30,000	30,000	30,000	30,000	30,000	30,000	30,000
加：财务费用			3,750	3,250	15,250	27,250	26,750	26,250	25,750	25,250	24,750
经营营运资本											
加：应付账款增加额			3,524	(223)	(1,759)	-	1,610	(1,397)	1,611	(1,396)	1,613
减：库存增加额			(2,462)	(3,724)	7,201	0	(5,745)	5,496	(5,747)	5,494	(5,748)
减：应收账款增加额			(10,704)	(4,333)	7,847	-	(10,972)	7,929	(11,110)	7,785	(11,261)
经营营运资本净额			(9,642)	(8,280)	13,290	0	(15,107)	12,028	(15,245)	11,883	(15,396)
经营活动产生的现金流净额			17,895	46,820	71,849	69,693	61,879	96,678	77,460	113,049	94,657
投资活动产生的现金流											
减少：购置固定资产、无形资产及其他投资活动的支出			-	-	(200,000)	-	-	-	-	-	-
增加：处置资产所得收益			-	-	-	-	-	-	-	-	-
减少：在建工程所支付的现金			-	-	-	-	-	-	-	-	-
减少：增加投资所支付的现金			648	(46,557)	(5,000)	5,000	-	-	-	-	-
投资活动产生的现金流净额			648	(46,557)	(205,000)	5,000	-	-	-	-	-
融资活动产生的现金流											
增加：发行股票			-	-	-	-	-	-	-	-	-
增加：新增无担保贷款			-	-	250,000	-	-	-	-	-	-
减少：已偿还的无担保贷款			(5,000)	(5,000)	(5,000)	(5,000)	(5,000)	(5,000)	(5,000)	(5,000)	(5,000)
减少：已支付的股息			-	-	-	-	-	-	-	-	-
减少：已支付的利息			(3,750)	(3,250)	(15,250)	(27,250)	(26,750)	(26,250)	(25,750)	(25,250)	(24,750)
融资活动产生的现金流净额			(8,750)	(8,250)	229,750	(32,250)	(31,750)	(31,250)	(30,750)	(30,250)	(29,750)
现金及现金等价物净增加额			9,793	(7,987)	96,599	42,443	30,129	65,428	46,710	82,799	64,907
现金及现金等价物余额											
期初现金及现金等价物余额			7,459	17,252	9,265	105,864	148,306	178,435	243,864	290,573	373,372
现金及现金等价物增加额			9,793	(7,987)	96,599	42,443	30,129	65,428	46,710	82,799	64,907
期末现金及现金等价物余额			17,252	9,265	105,864	148,306	178,435	243,864	290,573	373,372	438,279

图 2.10

当期末现金余额被计入资产负债表时，复核栏上预测年中的"错误"警示全都转换成了"正确"，从而在一定程度上保证了截至该时间点的计算正确。现金流量表是公司十分重要的报表之一。对大多数分析师来说，现金很重要。为什么需要一张看起来类似于重新排列的资产负债表的报表呢？请记住，会计科目是按权责发生制编制的。这意味着，损益表中列示的部分销售额可能尚未转化为现金。例如，在年终时，一些客户可能还没有为赊购的货物付款。同样，即使尚未支付费用，费用也会在发生时记录在册，例如，电费或赊购的货物的费用。

现金流量表是从资产负债表和损益表中提取现金流入和流出而编制的。该报表分别列示了经营活动的现金流、投资活动的现金流和融资活动的现金流。预期经营活动产生的现金通常会大于净收入。从相反的角度来看，公司会想知道为什么收入迟迟不能转化为现金。

增加新贷款和偿还现有贷款，以及股本的变动将反映在融资活动中。为了维持健康的股利政策、偿还贷款和获得扩张资金，公司需要持续地产生超过其使用的现金。

2.8 进行比率分析

随着现金流量表的编制完成，财务报表的核心内容也就编制完成了。这些财务报表包括资产负债表、损益表、现金流量表，以及解释性附注和附表。这些财务报表会分发给公司股东、政府以及其他利益相关者，如投资者和公司负债资本的持有人。

财务报表提供了有关该公司及其在预算期内财务状况的大量信息。然而，只分析这些信息并不足以做出决策。运用比率分析可以深入了解数字背后的信息。图 2.11 是一组比率分析的例子。

Wazobia 全球有限公司		复核	正确	正确	正确	正确	正确	正确	正确	正确	正确	正确
(显示单位：千元，特殊情况另外注明)		年份	Y01A	Y02A	Y03A	Y04A	Y05A	Y06F	Y07F	Y08F	Y09F	Y10F
比率分析												
盈利指标												
息税前利润率			10%	7%	18%	11%	14%	17%	20%	22%	24%	27%
税前利润率			10%	6%	17%	6%	6%	9%	12%	15%	18%	20%
净利润率			9%	5%	16%	1%	-3%	1%	4%	8%	11%	14%
增长指标												
收入				4%	5%	5%	5%	5%	5%	5%	5%	5%
息税前利润				-27%	158%	-33%	31%	24%	20%	18%	16%	14%
税前利润				-36%	197%	-60%	-7%	63%	40%	30%	24%	20%
税后利润				-26%	204%	-68%	-7%	63%	40%	30%	24%	20%
成本费用分析												
成本			68%	68%	63%	60%	58%	56%	54%	52%	50%	48%
销售费用			4%	4%	4%	4%	4%	4%	4%	4%	4%	4%
管理费用			10%	10%	8%	9%	9%	9%	9%	9%	9%	9%
其他费用			2%	5%	2%	3%	3%	3%	3%	3%	3%	3%
短期偿债比率												
流动比率			2.3	3.0	2.9	9.9	12.5	13.9	19.2	20.9	28.1	30.0
投资回报率												
净资产收益率				14%	34%	9%	8%	11%	14%	16%	16%	17%
已占用资本收益率				10%	26%	4%	3%	4%	6%	7%	9%	10%
总资产回报率				9%	22%	4%	2%	4%	5%	6%	6%	7%

图 2.11

通过观察报表中的数字之间的关系，比率分析可以深入了解公司当年以及一段时间内的盈利能力、流动性、效率和负债管理情况。图 2.11 仅展示了一部分比率，还有大量其他的比率可以选择，不同的建模者会有自己的偏好。然而，重要的是，要能够解释所选择比率的原因，以便为决策过程提供实质上的帮助。

2.9 预测估值

估值的方法主要有以下两种。

- 相对方法：这种方法分为以下两种方法。

  ➢ 比较公司估值法：这种方法通过观察类似公司的价值及其交易倍数来获得公司的价值，其中常见的是公司实体价值（EV）/税息折旧及摊销前利润（EBITDA）。

  ➢ 先例交易方法：这种方法将业务与最近出售或收购的行业中的其他类似业务进行比较。同样，可以使用倍数来获得业务或公司的价值。

- 绝对方法：这种方法来估计公司未来的自由现金流量，并将其折现。该模型称为现金流量折现模型。从本质上讲，该方法认为，一个公司的价值等同于它在考虑以下因素后可以产生的现金数额：

  - ➢ 自由现金流量；

  - ➢ 货币的时间价值；

  - ➢ 折现率；

  - ➢ 资本成本率；

  - ➢ 加权平均资本成本；

  - ➢ 永续增长率；

  - ➢ 后续期实体价值。

在第 9 章中将对这些技术概念进行更详细的解释。使用现金流量折现模型通常会得出实体的最高估值，而且被广泛认为是非常准确的。为了给公司价值的不同结果赋予意义，将会同时采用以上三种方法，以获得一个可以用多种方式解释的估值范围。

一般来说，如果公司的报价低于计算出的最低估值，说明公司价值被低估；如果公司的报价高于计算出的最高估值，则说明公司价值被高估。如果需要一个单一的数值，可以取所有计算值的平均值。

2.10 本章小结

在本章中，我们探讨了建立财务模型应遵循的步骤，理解了为什么有必要采取系统的方法，经历了从与管理层沟通到计算公司股份估值的过程，理解了每一步的目的和重要性。

在第 3 章中，我们将探讨如何利用 Excel 公式和函数来加快工作速度，使建模工作更有意义。

第二部分

运用 Excel 工具和函数
进行财务建模

在这一部分，您将了解财务建模中经常使用到的 Excel 工具和函数。本部分将对这些工具和函数进行详细的解释，使您能够了解如何使用它们。

本部分包括以下两章:

03

第 3 章

函数和公式——
用一个独立的公式
完成财务建模

Excel 优于高级计算器的表现之一就是 Excel 对函数和公式的使用。这个功能允许 Excel 将许多数学计算（其中一些可能是相当复杂的数学运算）与函数相结合。在本章中，您将学习如何编制 Excel 函数公式，并对广泛使用的 Excel 函数有所了解。

本章涵盖以下主题：

- 理解函数和公式；
- 具备查找功能的函数；
- 函数组合；
- 数据透视图表；
- 注意事项。

3.1 理解函数和公式

要输入公式，应先输入 "="。公式是包含一个或多个运算符号（+、-、/、×和^）的语句，如 "=34+7" 或 "=A3-G5"（此公式是指用单元格 A3 中的值减去单元格 G5 中的值）。函数可以作为公式的一部分存在于公式中，在公式 "=SUM(B3:B7)*A3" 中，函数公式 "SUM(B3:B7)" 就是公式的一部分。

函数公式是一个包含一系列供 Excel 执行指令的命令。一个函数公式包含一个或多个参数，以供用户指定要执行指令的单个单元格或单元格范围，例如，函数公式 "=MATCH(A5,F4:F23,false)" 中，参数 "A5" 即用户指定的单个单元格，参数 "F4:F23" 即用户指定的单元格范围。

函数公式可以将某个公式作为参数的一部分，如函数公式 "=IF(A4*B4>C4,D4,E4)" 中，"A4*B4>C4" 就是作为函数参数的公式。

然而，函数和公式之间的区别往往被忽略，公式一词常常被用来表示函数。

输入函数公式时，以 "=" 开始，然后，输入函数的名称，再输入半角的左括号 "("。输入完半角的左括号 "(" 后编辑栏的下方会显现参数提示。此时，第一个参数会以粗体显示。当输入完第一个参数时，粗体状态会自动转移到第二个参数上，可见 Excel 的程序设置中，当前的参数用粗体显示。每个参数之间用半角的 ","隔开。当所有的参数输入完成后，输入半角的右括号 ")"结束函数公式。

3.2 具备查找功能的函数

具备查找功能的函数是 Excel 中使用广泛的函数。一般来说，其目的是从一张表（源表）中获取一个值并将其填充至函数公式的活动单元格（目标表）。本质上，该函数公式引导 Excel 在源表中识别出某个具体的行和列，该行和列的交叉点将为用户提供想要提取的值的源单元格。

假设有一份名叫 "销售报告" 的销售报表，如图 3.1 所示，该报表列示了指定时期内销售的各种产品的数据，包括产品、销售人员和其他内容。用户希望从其他报表中获得每种产品的成本数据并将它填充到 "销售报告" 中的 "单位成本" 列。

产品与 "单位成本" 相关的数据在文件 "产品信息表" 中，因此，"产品信息表" 称为源表。"产品信息表"列示了产品的"产品代码"和"单位成本"的信息，如图 3.2 所示。可以使用具备查找功能的函数来定位"产品信息表"中的各个产品，然后检索其成本。

销售报告

日期	产品名称	产品代码	销售代表	销量	单价	销售额	单位成本	销售成本	佣金
2018/11/1	Desktop PC	BN001	Mobola	30	78,000	2,340,000			
2018/11/2	Desk Fan	PVC03	Iyabo	36	19,200	691,200			
2018/11/3	Ptinter	BN003	Dupe	27	54,000	1,458,000			
2018/11/4	Microwave	SK003	Mobola	44	32,400	1,425,600			
2018/11/6	Standing Fan	PVC02	Deji	26	21,600	561,600			
2018/11/7	Desktop PC	BN001	Deji	35	78,000	2,730,000			
2018/11/8	Cooker	SK002	Lara	42	66,000	2,772,000			
2018/11/9	Cooker	SK002	Tunde	48	66,000	3,168,000			
2018/11/10	Desk Fan	PVC03	Mobola	43	19,200	825,600			
2018/11/11	Ptinter	BN003	Dupe	31	54,000	1,674,000			
2018/11/13	Standing Fan	PVC02	Mobola	25	21,600	540,000			
2018/11/14	Desktop PC	BN001	Mobola	43	78,000	3,354,000			
2018/11/15	Washing Machine	SK001	Dupe	50	84,000	4,200,000			
2018/11/16	Laptop	BN002	Iyabo	36	84,000	3,024,000			
2018/11/17	Standing Fan	PVC02	Lara	33	21,600	712,800			
2018/11/18	Hoover	PVC01	Dupe	34	30,000	1,020,000			

图 3.1

产品信息表

产品名称	产品代码	单位成本
Washing Machine	SK001	70,000
Cooker	SK002	55,000
Microwave	SK003	27,000
Hoover	PVC01	25,000
Standing Fan	PVC02	18,000
Desk Fan	PVC03	16,000
Desktop PC	BN001	65,000
Laptop	BN002	70,000
Ptinter	BN003	45,000

图 3.2

为了确保查找时选择了正确的对象，出现在两张表中的索引值应当是唯一的。不同的员工可能有相同的名字，而员工工号不会相同。因此，员工姓名不适合作为索引值，而员工工号适合作为索引值。同理，产品名称可能重复，不适合作为索引值，而产品代码具有唯一性，适合作为索引值。

具备查找功能的函数有很多，函数有适用的特定场景。下面将介绍具备查找功能的函数。

3.2.1 VLOOKUP 函数

VLOOKUP 函数公式的编制规则如图 3.3 所示，"=VLOOKUP(索引值,查找区域,偏移列数,[查找类型])"。VLOOKUP 函数公式用于在"查找区域"第一列中找到"索引值"后,返回"偏移列数"参数中的偏移例数的值。注意,这里的第一列不是指源表的第一列,而是指定区域的第一列。

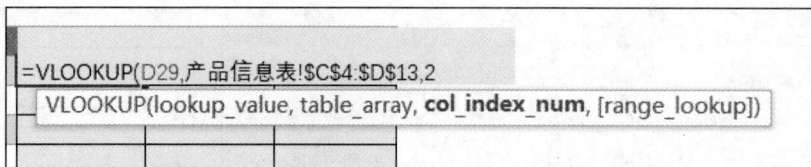

图 3.3

方括号中的参数是可选参数,如果不输入内容,Excel 会自动采用默认值作为参数值。方括号外的参数是必选参数,是必须在公式中输入的值,否则公式将返回错误值。在 VLOOKUP 函数公式中,"查找类型"(range_lookup)是可选参数。"1"代表模糊查找,将为返回与索引值近似的值。"0"代表精确查找,返回的是与索引值完全一样的值。如果在编制表达式的时候没有指定"查找类型",则 Excel 默认其为"1",即模糊查找。

函数公式"=VLOOKUP(D29,产品信息表!$C$4:$D$13,2,0)"中"索引值"是"产品代码",存在于单元格 D29 中,对应销售报告中的第一条销售记录的"BN001",如图 3.4 所示。

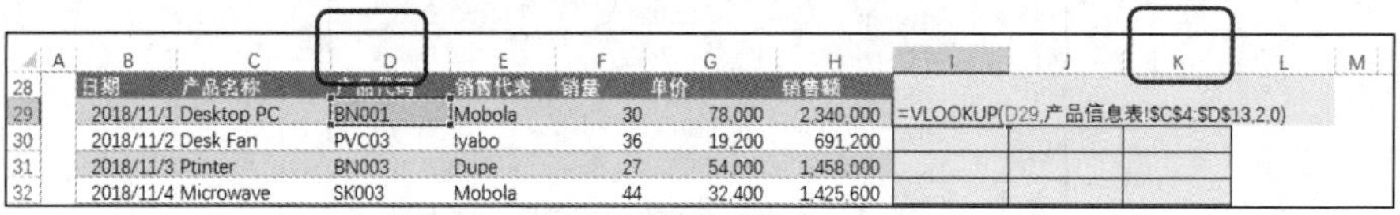

图 3.4

查找应从"产品信息表"中的 C 列开始,如图 3.5 所示,因为这是"产品代码"字段所在的地方,请注意,这是"产品信息表"中的第二列。Excel 将在这一列中定位"索引值"。

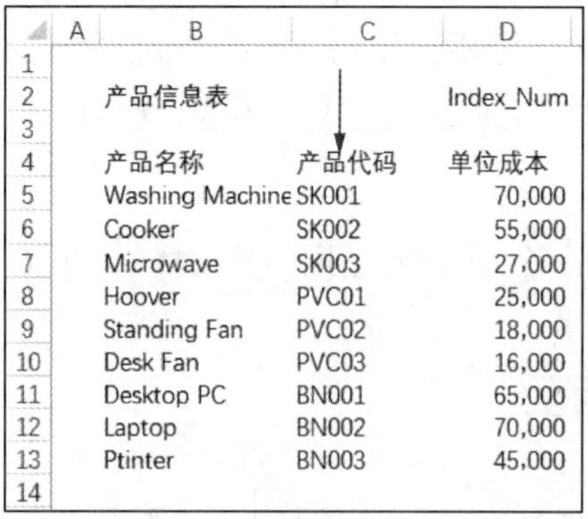

图 3.5

产品“BN001”在“产品信息表”的第 11 行，“产品代码”列，如图 3.6 所示。VLOOKUP 函数的第一个参数是“索引值”，指源字段在查找区域中的位置，源字段是指要检索数据的字段。在 VLOOKUP 函数公式中，“索引值”所在的列要在第 1 列，在这个案例中，源字段是“单位成本”，也就是 D 列，在整个查找区域中，处于第二列。这样就要将“偏移的列数”设为“2”。

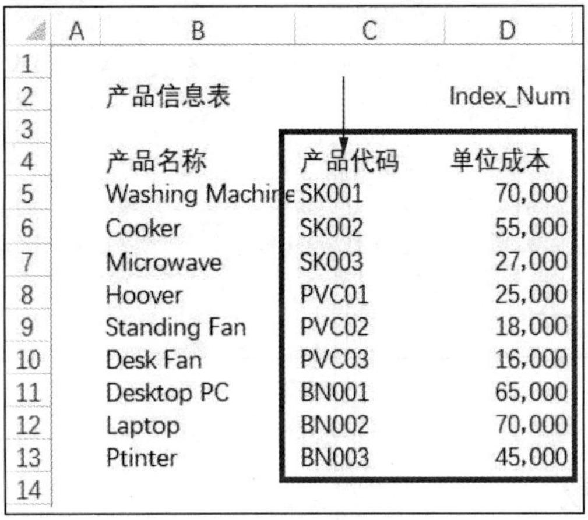

	A	B	C	D
1				
2		产品信息表		Index_Num
3				
4		产品名称	产品代码	单位成本
5		Washing Machine	SK001	70,000
6		Cooker	SK002	55,000
7		Microwave	SK003	27,000
8		Hoover	PVC01	25,000
9		Standing Fan	PVC02	18,000
10		Desk Fan	PVC03	16,000
11		Desktop PC	BN001	65,000
12		Laptop	BN002	70,000
13		Ptinter	BN003	45,000
14				

图 3.6

D 列第 11 行的单元格为源单元格，如图 3.7 所示。Excel 将从单元格 D11 中提取数据“65,000”，并将其放入“销售报告”工作表中的目标单元格中。

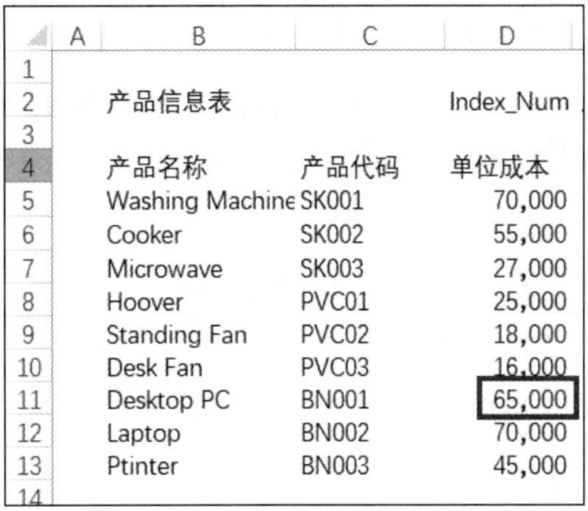

	A	B	C	D
1				
2		产品信息表		Index_Num
3				
4		产品名称	产品代码	单位成本
5		Washing Machine	SK001	70,000
6		Cooker	SK002	55,000
7		Microwave	SK003	27,000
8		Hoover	PVC01	25,000
9		Standing Fan	PVC02	18,000
10		Desk Fan	PVC03	16,000
11		Desktop PC	BN001	65,000
12		Laptop	BN002	70,000
13		Ptinter	BN003	45,000
14				

图 3.7

一旦完成了函数公式，并成功地提取了“销售报告”工作表中第一条销售记录的“单位成本”，即可把函数公式复制到“销售报告”工作表中的其他销售记录所对应的“单位成本”

单元格中，如图 3.8 所示。

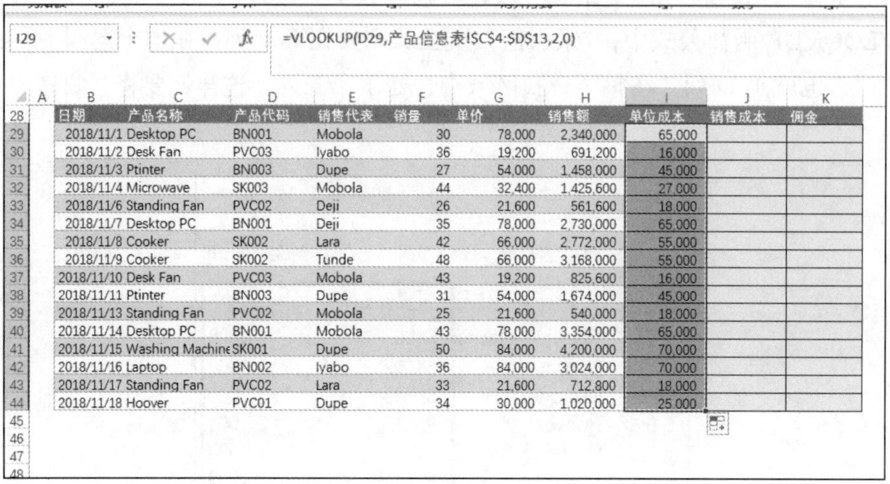

图 3.8

3.2.2　INDEX 函数

　　INDEX 函数和 MATCH 函数通常结合使用。INDEX 函数的参数用于指定源单元格的行和列。为了使公式动态化，可以用 MATCH 函数作为 INDEX 的参数，来指定源单元格的行或列，或者同时指定源单元格的行和列。这是一个功能非常强大的公式组合，既有以数的形式表现的参数，也有以简单公式的形式表现的参数。

　　Excel 提供了两组函数公式的提示，第一行的公式所引用的参数是一组数据区域，返回的结果也是一组数值，而不是某个单一的数值，如图 3.9 所示。本书的后半部分将详细介绍这部分内容。

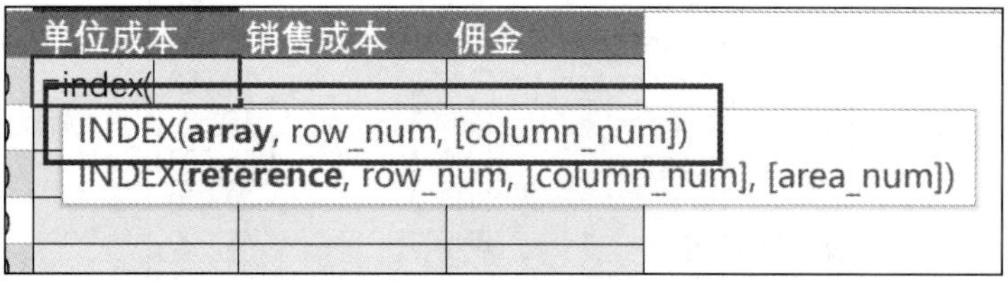

图 3.9

　　第二行公式提示的首个参数是"引用范围"。这个参数的引用功能类似于 VLOOKUP 函数中的"查找区域"。在简单的 INDEX 函数公式中，可以将"引用范围"限制在一列（或一行）的单元格范围内。

如果将 INDEX 函数内参数的引用限制在一列中，则只需指定源单元格的列，如图 3.10 所示。在这里选择了单元格区域 D5:D13 作为引用范围。

| D5 | ▼ | : | × | ✓ | fx | =INDEX('产品信息表 (INDEX)'!$D$5:$D$13) |

INDEX(**array**, row_num, [column_num])
INDEX(**reference**, row_num, [column_num], [area_num])

	A	B	C	单位成本	I
1					
2	产品信息表				
3					
4	产品名称	产品代码	单位成本		
5	Washing Machine	SK001	70,000		
6	Cooker	SK002	55,000		
7	Microwave	SK003	27,000		
8	Hoover	PVC01	25,000		
9	Standing Fan	PVC02	18,000		
10	Desk Fan	PVC03	16,000		
11	Desktop PC	BN001	65,000		
12	Laptop	BN002	70,000		
13	Ptinter	BN003	45,000		
14					
15					

图 3.10

接下来讨论 INDEX 函数公式中的第二个参数 "偏移的行数"（row_num）。为了使 INDEX 函数能实现动态查找，用 MATCH 函数代替一个固定的数值，作为 INDEX 函数的第二个参数。要做到这一点，只需在 "," 分隔第一个参数后输入 MATCH 函数公式。此时不需要在 MATCH 函数公式前输入 "="，因为这时的 MATACH 函数公式是 INDEX 函数中的参数，包含在 INDEX 函数内。

3.2.3　MATCH 函数

MATCH 函数的第一个参数为 "索引值"，第二个参数为 "查找范围"。参数 "查找范围" 规定了第一个参数 "索引值" 所在的区域，即在指定区域内查找第一参数。由于 MATCH 函数返回的值是 INDEX 函数的第二个参数，因此，仍用 VLOOKUP 示例中的 "索引值"，即 "销售报告" 工作表中的单元格 D5 的 "BN001" 作为 MATCH 函数公式的 "索引值"。同时在设定 MATCH 函数公式中的 "查找范围" 时，用和 INDEX 函数公式一样的行数，即 "产品信息表" 工作表中的单元格区域 C5:C13。

查找是从源表的第 5 行开始的，如图 3.11 所示。注意，MATCH 函数公式中的查找从

"查找范围"的第一行开始，这点与 INDEX 函数公式相同。MATCH 函数的第三个参数用于规范"查找类型"，这点也与 VLOOKUP 函数相同，用"查找类型"参数作为结尾。但要注意的是，两个函数公式中的"查找类型"的赋值所代表的意义不同。在 MATCH 函数公式中，"1"表示返回大于索引值的近似值，"-1"表示返回小于索引值的近似值，"0"表示返回精确值。

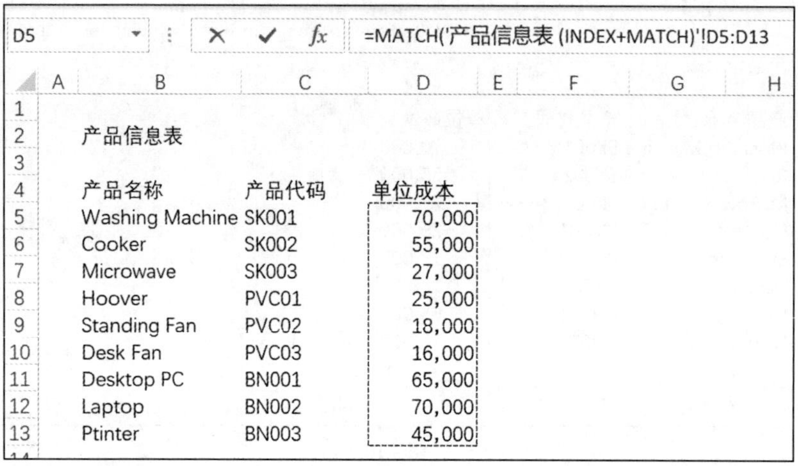

图 3.11

MATCH 函数公式返回的是一个整数，这个整数表示"索引值"在"查找范围"中行的位置。需要注意的是，行的位置是指"查找范围"内的行数，而不是整张工作表的行数。MATCH 函数返回数字是 7，而不是整张工作表的行数 11，因为索引值"BN001"在查找范围单元格区域 C5:C13 中，处于第 7 行。一旦在 MATCH 函数公式中输入半角右括号")"，Excel 会自动返回至"销售报告"工作表，如图 3.12 所示。

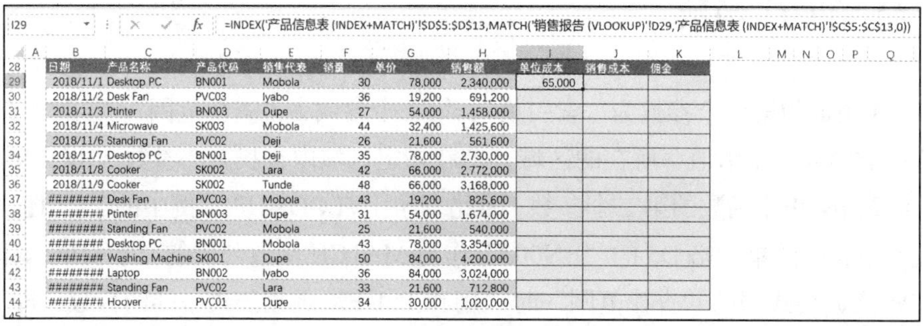

图 3.12

INDEX 函数公式的第三个参数是"偏移的列数"（column_num）。由于将 INDEX 函数的第一参数"引用范围"设定为单列数据单元格区域 D5:D13，因此，没有要偏移的列，在此忽略这个参数。

INDEX 函数的第四个参数"取值范围"可用于处理更复杂的情况，例如取得多行多列的值。由于不适合本章的案例，在此忽略这个参数。

在识别了源选取范围的第 7 行和 D 列之后，现在锁定了源单元格 D11，并由此得到返回值"65,000"。INDEX 和 MATCH 的函数组合克服了 VLOOKUP 函数只能向右查找的弊端。因此，许多用户在用 VLOOKUP 函数能取得返回值的情况下，选择使用"INDEX+MATCH"的方式取得返回值；同时也有许多用户宁愿改变源表中列的顺序，也要使用 VLOOKUP 函数取得返回值。

3.2.4 CHOOSE 函数

CHOOSE 函数公式应用于返回一系列的数值中某个位置的值。CHOOSE 函数公式有两个参数——"索引值"和"值范围"，如图 3.13 所示。

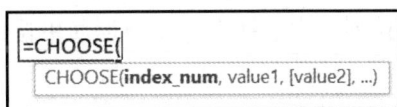

```
=CHOOSE(
    CHOOSE(index_num, value1, [value2], ...)
```

图 3.13

在图 3.14 中，要在"产品信息表"工作表中分别显示单位成本的平均值和中位值。首先在一个空单元格中设置数据验证，这样可以通过单击单元格旁边的下拉按钮来选择"1"或"2"。数据验证所在的单元格是 CHOOSE 函数公式的"索引值"。

	A	B	C	D	E	F	G
1							
2							
3		产品信息表				索引值	
4						1	
5		产品名称	产品代码	单位成本		1	
6		Washing Machine	SK001	70,000		2	
7		Cooker	SK002	55,000			
8		Microwave	SK003	27,000		43,444	
9		Hoover	PVC01	25,000			
10		Standing Fan	PVC02	18,000			
11		Desk Fan	PVC03	16,000			
12		Desktop PC	BN001	65,000			
13		Laptop	BN002	70,000			
14		Ptinter	BN003	45,000			
15							
16			平均值	43,444			
17			中位值	45,000			
18							

图 3.14

输入函数公式 "=CHOOSE(F4,AVERAGE(D6:D14),MEDIAN(D6:D14))" 后，"值范围" 内的第一选项是平均值，第二选项是中位值，如图 3.15 所示。

图 3.15

当在数据验证的单元格下拉列表中选择 "1" 时，返回单位成本的平均值为 "43,444 元"，如图 3.16 所示。

图 3.16

当在数据验证的单元格下拉列表中选择 "2" 时，返回的值是中位值，如图 3.17 所示。

产品信息表			索引值
			2
产品名称	产品代码	单位成本	
Washing Machine	SK001	70,000	
Cooker	SK002	55,000	45,000
Microwave	SK003	27,000	
Hoover	PVC01	25,000	
Standing Fan	PVC02	18,000	
Desk Fan	PVC03	16,000	
Desktop PC	BN001	65,000	
Laptop	BN002	70,000	
Ptinter	BN003	45,000	
	平均值:	43,444	
	中位值:	45,000	

图 3.17

CHOOSE 函数的应用案例

假设您近期在查看公司的财务记录，上级希望您每周交出的报告包含销售总额及采购总额，您会如何去做？

可以选择所有产品的销售额，然后加总计算出它们的和。但一旦完成，下次还会选择产品的采购额并再次加总，费时费力。这时，就可以让 CHOOSE 函数发挥作用，用它编制一个简单的模型，使得 CHOOSE 函数在一次单击中为您完成所有的工作任务建模步骤如下。

（1）输入所有需要的值，并将它们编制成表，如图 3.18 所示。

产品名称	产品代码	销售额	采购额
Washing Machine	SK001	75,000	70,000
Cooker	SK002	5,420	55,000
Microwave	SK003	78,924	27,000
Hoover	PVC01	1,111	25,000
Standing Fan	PVC02	10,000	18,000
Desk Fan	PVC03	15,000	16,000
Desktop PC	BN001	19,000	65,000
Laptop	BN002	100,000	70,000
Ptinter	BN003	11,000	45,000

图 3.18

（2）在空白单元格中输入 "=choose("，如图 3.19 所示。

（3）第一个参数 "索引值" 填写需要进行数据验证的单元格，在本例中，是单元格 G6，如图 3.20 所示。

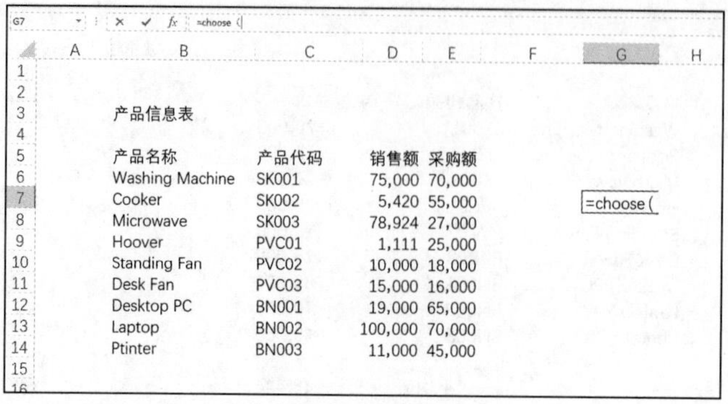

图 3.19

图 3.20

（4）返回数据验证的结果，如图 3.21 所示。当数据验证单元格的值为 1 时，要求返回销售额的总和。

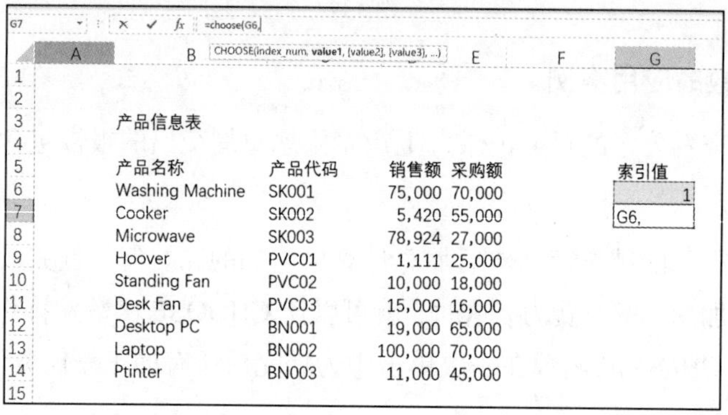

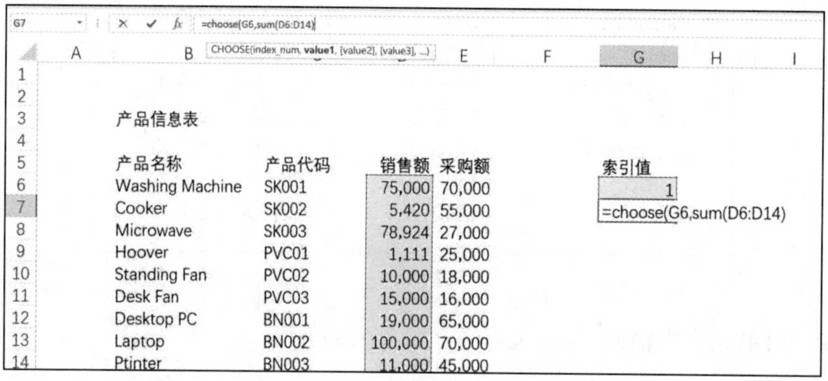

图 3.21

（5）再次返回数据验证的结果，如图 3.22 所示。当数据验证单元格的值为 2 时，要求返回采购额的总额。

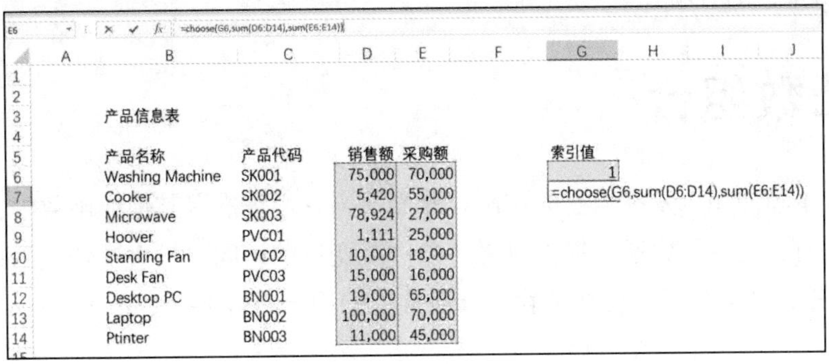

图 3.22

（6）函数公式输入完毕后，当选择 1 时，会自动显现总销售金额 315,455 元，如图 3.23
所示。

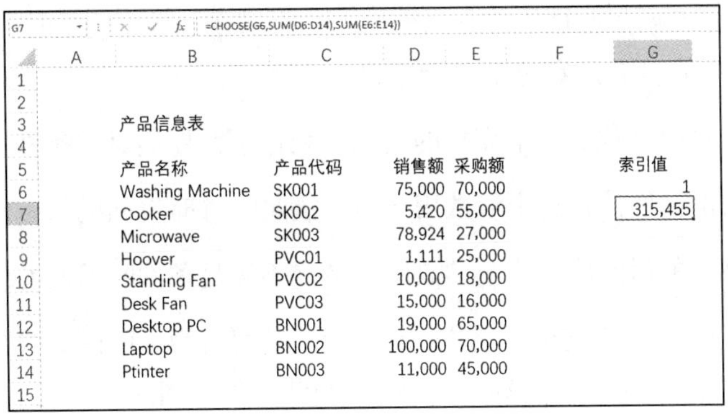

图 3.23

（7）函数公式输入完毕后，当选择 2 时，会自动显现总采购金额 391,000 元，如图 3.24
所示。

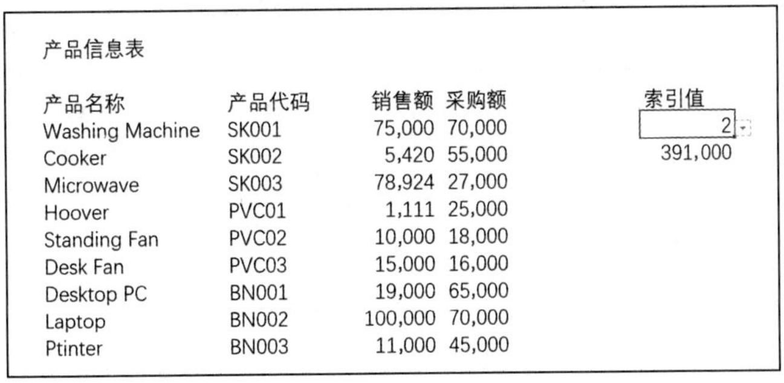

图 3.24

这个案例只是 CHOOSE 函数的一个基本应用场景。当有大量的数据需要过滤和排序时，CHOOSE 函数将特别有用。

3.3　函数组合

函数可以单独使用以发挥自己的作用。然而，当它们被嵌入其他的函数中，作为其他函数的参数使用时，这些函数通过提供对更多条件或变量的访问，扩大了外层函数的范围和功能，如“INDEX+MATCH”。现在来看看其他常见的用于组合的函数：IF、MAX 和 MIN。

3.3.1　IF 函数

IF 函数是 Excel 中使用十分广泛的函数之一。它可以单独使用，也可以作为另一个函数中的某个参数使用。IF 函数应用于检查当前情况是否满足条件，满足时，返回一个值；不满足时，则返回另一个值。IF 函数包含三个参数。

- 判断条件：这个参数是一个完整的语句，表达了需要满足的条件。
- 满足条件时的返回值：这个参数用于指定满足条件时返回的值。
- 不满足条件时的返回值：这个参数用于指定不满足条件时返回的值。

公司的佣金制度规定：对于利润超过 30 万元的销售行为，可以提取销售额的 2%作为佣金。可以运用 IF 函数公式来实现自动计算佣金，判断条件为利润是否大于 30 万元。在图 3.25 的示例中，字段“利润”位于单元格 K5，达标条件 300,000 位于单元格 K2，因此，第一参数判断条件的语句为“K5>K2”，表示利润大于 30 万元。第二个参数为公式“H5*H2”，“H5”为销售额所在的单元格，“H2”为佣金提成比例所在的单元格。当条件符合时，返回销售额×佣金提成比例（2%）的值。当条件不符合时，直接返回数值 0。

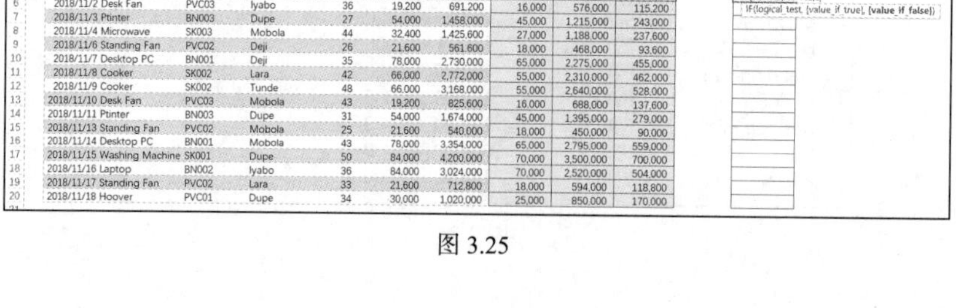

日期	产品名称	产品代码	销售代表	销量	单价	销售额	单位成本	销售成本	利润
2018/11/1	Desktop PC	BN001	Mobola	30	78,000	2,340,000	65,000	1,950,000	390,000
2018/11/2	Desk Fan	PVC03	Iyabo	36	19,200	691,200	16,000	576,000	115,200
2018/11/3	Ptinter	BN003	Dupe	27	54,000	1,458,000	45,000	1,215,000	243,000
2018/11/4	Microwave	SK003	Mobola	44	32,400	1,425,600	27,000	1,188,000	237,600
2018/11/6	Standing Fan	PVC02	Deji	26	21,600	561,600	18,000	468,000	93,600
2018/11/7	Desktop PC	BN001	Deji	35	78,000	2,730,000	65,000	2,275,000	455,000
2018/11/8	Cooker	SK002	Lara	42	66,000	2,772,000	55,000	2,310,000	462,000
2018/11/9	Cooker	SK002	Tunde	48	66,000	3,168,000	55,000	2,640,000	528,000
2018/11/10	Desk Fan	PVC03	Mobola	43	19,200	825,600	16,000	688,000	137,600
2018/11/11	Ptinter	BN003	Dupe	31	54,000	1,674,000	45,000	1,395,000	279,000
2018/11/13	Standing Fan	PVC02	Mobola	25	21,600	540,000	18,000	450,000	90,000
2018/11/14	Desktop PC	BN001	Mobola	43	78,000	3,354,000	65,000	2,795,000	559,000
2018/11/15	Washing Machine	SK001	Dupe	50	84,000	4,200,000	70,000	3,500,000	700,000
2018/11/16	Laptop	BN002	Iyabo	36	84,000	3,024,000	70,000	2,520,000	504,000
2018/11/17	Standing Fan	PVC02	Lara	33	21,600	712,800	18,000	594,000	118,800
2018/11/18	Hoover	PVC01	Dupe	34	30,000	1,020,000	25,000	850,000	170,000

图 3.25

3.3.2 MAX 函数和 MIN 函数

MAX 函数和 MIN 函数用于从值列表中选择最大值或最小值。这两个函数和其他函数组合后，功能将更加强大。

在财务模型中，现金余额有时为正，有时为负。而资产负债表资产一栏的银行存款账户中的余额总是正数，而负债一栏中的银行借款总是负数。如果可以简单地将银行存款额或银行借款额与现金余额关联起来，就会发现：现金余额是正数时，银行存款额大于银行借款额；现金余额是负数时，银行存款额小于银行借款额。当现金余额是正数时，说明公司有现金盈余；当现金余额是负数时，说明公司透支了现金。

现在用 MAX 函数和 MIN 函数将现金余额中的金额分列至银行存款或银行借款。MAX 函数返回的是最大值。用 MAX 函数比较现金余额与数值 0，现金余额大于 0 时，返回现金余额的值，现金余额小于 0 时，返回数值 0。因此，这一列单元格的返回值是非负数，即表示银行存款，如图 3.26 所示。

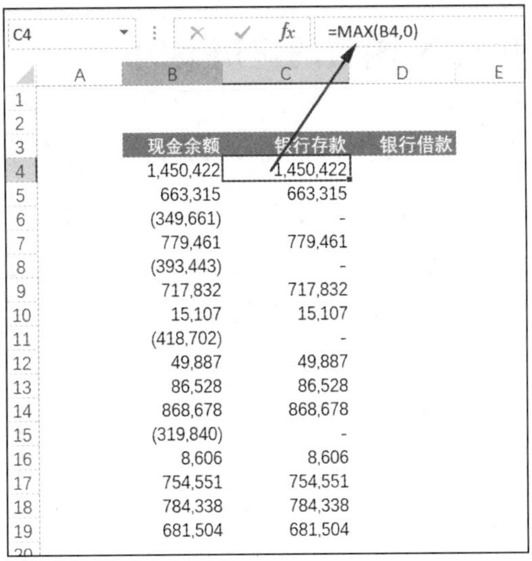

	A	B	C	D	E
1					
2					
3		现金余额	银行存款	银行借款	
4		1,450,422	1,450,422		
5		663,315	663,315		
6		(349,661)	-		
7		779,461	779,461		
8		(393,443)	-		
9		717,832	717,832		
10		15,107	15,107		
11		(418,702)	-		
12		49,887	49,887		
13		86,528	86,528		
14		868,678	868,678		
15		(319,840)	-		
16		8,606	8,606		
17		754,551	754,551		
18		784,338	784,338		
19		681,504	681,504		

图 3.26

MIN 函数返回的是最小值。用 MIN 函数比较现金余额与数值 0，当现金余额小于 0 时，返回现金余额的值，当现金余额大于 0 时，返回数值 0。因此，这一列单元格的返回值是负数，即银行借款，如图 3.27 所示。

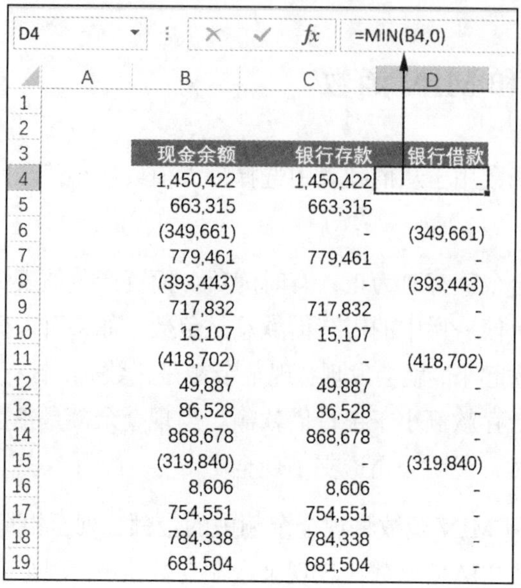

D4 =MIN(B4,0)

	A	B	C	D
1				
2				
3		现金余额	银行存款	银行借款
4		1,450,422	1,450,422	-
5		663,315	663,315	-
6		(349,661)	-	(349,661)
7		779,461	779,461	-
8		(393,443)	-	(393,443)
9		717,832	717,832	-
10		15,107	15,107	-
11		(418,702)	-	(418,702)
12		49,887	49,887	-
13		86,528	86,528	-
14		868,678	868,678	-
15		(319,840)	-	(319,840)
16		8,606	8,606	-
17		754,551	754,551	-
18		784,338	784,338	-
19		681,504	681,504	-

图 3.27

由此，通过 MAX 函数及 MIN 函数得到了银行存款金额及银行借款金额。

3.3.3 MAX 函数和 MIN 函数的应用案例

将在文件“学生成绩”中运用 MAX 和 MIN 函数得到学生的最高分以及最低分。

（1）创立一个区域用来显示最高分、最低分以及总分，如图 3.28 所示。

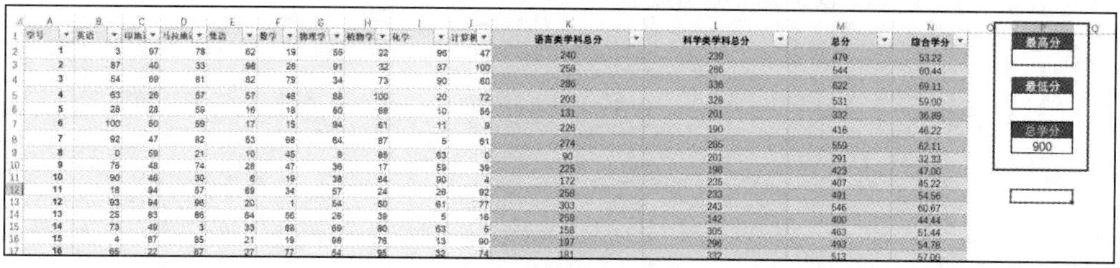

图 3.28

（2）在单元格 P2 中，输入公式“=MAX(成绩表!$N$2:$N$67)”，如图 3.29 所示。

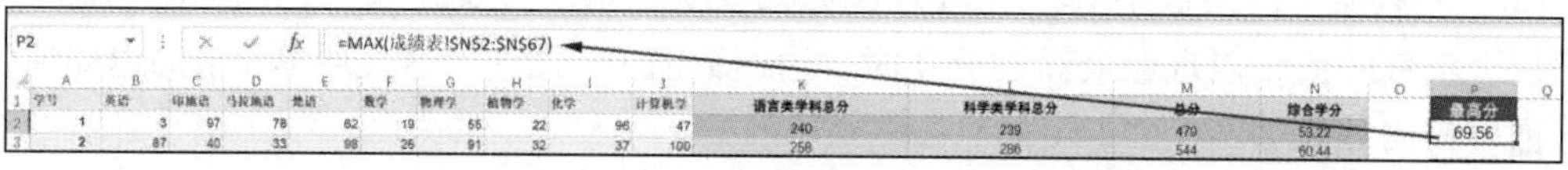

图 3.29

得到如图 3.30 所示的最高分：69.56 分。

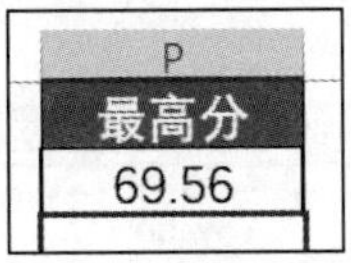

图 3.30

（3）在单元格 P2 中，输入公式"=MIN(成绩表!$N$2:$N$67)"，如图 3.31 所示。

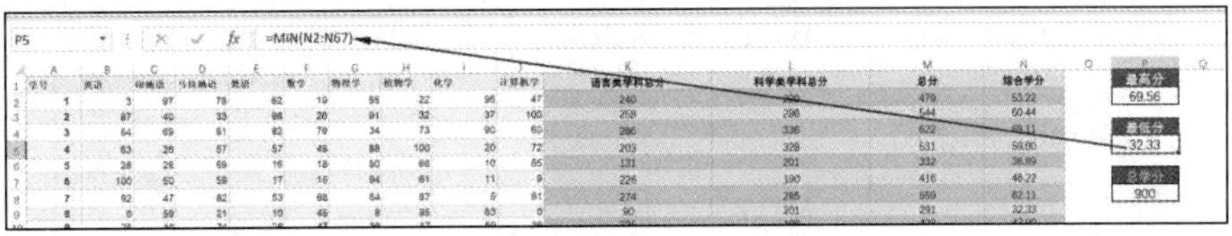

图 3.31

得到如图 3.32 的所示的最低分：32.33 分。

图 3.32

这个案例介绍了 MAX 和 MIN 函数如何在大量的数值中快速返回结果。

3.4 数据透视表和数据透视图

数据透视表是 Excel 中的强大工具。数据透视表可以将少量或大量的数据汇总到一个表格中，从而揭示从原始数据中看不出的趋势和关系。

数据透视表允许在原始数据的基础上加入筛选条件，这样就可以从不同的角度查看汇总的数据，无须输入公式。大多数用户认为数据透视表很复杂，很难编制，但其实并非如此。只要遵循一些简单的规则，就能轻松地制作出数据透视表。

第一步是确保数据采用了正确的 Excel 表格格式。注意，制作时可能需要使用别人准备的数据。

Excel 的自动识别和快捷菜单的表现取决于表格是否以正确的格式呈现数据。大多数操作都需要指定目标范围。Excel 可以正确识别目标范围并提取标题，但前提是数据以正确的形式呈现。表格中的日期列是日期格式，标题行的单元格都有内容，表格没有空行，如图 3.33 所示。

日期	产品名称	产品代码	销售代表	销量	单价	销售额
2018/11/1	Desktop PC	BN001	Mobola	30	78,000	2,340,000
2018/11/2	Desk Fan	PVC03	Iyabo	36	19,200	691,200
2018/11/3	Ptinter	BN003	Dupe	27	54,000	1,458,000
2018/11/4	Microwave	SK003	Mobola	44	32,400	1,425,600
2018/11/6	Standing Fan	PVC02	Deji	26	21,600	561,600
2018/11/7	Desktop PC	BN001	Deji	35	78,000	2,730,000
2018/11/8	Cooker	SK002	Lara	42	66,000	2,772,000
2018/11/9	Cooker	SK002	Tunde	48	66,000	3,168,000
2018/11/10	Desk Fan	PVC03	Mobola	43	19,200	825,600
2018/11/11	Ptinter	BN003	Dupe	31	54,000	1,674,000
2018/11/13	Standing Fan	PVC02	Mobola	25	21,600	540,000
2018/11/14	Desktop PC	BN001	Mobola	43	78,000	3,354,000
2018/11/15	Washing Machine	SK001	Dupe	50	84,000	4,200,000
2018/11/16	Laptop	BN002	Iyabo	36	84,000	3,024,000
2018/11/17	Standing Fan	PVC02	Lara	33	21,600	712,800
2018/11/18	Hoover	PVC01	Dupe	34	30,000	1,020,000

标题行

图 3.33

在数据库术语中，表的每一列代表一个字段，每一行（除第一行外）代表一条记录。表的第一行应包含字段标题。表中不应有空单元格，不应有重复记录。

Excel 在检测数据类型和处理不同形式的日期格式方面非常高效。15/01/2019、15-Jan-19、15-01-2019、01-15-2019 和 2019-01-15 等都会被认定为日期格式。

同时 Excel 也非常敏感，数据出现任何异常都有可能导致数据变化。如果在日期前输入了一个空格，如 " 15/1/2019"，Excel 会将其视为 "常规" 数字格式，如图 3.34 所示。

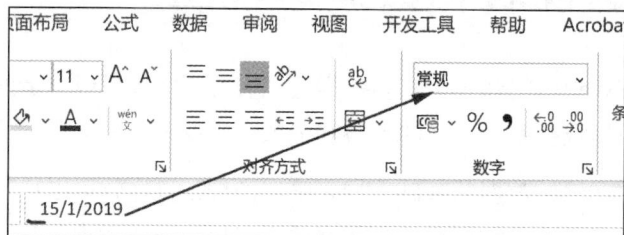

图 3.34

没有空格时，Excel 会将其识别为日期，并自动将数字格式设为 "日期"，如图 3.35 所示。

之所以要详细解释这个问题，是因为数据透视表对 "日期" 字段有格式要求。如果表中包含一个日期字段，数据透视表就会识别到它，并允许将日期按日、月、季度和年分组。

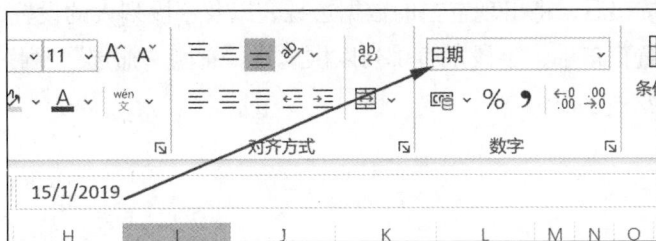

图 3.35

但是，只要日期字段中有一个单元格出现异常，数据透视表就不会把整个"日期"字段视为日期，相应地，分组功能将不可用。

一旦数据经过清洗并且准备好，就可以创建数据透视表了。单击表中的任意单元格，然后依次单击"插入"和"数据透视表"，打开"创建数据透视表"的对话框。

此时要分析的数据所在的范围已被自动识别，只需选择数据透视表报表的位置即可，如图 3.36 所示。如果 Excel 没有自动识别数据源的范围，就需要手动选择。虽然可以将数据透视表与源数据放在同一工作表上，但这会使得页面变得拥挤。默认情况下，Excel 会在新的工作表上创建数据透视表。同样，可以在同一工作表或另一个指定的工作表上指定一个位置来创建数据透视表。

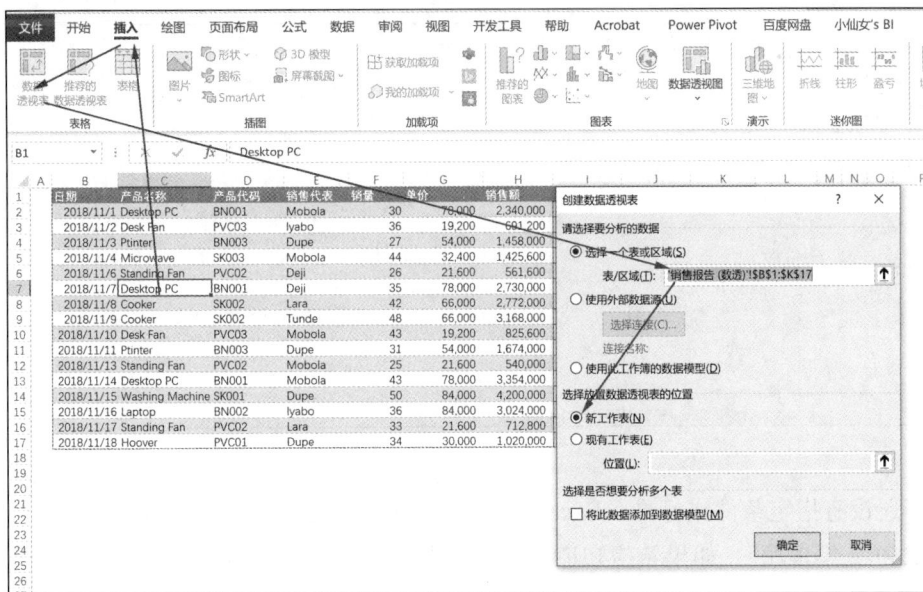

图 3.36

单击“确定”按钮后，将出现空白的数据透视表以及字段列表的设置窗口，如图 3.37 所示。在字段列表设置窗口中，字段垂直排列以供选择。右侧“筛选”“列”“行”以及“值”四栏垂直排列以供罗列字段。

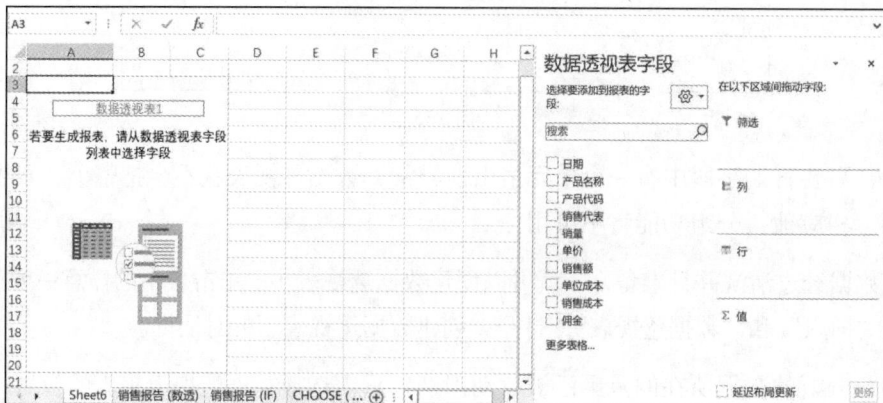

图 3.37

在开始创建数据透视表之前，可以先设想一下数据透视表的布局。“值”一栏适合摆放数值字段，所以可以将 “销售额”拖入“值”这一栏。拖曳完成后，销售额会自动相加并列示在数据透视表中，如图 3.38 所示。

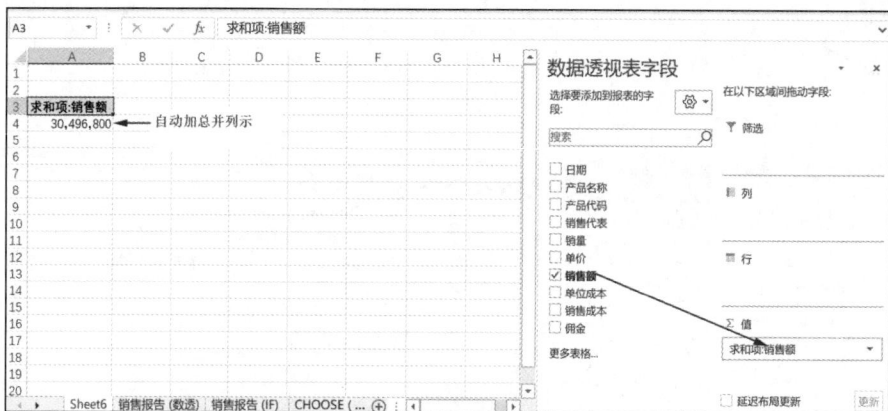

图 3.38

由于还没有指定条件或标准，Excel 只是简单地对“销售额”进行加总，并将行标签命名为“求和项:销售额”。如果希望知道每个产品下每个销售代表的销售额，可以通过增加筛选条件来实现。增加筛选条件后得到的数据透视表如图 3.39 所示。

行标签	求和项:销售额
Cooker	**5,940,000**
Lara	2,772,000
Tunde	3,168,000
Desk Fan	**1,516,800**
Iyabo	691,200
Mobola	825,600
Desktop PC	**8,424,000**
Deji	2,730,000
Mobola	5,694,000
Hoover	**1,020,000**
Dupe	1,020,000
Laptop	**3,024,000**
Iyabo	3,024,000
Microwave	**1,425,600**
Mobola	1,425,600
Ptinter	**3,132,000**
Dupe	3,132,000
Standing Fan	**1,814,400**
Deji	561,600
Lara	712,800
Mobola	540,000
Washing Machine	**4,200,000**
Dupe	4,200,000
总计	**30,496,800**

图 3.39

增加筛选条件的方法如图 3.40 所示，将筛选条件的字段拖至“行”一栏内。

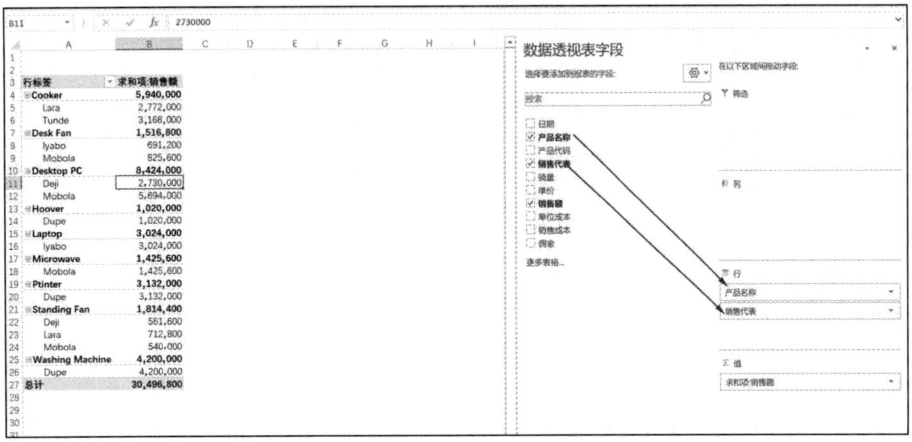

图 3.40

如果将销售代表作为一级分类，产品名称作为二级分类，那么会得到如图 3.41 所示的数据透视表。

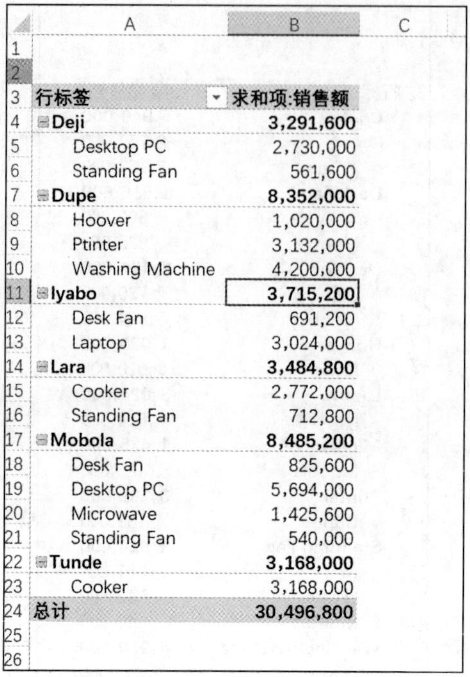

图 3.41

只需要在"行"一栏中,将"销售代表"字段和"产品名称"字段的位置交换即可,如图 3.42 所示。

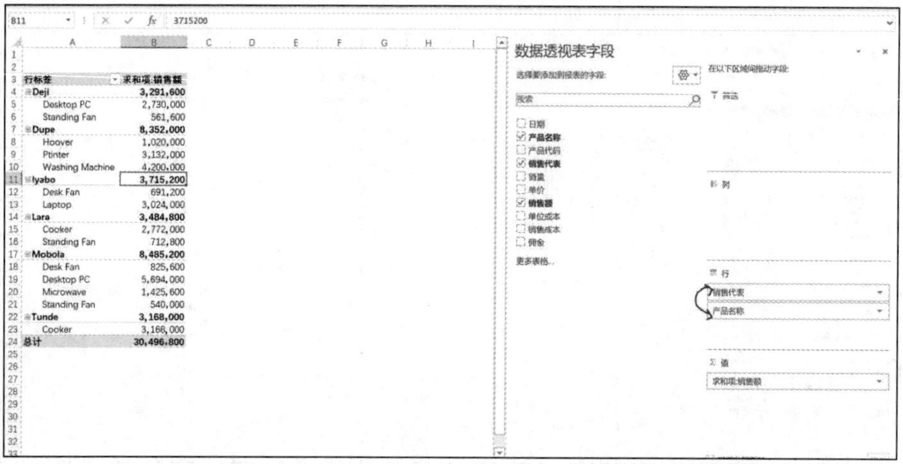

图 3.42

产品名称也可以横向展示,如图 3.43 所示。

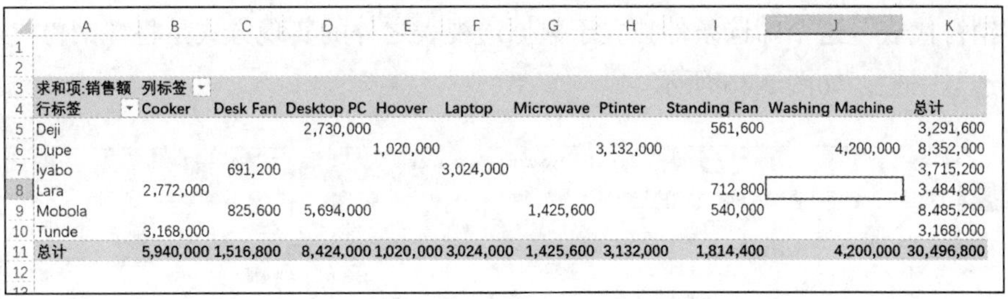

求和项:销售额	列标签									
行标签	Cooker	Desk Fan	Desktop PC	Hoover	Laptop	Microwave	Ptinter	Standing Fan	Washing Machine	总计
Deji			2,730,000					561,600		3,291,600
Dupe				1,020,000			3,132,000		4,200,000	8,352,000
Iyabo		691,200			3,024,000					3,715,200
Lara	2,772,000							712,800		3,484,800
Mobola		825,600	5,694,000			1,425,600		540,000		8,485,200
Tunde	3,168,000									3,168,000
总计	5,940,000	1,516,800	8,424,000	1,020,000	3,024,000	1,425,600	3,132,000	1,814,400	4,200,000	30,496,800

图 3.43

实现产品名称横向展示的方法是将“产品名称”由“行”一栏拖曳到“列”一栏，如图 3.44 所示。

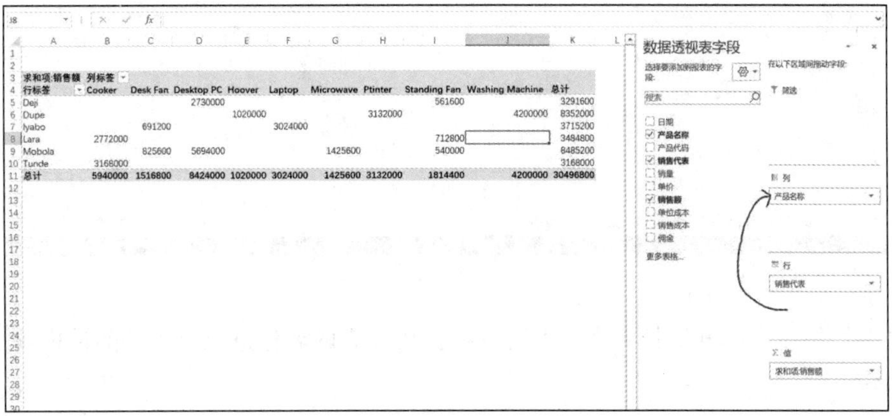

求和项:销售额	列标签									
行标签	Cooker	Desk Fan	Desktop PC	Hoover	Laptop	Microwave	Ptinter	Standing Fan	Washing Machine	总计
Deji			2730000					561600		3291600
Dupe				1020000			3132000		4200000	8352000
Iyabo		691200			3024000					3715200
Lara	2772000							712800		3484800
Mobola		825600	5694000			1425600		540000		8485200
Tunde	3168000									3168000
总计	5940000	1516800	8424000	1020000	3024000	1425600	3132000	1814400	4200000	30496800

图 3.44

图 3.45 展示了另一种布局，即将“销售代表”这个筛选条件独立于数据透视表外。

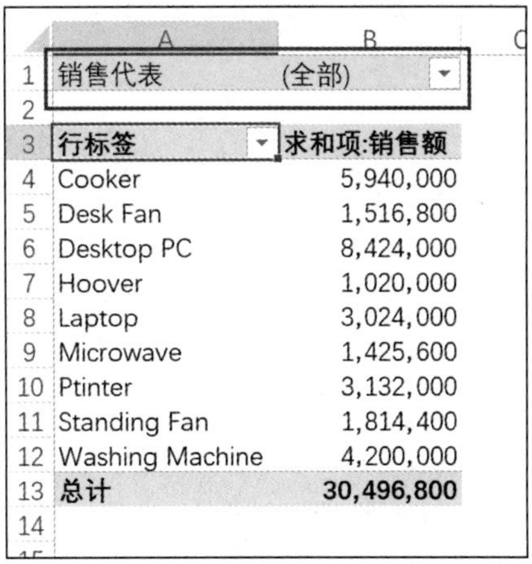

销售代表	(全部)
行标签	求和项:销售额
Cooker	5,940,000
Desk Fan	1,516,800
Desktop PC	8,424,000
Hoover	1,020,000
Laptop	3,024,000
Microwave	1,425,600
Ptinter	3,132,000
Standing Fan	1,814,400
Washing Machine	4,200,000
总计	30,496,800

图 3.45

将"销售代表"这个筛选条件独立于数据透视表之外的实现方式是将"销售代表"字段拖入"筛选"一栏，如图 3.46 所示。

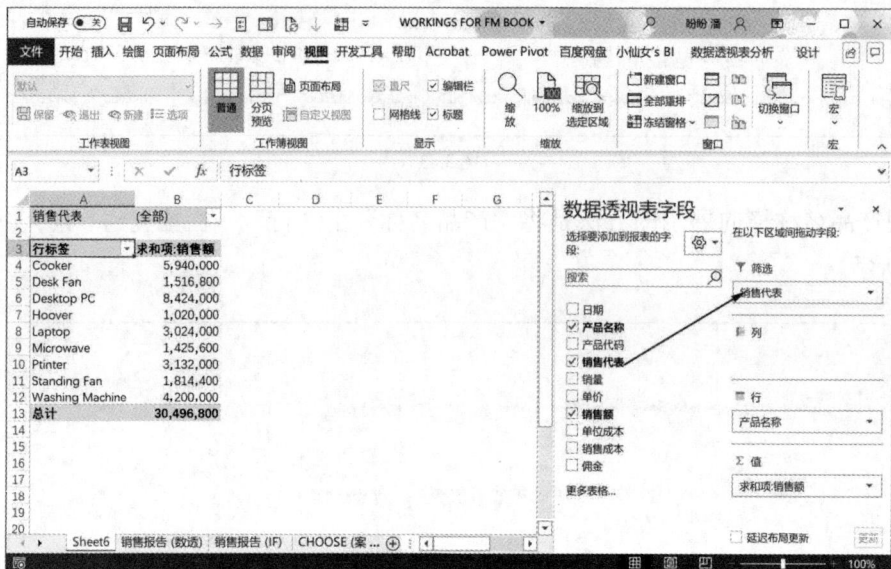

图 3.46

单击下拉按钮，打开下拉列表，即可选择销售代表的名称进行有条件的销售额汇总，如图 3.47 所示。

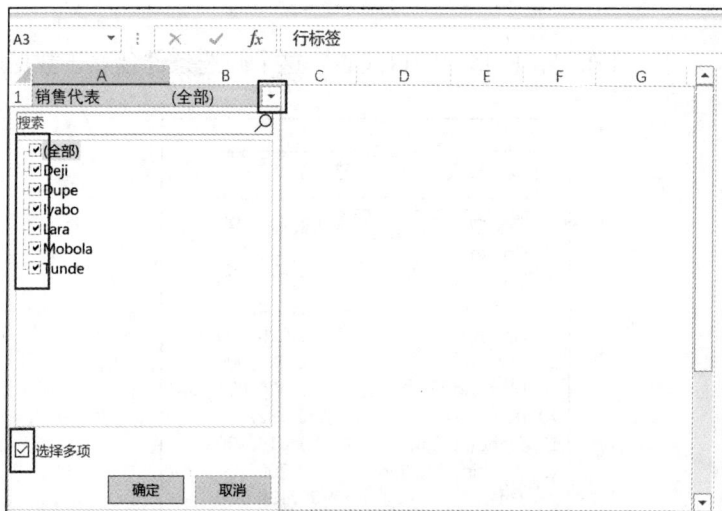

图 3.47

数据透视表除了显示销售总额外,还可以显示当前销售额占销售总额的百分比,如图 3.48 所示。由此得到各产品或各销售代表对整体销售业绩的贡献。

图 3.48

先将"销售额"字段再次拖动至"值"一栏,得到以"求和项:销售额 2"为行标签名的第二列销售额汇总,如图 3.49 所示。右击第二列的任意一个销售额打开快捷菜单,选择"值显示方式"下的"总计的百分比",即可得到当前销售额占销售总额的百分比。"值显示方式"子菜单中提供了多种显示方式,展现了数据透视表在呈现统计结果上的简便性。

图 3.49

图 3.50 中右边第二张数据透视表来源于左边第一张数据透视表。复制粘贴左边第一张数据透视表后,将字段"产品名称"改为"销售代表"即得到第二张数据透视表。

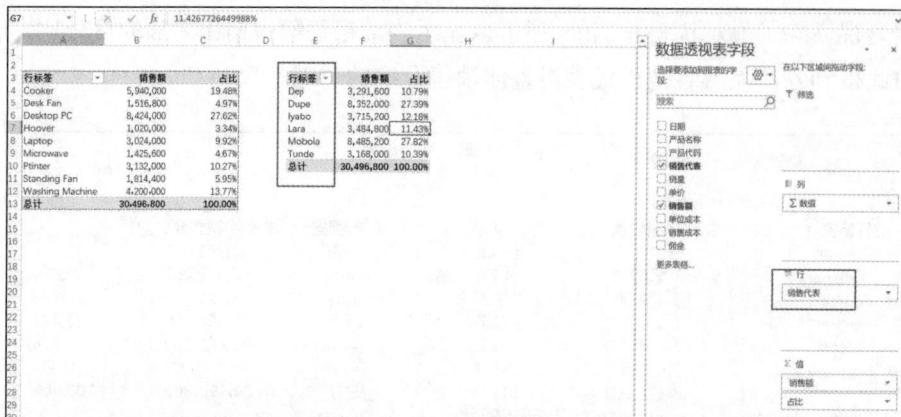

图 3.50

此时两张数据透视表是相关联的。对第一张表的操作有可能会影响到第二张表的数据。如果在尝试各种操作的过程中，把表弄得一团糟，可以删除复制生成的数据透视表，再从数据源直接生成一张新数据透视表。通过一次又一次的尝试，从错误中吸取教训，从而积累创建和使用数据透视表的经验。

有了数据透视表后，就可以生成数据透视图，图表结合能帮助阅读者更好地理解报表。

数据透视图的创建方式为单击数据透视表以激活"数据透视表分析"选项卡，单击"数据透视图"打开对话框，在左侧的"所有图表"中选择合适的图表类型，如图 3.51 所示。

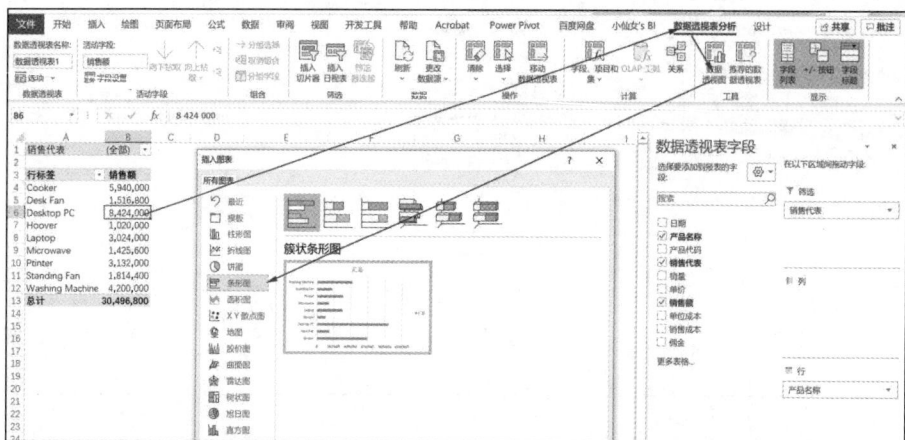

图 3.51

生成的数据透视图如图 3.52 所示。

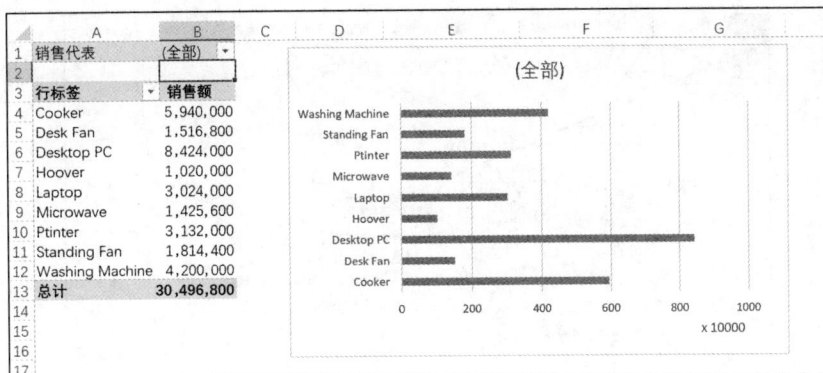

图 3.52

数据透视图是与数据透视表相关联的。当在数据透视表中将筛选条件"销售代表"改为"lyabo"后，数据透视图立即也做了相应的更改，如图 3.53 所示。

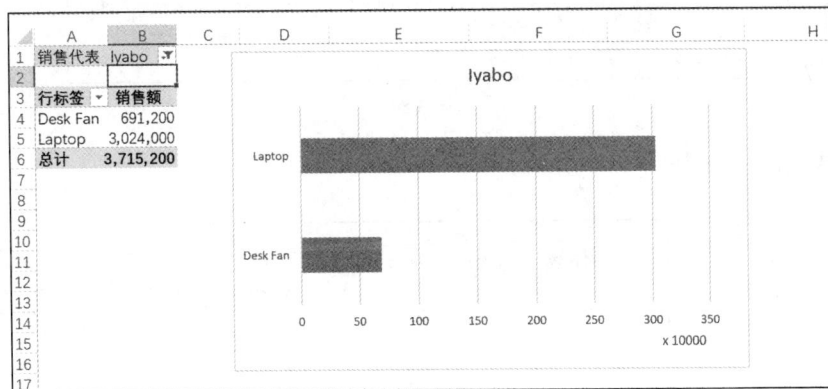

图 3.53

数据透视表的应用案例

在"学生成绩.xlsx"文件中有所有学生的成绩。假设现在想找出综合学分排名在前 10 名的学生以便在课堂中奖励他们，就可以通过数据透视表来实现。

（1）打开"学生成绩.xlsx"文件中的"成绩排名"工作表。这张表包含学生的学号、总分以及综合学分等内容。

（2）单击表中的任一单元格，在"插入"选项卡下单击"数据透视表"，如图 3.54 所示。

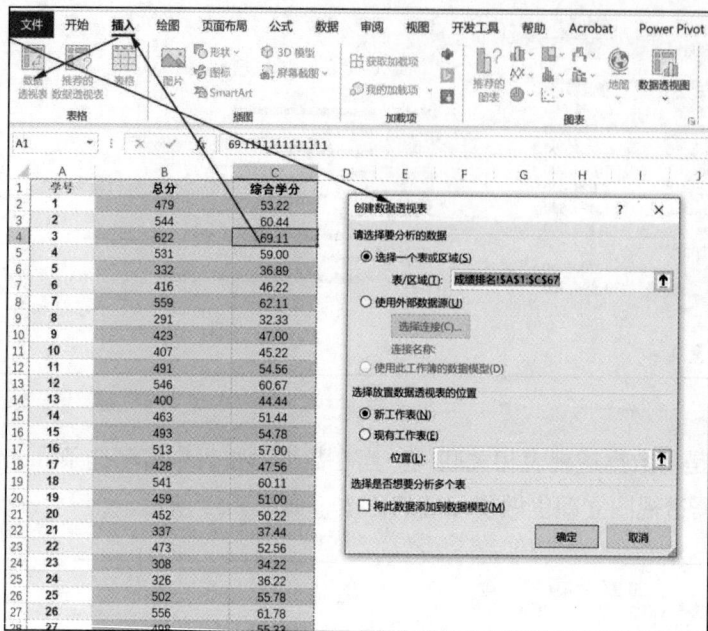

图 3.54

生成的数据透视表如图 3.55 所示。

行标签	求和项:总分	求和项:综合学分
1	479	53.22
10	407	45.22
11	491	54.56
12	546	60.67
13	400	44.44
14	463	51.44
15	493	54.78
16	513	57.00
17	428	47.56
18	541	60.11
19	459	51.00
2	544	60.44
20	452	50.22
21	337	37.44
22	473	52.56
23	308	34.22
24	326	36.22
25	502	55.78

图 3.55

（3）选中“行标签”列中的任意一个单元格，右击打开快捷菜单，选择“筛选”子菜单中的“前 10 个”，如图 3.56 所示。

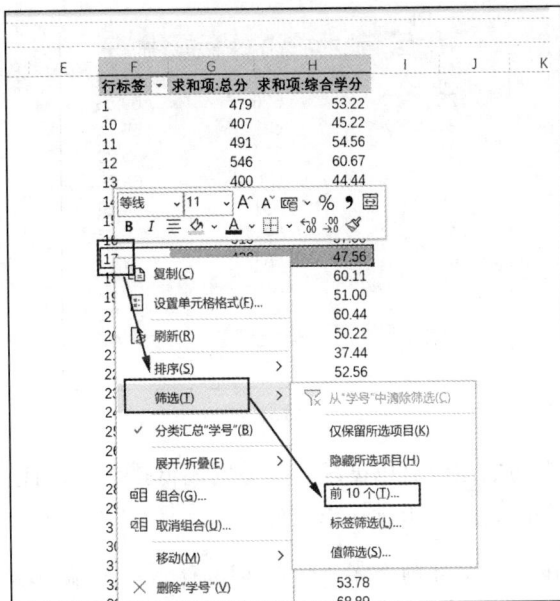

图 3.56

（4）在对话框的各个下拉列表中依次选择"最大""10""项""求和项:综合学分"，如图 3.57 所示。

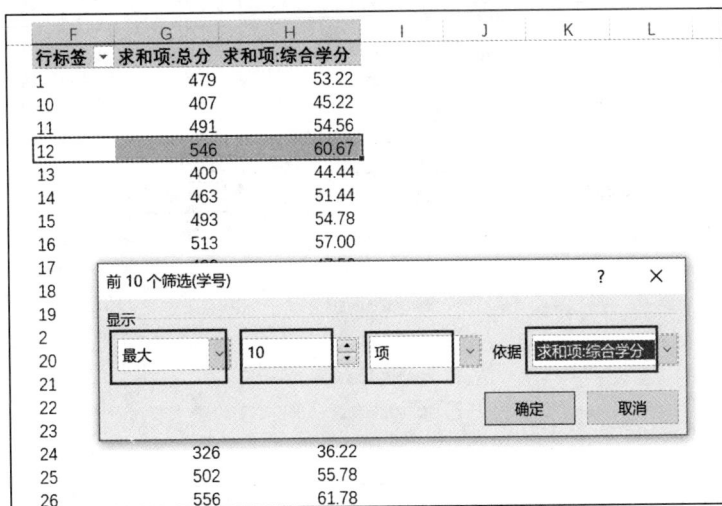

图 3.57

（5）图 3.58 为生成的数据透视表，表中列明了综合得分最高的 10 名学生的学号、总分及综合学分。

图 3.58

可以发现，这张表内的数据没有依据综合学分的高低排序，因此，应对这张数据透视表继续加工，以使综合学分最高的学生排在第一位。

（6）处理的方式为单击"求和项:综合学分"列的任意一个单元格，右击打开快捷菜单，选择"排序"子菜单中的"降序"，如图 3.59 所示。

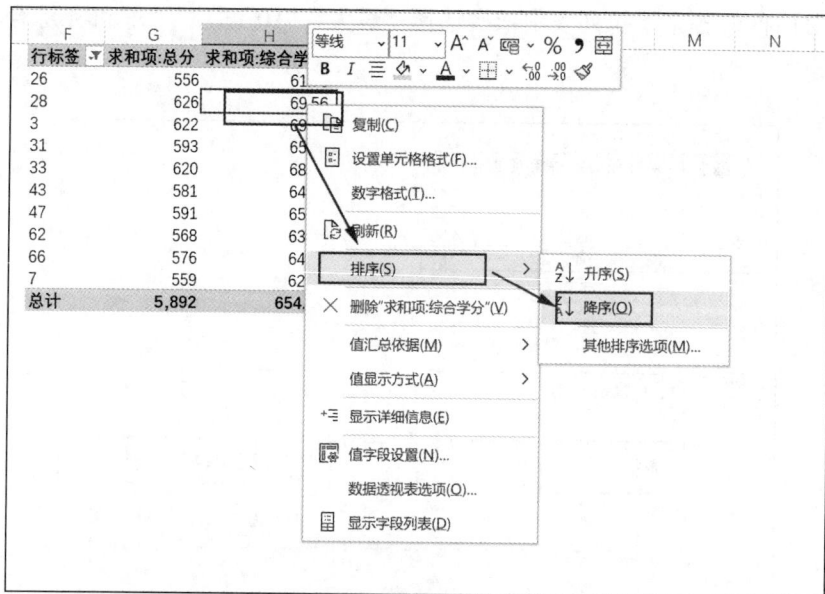

图 3.59

图 3.60 为编辑后的数据透视表。

行标签	求和项:总分	求和项:综合学分
28	626	69.56
3	622	69.11
33	620	68.89
31	593	65.89
47	591	65.67
43	581	64.56
66	576	64.00
62	568	63.11
7	559	62.11
26	556	61.78
总计	5,892	654.67

图 3.60

至此，利用数据透视表这个工具得到了综合学分从高到低排在班级前 10 名的同学。

3.5 注意事项

编制函数公式时很容易忘乎所以。有些函数公式看上去很简单，但其实它非常复杂，也不易理解。好的函数公式应该是简单以及便于旁人理解的。因此，如有必要，可将函数公式分成两部分或更多的部分。这样函数公式在保留原有功能的前提下，会更容易操作。可以按"Alt+Enter"组合键将函数公式的一部分强制换行到下一行，这样可以在不影响函数运行结果的前提下，使函数公式更容易理解。

原有的表达式如图 3.61 所示。

=INDEX(C5:G10,MATCH(J20,C5:C10,0),MATCH(K19,C5:G5,0))

图 3.61

按"Alt+Enter"组合键将表达式拆成 3 行，如图 3.62 所示。

=INDEX(C5:G10,
MATCH(J20,C5:C10,0),
MATCH(K19,C5:G5,0))

图 3.62

这样有助于更好地理解整个嵌套公式的层次。

保护工作表

如果要与其他人共享模型，那么很重要的一点就是，要保护好模型中的公式，避免出现无意识的修改而造成无法使用的情况。

首先需要突出显示含有不可修改的公式的单元格，按"Ctrl+1"组合键打开"设置单元格格式"对话框，单击"保护"选项卡，选中"锁定"，然后单击"确定"按钮，如图 3.63 所示。这将解锁单元格，使单元格内容可被修改。

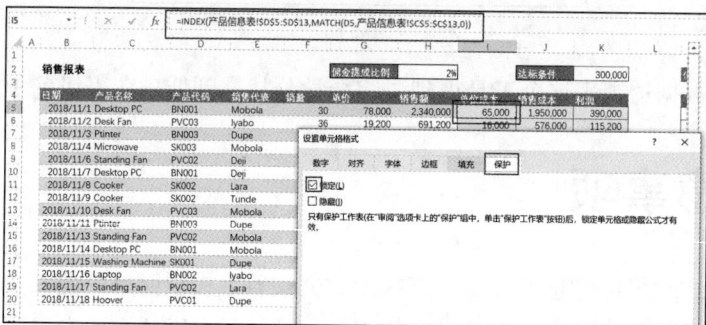

图 3.63

单击"审阅"选项卡，单击"保护工作表"，打开"保护工作表"对话框，如图 3.64 所示。上述操作完成后，单元格只能查看不能修改。如果需要，可以设置"取消工作表保护时使用的密码"，设置完成后，需输入密码才能再次更改单元格的状态。

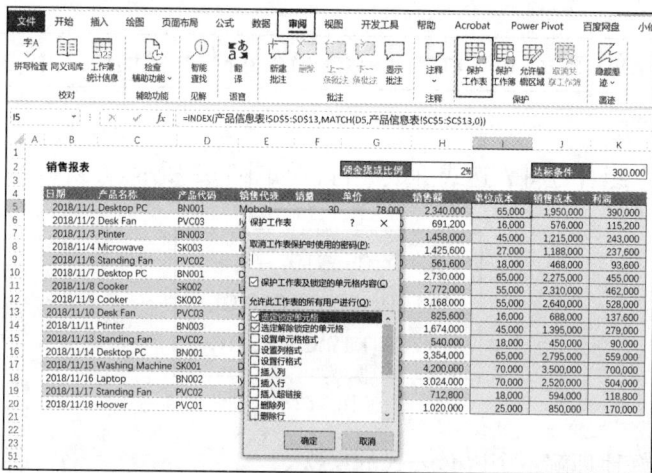

图 3.64

如果需要在多个地方输入同一个值，且只想输入一次该值，其他地方也会显现该值时，只需要引用之前的单元格，不必每次都手动输入。

在"工作表1"的单元格B5输入了一个利率"15%"。如果在"工作表2"的单元格D16中也需要出现这个利率"15%"，那么不必再输入"15%"，而只需在"工作表2"的B5单元格D16中，引用"工作表1"中单元格B5的值，公式为"=工作表1!B5"，如图3.65所示。

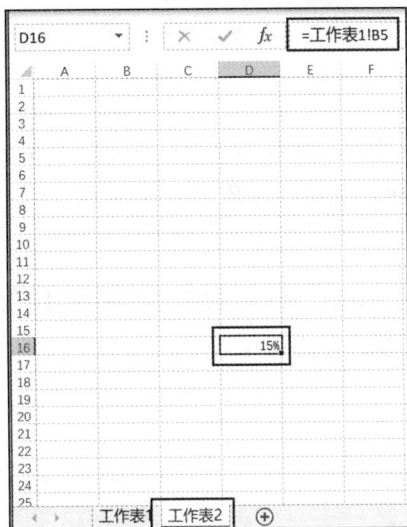

图 3.65

如果该利率需要再次出现在"工作表3"的单元格J13中，那么可以在"工作表3"的单元格J13中输入"=工作表2!D16"，如图3.66所示。

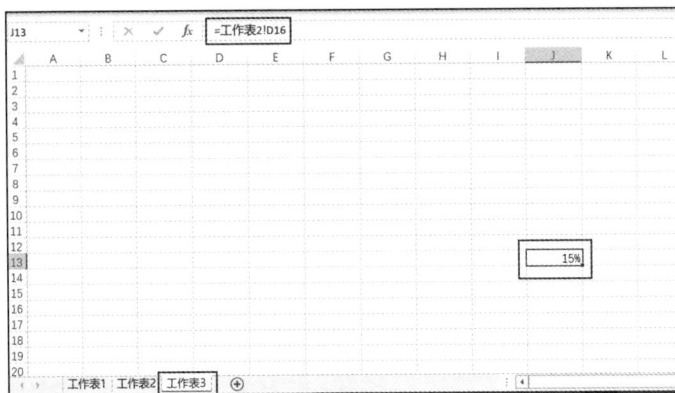

图 3.66

但为了保留最简单的追溯路径，此处应该引用原始的输入值，即"工作表 1"的单元格 B5。参考"工作表 2"的单元格 D16 的公式。

尽可能每行只使用一个公式。运用相对引用、绝对引用以及混合引用等知识点创建公式，这样就可以在一个单元格中创建公式后，将其填充到其他单元格中。输入公式的次数越少，出错的概率就越小。

3.6　本章小结

在这一章中，我们了解了公式和函数的作用，学习了如何使用它们来加快建模速度，并使其更加有趣；还学习了一些比较常见的函数，如 VLOOKUP 函数、MATCH 函数和 CHOOSE 函数。

在第 4 章中，我们将探讨 Excel 的核心功能之一——引用功能。了解这个功能并知道如何应用，将有助于加快工作速度，提高工作效率。

04

第 4 章
在 Excel 中运用
"引用" 功能

微软 Excel 2019 中的一张工作表包含 100 多万行、16,000 多列。行的标签由数字 "1" "2" "3" 等标识，最大的数字为 "1,048,576"，列的标签由字母 "A" "B" "C" 等标识，最大的字母为 "XFD"。行和列相交，在一张工作表中形成 160 多亿个单元格。

单元格由相交的列和行来标识，因此每个单元格都有唯一的标识，通常将其写成相交列和行名。 因此，UV 列和第 59 行构成单元格 UV59。无论使用的是哪台计算机，每张工作簿的工作表中都不会有重复的单元格 UV59。 这个特性构成 Excel 中引用功能的基础。本章将讨论各种类型的引用功能，以及如何实现每一种引用功能，以便简化大量的数据集合。

本章涵盖以下主题：

- 关于引用；

- 相对引用；

- 绝对引用；

- 混合引用；

- 引用功能的实际应用。

4.1 关于引用

"引用" 功能有助于用户通过在公式中加入对单元格的引用来使用源单元格的内容。在单元格 F5 里输入 "=D4"，单元格 D4 内的内容 "财务建模" 就显示在单元格 F5 中，无须在单元格 F5 中再次输入 "财务建模"，如图 4.1 所示。

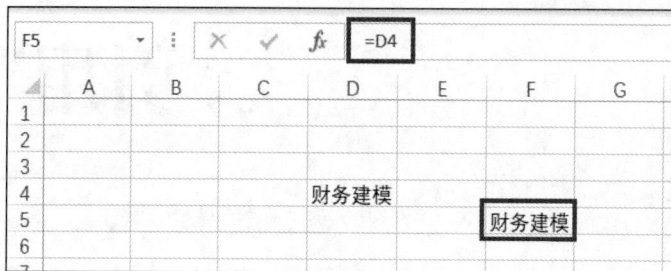

图 4.1

在图 4.2 的示例中，需要计算各个产品的销售成本。

图 4.2

销售成本=销量×单位成本。如果在单元格 J5 中输入 "=30×65,000"，单元格 J5 会显现数值 "1,950,000"。

这种方法的两个主要缺点如下。

- 不清楚这些数字是从哪里来的。如果几个月后再回顾模型，可能需要花很长时间去想"1,950,000"是怎么得来的，也很有可能为了确定"1,950,000"的来源而追溯整个模型。

- 如果"单位成本"或"销量"做了更正，将不得不重新计算"销售成本"以得到正确的结果。如果要计算的值涉及很多单元格，就需要验证那些源单元格的内容有没有更正过，从而保证现在的计算结果符合当下的情况。

4.2 相对引用

为了避免上述缺点，应该通过引用源单元格来使目标单元格包含源单元格的内容，而不是通过再次输入源单元格的内容来使目标单元格显现源单元格的内容，如图 4.3 所示。

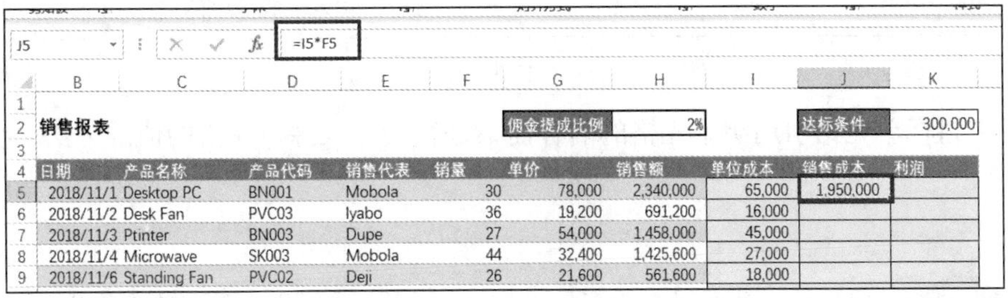

图 4.3

这样就能清楚目标单元格的内容来自哪个单元格。当源单元格 I5 或 F5 的内容有所变化后，目标单元格 J5 中的计算结果会自动更新，无须重新计算。

"引用"的另一个优点是，Excel 会自动记录引用的源单元格与目标单元格之间的距离。在图 4.3 的示例中，Excel 会记录源单元格 F5 在目标单元格 J5 左边第四个单元格，源单元格 I5 在目标单元格 J5 左边第一个单元格。

这一特性的意义在于，将该公式复制到另一个位置时，Excel 会记住公式中包含的原来的目标单元格相对于源单元格的位置，并相应地调整被粘贴的公式内的源单元格的名称。这意味着新目标单元格内的源单元格是用新目标单元格的位置、原先的目标单元格及源单元格之间的距离来确定的。

如果将公式向下复制 15 个单元格，这 15 个单元格中的引用部分中行数都会自行调整。当目标单元格由 J5 变成 J6 时，公式引用的单元格就从 J5 左边第四个单元格乘以 J5 左边第一个单元格变成了 J6 左边第四个单元格乘以 J6 左边第一个单元格。于是"F5*I5"自动变成

“F6*I6”，直至“F20*I20”，如图 4.4 所示。由此可见，面对相同的运算逻辑“销量×单位成本”时，只要把公式向下复制，就可以快速得到想要的结果。

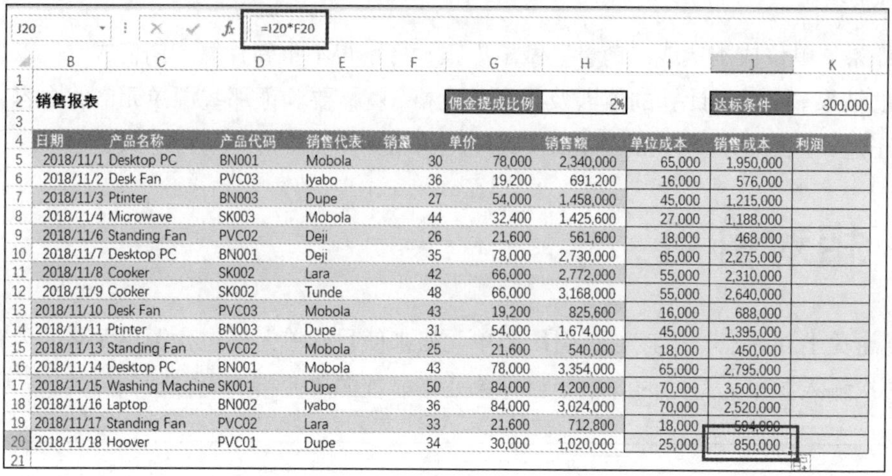

	日期	产品名称	产品代码	销售代表	销量	单价	销售额	单位成本	销售成本	利润
5	2018/11/1	Desktop PC	BN001	Mobola	30	78,000	2,340,000	65,000	1,950,000	
6	2018/11/2	Desk Fan	PVC03	Iyabo	36	19,200	691,200	16,000	576,000	
7	2018/11/3	Ptinter	BN003	Dupe	27	54,000	1,458,000	45,000	1,215,000	
8	2018/11/4	Microwave	SK003	Mobola	44	32,400	1,425,600	27,000	1,188,000	
9	2018/11/6	Standing Fan	PVC02	Deji	26	21,600	561,600	18,000	468,000	
10	2018/11/7	Desktop PC	BN001	Deji	35	78,000	2,730,000	65,000	2,275,000	
11	2018/11/8	Cooker	SK002	Lara	42	66,000	2,772,000	55,000	2,310,000	
12	2018/11/9	Cooker	SK002	Tunde	48	66,000	3,168,000	55,000	2,640,000	
13	2018/11/10	Desk Fan	PVC03	Mobola	43	19,200	825,600	16,000	688,000	
14	2018/11/11	Ptinter	BN003	Dupe	31	54,000	1,674,000	45,000	1,395,000	
15	2018/11/13	Standing Fan	PVC02	Mobola	25	21,600	540,000	18,000	450,000	
16	2018/11/14	Desktop PC	BN001	Mobola	43	78,000	3,354,000	65,000	2,795,000	
17	2018/11/15	Washing Machine	SK001	Dupe	50	84,000	4,200,000	70,000	3,500,000	
18	2018/11/16	Laptop	BN002	Iyabo	36	84,000	3,024,000	70,000	2,520,000	
19	2018/11/17	Standing Fan	PVC02	Lara	33	21,600	712,800	18,000	594,000	
20	2018/11/18	Hoover	PVC01	Dupe	34	30,000	1,020,000	25,000	850,000	

图 4.4

这种在目标单元格引用源单元格的内容而不是直接输入源单元格的值的方法，被称为相对引用。

> 如果在单元格 J5 中输入“=30*65,000”并下拉这个公式，从单元格 J5 至单元格 J20 都将返回数值“1,950,000”。

复制单元格有以下几种方法。

方法一：选择要复制的单元格或单元格区域，按“Ctrl+C”组合键后，选取想要的目标单元格，按“Enter”键或按“Ctrl+V”组合键。如果按的是“Ctrl+V”组合键，Excel 会在最后一个单元格的右下角显示“粘贴”的图标。单击这个图标，会打开一个子菜单，可以根据需要选择性粘贴，如只粘贴数值、只粘贴格式、转置等。

注意：“选择性粘贴”只在按“Ctrl+V”组合键时才会被激发，按“Enter”键粘贴时，不会打开“选择性粘贴”子菜单。

方法二：这种方法是内嵌在 Excel 程序中的。当单元格被锁定之后，单元格的右下角会显示一个叫作“填充手柄”的小方块。当鼠标指针悬停在填充手柄之上时，鼠标指针呈“十字”形，此时，用鼠标右键单击“十字”并下拉至目标单元格区间的最后一行，并选择“复制单元格"即可。

方法三：直接双击"十字"，此时要复制的内容会自助填充到目标单元格区间的最后一行。在这种方式下，Excel 对目标单元格区间最后一行的判定来自于相邻列最后一行的连续数据所在的位置。当左侧相邻列有数据（或左右相邻列都有数据）时，以相邻左列数据为准。当没有相邻的左列数据，只有相邻的右列数据，则以相邻的右列数据为准。

方法四：将指针移至要复制的单元格的右下角，使指针的状态变成实心十字，双击后，Excel 会自动粘贴要复制的公式直至目标单元格区域最后一个单元格。

> 方法三和方法四只适用于目标单元格与被复制单元格相邻的情况，相邻包含四个方向的相邻。

方法五：如果目标单元格紧邻被复制单元格的下方，同时选中被复制单元格以及目标单元格后，按"Ctrl+D"组合键快速填充公式。当目标单元格紧邻被复制单元格的右方时，同时选中被复制单元格以及目标单元格，按"Ctrl+R"组合键快速填充公式。当目标单元格紧邻被复制单元格的上方和左方时，不能按组合键快速填充公式，因为"Ctrl+U"组合键被用于设置下划线，"Ctrl+L"组合键被用于打开"创建表"对话框。

4.3　绝对引用

有些情况下，用户希望在复制公式时，Excel 对公式内的引用内容不做改动。例如，假设要计算每个销售代表的销售佣金。这时销售佣金的计算结果是由销售额×佣金提成比例得出的。向下填充公式时，单元格内引用的源单元格的行号会发生变化，导致公式内的"H5"变为"H6""H7"……"H20"。同时，公式内的"H2"也在变化，从"H2"变至"H17"。最终返回了错误的值，如图 4.5 所示。

显然，需要保持"佣金提成比例"不变，即复制公式时对单元格 H2 的引用不变。锁定被引用的单元格的行名与列名的引用被称为绝对引用。

绝对引用通过将"$"符号放在引用的列和行之前来实现。当"H2"变成"$H$2"，移动单元格或复制单元格到其他单元格时，单元格所包含的公式内的"H2"将不再产生行号或列号的变化。"$"符号除了可以直接输入外，还可以通过按"F4"键取得。

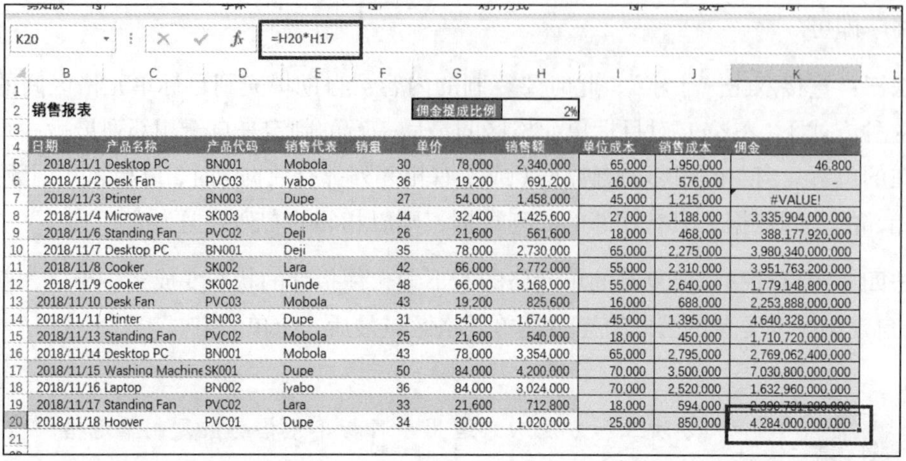

K20 =H20*H17

	B	C	D	E	F	G	H	I	J	K
1										
2	销售报表					佣金提成比例	2%			
3										
4	日期	产品名称	产品代码	销售代表	销量	单价	销售额	单位成本	销售成本	佣金
5	2018/11/1	Desktop PC	BN001	Mobola	30	78,000	2,340,000	65,000	1,950,000	46,800
6	2018/11/2	Desk Fan	PVC03	Iyabo	36	19,200	691,200	16,000	576,000	-
7	2018/11/3	Ptinter	BN003	Dupe	27	54,000	1,458,000	45,000	1,215,000	#VALUE!
8	2018/11/4	Microwave	SK003	Mobola	44	32,400	1,425,600	27,000	1,188,000	3,335,904,000,000
9	2018/11/6	Standing Fan	PVC02	Deji	26	21,600	561,600	18,000	468,000	388,177,920,000
10	2018/11/7	Desktop PC	BN001	Deji	35	78,000	2,730,000	65,000	2,275,000	3,980,340,000,000
11	2018/11/8	Cooker	SK002	Lara	42	66,000	2,772,000	55,000	2,310,000	3,951,763,200,000
12	2018/11/9	Cooker	SK002	Tunde	48	66,000	3,168,000	55,000	2,640,000	1,779,148,800,000
13	2018/11/10	Desk Fan	PVC03	Mobola	43	19,200	825,600	16,000	688,000	2,253,888,000,000
14	2018/11/11	Ptinter	BN003	Dupe	31	54,000	1,674,000	45,000	1,395,000	4,640,328,000,000
15	2018/11/13	Standing Fan	PVC02	Mobola	25	21,600	540,000	18,000	450,000	1,710,720,000,000
16	2018/11/14	Desktop PC	BN001	Mobola	43	78,000	3,354,000	65,000	2,795,000	2,769,062,400,000
17	2018/11/15	Washing Machine	SK001	Dupe	50	84,000	4,200,000	70,000	3,500,000	7,030,800,000,000
18	2018/11/16	Laptop	BN002	Iyabo	36	84,000	3,024,000	70,000	2,520,000	1,632,960,000,000
19	2018/11/17	Standing Fan	PVC02	Lara	33	21,600	712,800	18,000	594,000	[illegible]
20	2018/11/18	Hoover	PVC01	Dupe	34	30,000	1,020,000	25,000	850,000	4,284,000,000,000
21										

图 4.5

在按“F4”键后，“H2”被更改为“$H$2”，如图 4.6 所示。

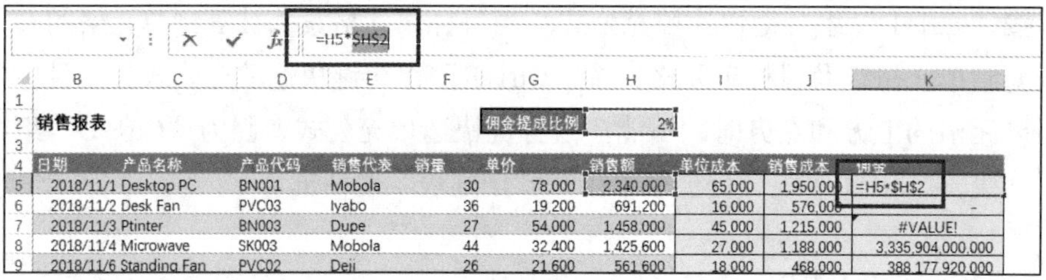

=H5*$H$2

	B	C	D	E	F	G	H	I	J	K
1										
2	销售报表					佣金提成比例	2%			
3										
4	日期	产品名称	产品代码	销售代表	销量	单价	销售额	单位成本	销售成本	佣金
5	2018/11/1	Desktop PC	BN001	Mobola	30	78,000	2,340,000	65,000	1,950,000	=H5*$H$2
6	2018/11/2	Desk Fan	PVC03	Iyabo	36	19,200	691,200	16,000	576,000	-
7	2018/11/3	Ptinter	BN003	Dupe	27	54,000	1,458,000	45,000	1,215,000	#VALUE!
8	2018/11/4	Microwave	SK003	Mobola	44	32,400	1,425,600	27,000	1,188,000	3,335,904,000,000
9	2018/11/6	Standing Fan	PVC02	Deji	26	21,600	561,600	18,000	468,000	388,177,920,000

图 4.6

此时再下拉公式填充，被填充的单元格内，没被“$”“锁住”的“H5”随着单元格的变化而变化，而被“$”“锁住”的“$H$2”则一直是“$H$2”，如图 4.7 所示。

正如之前的章节中所提到的，单元格的位置是其所在的行和列相交的位置。单元格的名称表明了其在哪一行、哪一列。如果单元格在 G 列第 59 行，则其单元格名称为“G59”；“G”为单元格所在列的名称，“59”为单元格所在行的名称。两个单元格不能拥有相同的名称。

当引用只需要锁定列，不需要锁定行时，称之为混合引用；当引用只需要锁定行，不需要锁定列时，也称之混合引用。接下来将演示混合引用。

应该注意两点：第一，“引用”只在想把一个公式复制到另一个位置时才有意义。第二，它的主要功能是让用户在某个单元格输入一次公式后，将其应用到其他单元格。被复制到其他单元格的公式含有被引用单元格与被粘贴单元格的位置关系。虽然“引用”能节省大量时间，但它不是强制性的。还可以复制源单元格中的公式到目标单元格后，再手动更改公式中源单元格的位置。

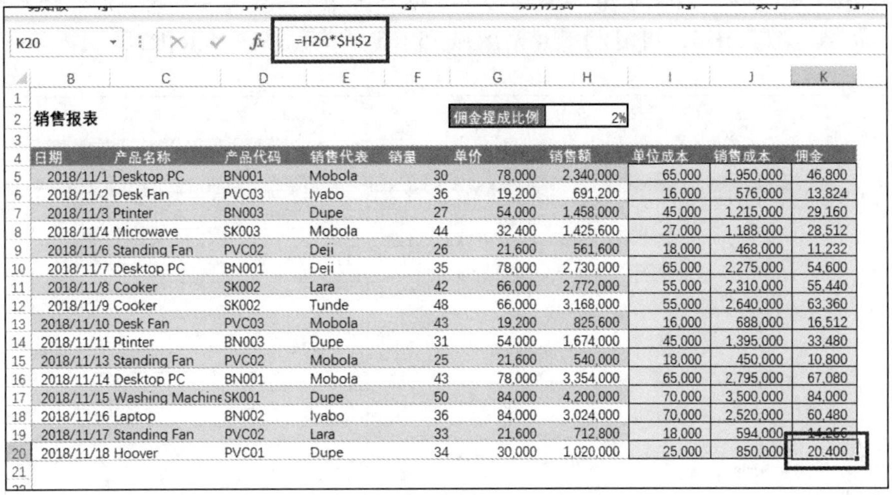

K20 =H20*$H$2

销售报表　　佣金提成比例 2%

日期	产品名称	产品代码	销售代表	销量	单价	销售额	单位成本	销售成本	佣金
2018/11/1	Desktop PC	BN001	Mobola	30	78,000	2,340,000	65,000	1,950,000	46,800
2018/11/2	Desk Fan	PVC03	Iyabo	36	19,200	691,200	16,000	576,000	13,824
2018/11/3	Ptinter	BN003	Dupe	27	54,000	1,458,000	45,000	1,215,000	29,160
2018/11/4	Microwave	SK003	Mobola	44	32,400	1,425,600	27,000	1,188,000	28,512
2018/11/6	Standing Fan	PVC02	Deji	26	21,600	561,600	18,000	468,000	11,232
2018/11/7	Desktop PC	BN001	Deji	35	78,000	2,730,000	65,000	2,275,000	54,600
2018/11/8	Cooker	SK002	Lara	42	66,000	2,772,000	55,000	2,310,000	55,440
2018/11/9	Cooker	SK002	Tunde	48	66,000	3,168,000	55,000	2,640,000	63,360
2018/11/10	Desk Fan	PVC03	Mobola	43	19,200	825,600	16,000	688,000	16,512
2018/11/11	Ptinter	BN003	Dupe	31	54,000	1,674,000	45,000	1,395,000	33,480
2018/11/13	Standing Fan	PVC02	Mobola	25	21,600	540,000	18,000	450,000	10,800
2018/11/14	Desktop PC	BN001	Mobola	43	78,000	3,354,000	65,000	2,795,000	67,080
2018/11/15	Washing Machine	SK001	Dupe	50	84,000	4,200,000	70,000	3,500,000	84,000
2018/11/16	Laptop	BN002	Iyabo	36	84,000	3,024,000	70,000	2,520,000	60,480
2018/11/17	Standing Fan	PVC02	Lara	33	21,600	712,800	18,000	594,000	14,256
2018/11/18	Hoover	PVC01	Dupe	34	30,000	1,020,000	25,000	850,000	20,400

图 4.7

4.4 混合引用

在图 4.8 的示例中，需要计算不同涨价策略下的销售额。运算逻辑是新销售额=当前销售额 ×（1+涨价幅度）。

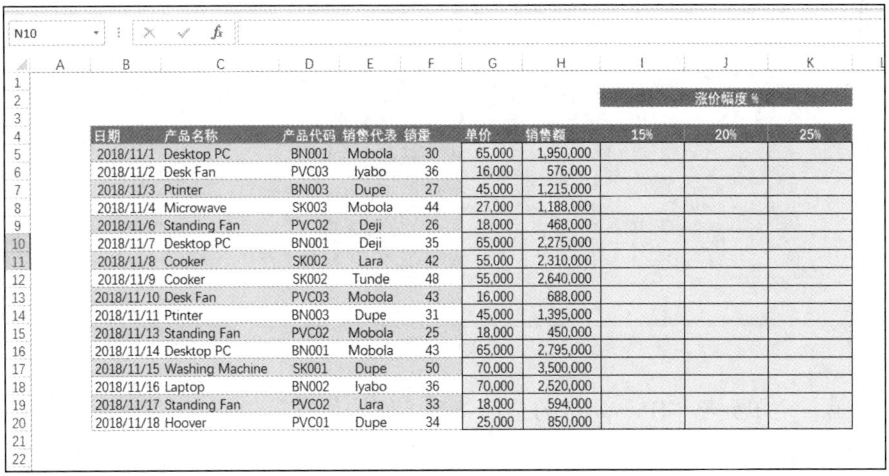

N10

							涨价幅度 %		
日期	产品名称	产品代码	销售代表	销量	单价	销售额	15%	20%	25%
2018/11/1	Desktop PC	BN001	Mobola	30	65,000	1,950,000			
2018/11/2	Desk Fan	PVC03	Iyabo	36	16,000	576,000			
2018/11/3	Ptinter	BN003	Dupe	27	45,000	1,215,000			
2018/11/4	Microwave	SK003	Mobola	44	27,000	1,188,000			
2018/11/6	Standing Fan	PVC02	Deji	26	18,000	468,000			
2018/11/7	Desktop PC	BN001	Deji	35	65,000	2,275,000			
2018/11/8	Cooker	SK002	Lara	42	55,000	2,310,000			
2018/11/9	Cooker	SK002	Tunde	48	55,000	2,640,000			
2018/11/10	Desk Fan	PVC03	Mobola	43	16,000	688,000			
2018/11/11	Ptinter	BN003	Dupe	31	45,000	1,395,000			
2018/11/13	Standing Fan	PVC02	Mobola	25	18,000	450,000			
2018/11/14	Desktop PC	BN001	Mobola	43	65,000	2,795,000			
2018/11/15	Washing Machine	SK001	Dupe	50	70,000	3,500,000			
2018/11/16	Laptop	BN002	Iyabo	36	70,000	2,520,000			
2018/11/17	Standing Fan	PVC02	Lara	33	18,000	594,000			
2018/11/18	Hoover	PVC01	Dupe	34	25,000	850,000			

图 4.8

无论是向下还是向右填充公式，都需要用混合引用锁定一个方向上的引用单元格。要注意的是，不能同时向下向右填充公式。在单元格 I5 输入公式后，如图 4.9 所示，可以先向下复制公式至单元格 I20，再复制单元格区域 I5:I20 至单元格区域 J5:K20。也可以先复制单元格 I5 至单元格区域 J5:K5，再复制单元格区域 I5:K5 至单元格区域 I6:K20。

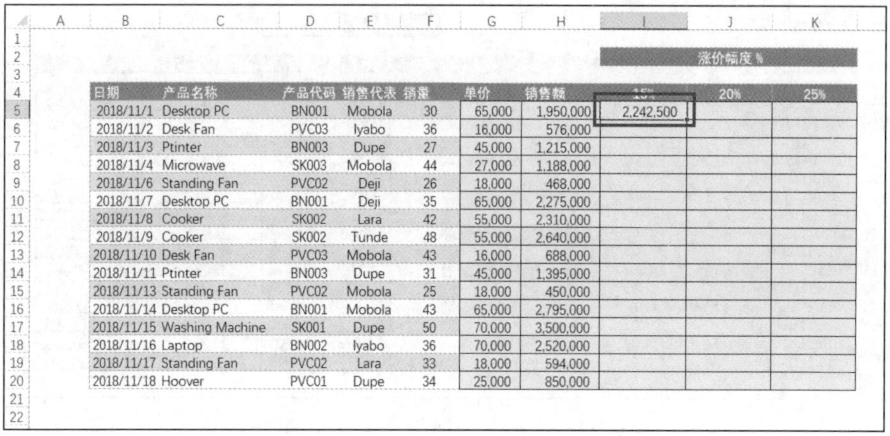

日期	产品名称	产品代码	销售代表	销量	单价	销售额	涨价幅度 % 15%	20%	25%
2018/11/1	Desktop PC	BN001	Mobola	30	65,000	1,950,000	2,242,500		
2018/11/2	Desk Fan	PVC03	Iyabo	36	16,000	576,000			
2018/11/3	Ptinter	BN003	Dupe	27	45,000	1,215,000			
2018/11/4	Microwave	SK003	Mobola	44	27,000	1,188,000			
2018/11/6	Standing Fan	PVC02	Deji	26	18,000	468,000			
2018/11/7	Desktop PC	BN001	Deji	35	65,000	2,275,000			
2018/11/8	Cooker	SK002	Lara	42	55,000	2,310,000			
2018/11/9	Cooker	SK002	Tunde	48	55,000	2,640,000			
2018/11/10	Desk Fan	PVC03	Mobola	43	16,000	688,000			
2018/11/11	Ptinter	BN003	Dupe	31	45,000	1,395,000			
2018/11/13	Standing Fan	PVC02	Mobola	25	18,000	450,000			
2018/11/14	Desktop PC	BN001	Mobola	43	65,000	2,795,000			
2018/11/15	Washing Machine	SK001	Dupe	50	70,000	3,500,000			
2018/11/16	Laptop	BN002	Iyabo	36	70,000	2,520,000			
2018/11/17	Standing Fan	PVC02	Lara	33	18,000	594,000			
2018/11/18	Hoover	PVC01	Dupe	34	25,000	850,000			

图 4.9

图 4.10 列示了单元格 I5 所包含的公式“=H5*(1+I4)”。

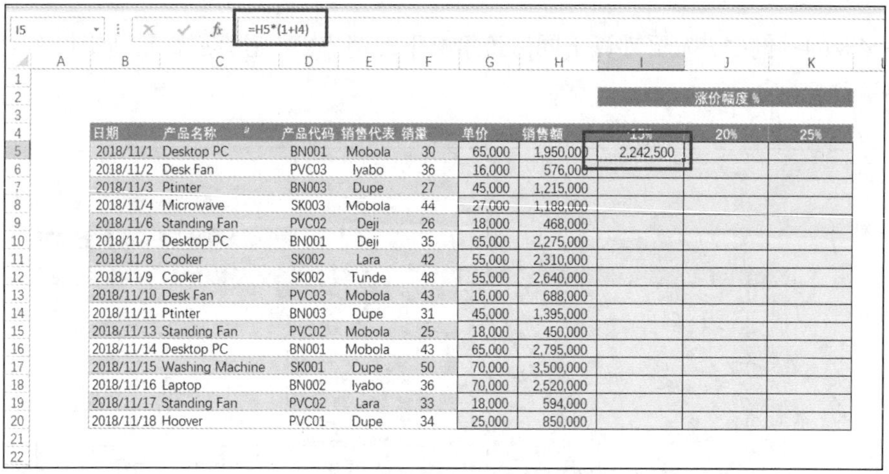

I5　=H5*(1+I4)

日期	产品名称	产品代码	销售代表	销量	单价	销售额	涨价幅度 % 15%	20%	25%
2018/11/1	Desktop PC	BN001	Mobola	30	65,000	1,950,000	2,242,500		
2018/11/2	Desk Fan	PVC03	Iyabo	36	16,000	576,000			
2018/11/3	Ptinter	BN003	Dupe	27	45,000	1,215,000			
2018/11/4	Microwave	SK003	Mobola	44	27,000	1,188,000			
2018/11/6	Standing Fan	PVC02	Deji	26	18,000	468,000			
2018/11/7	Desktop PC	BN001	Deji	35	65,000	2,275,000			
2018/11/8	Cooker	SK002	Lara	42	55,000	2,310,000			
2018/11/9	Cooker	SK002	Tunde	48	55,000	2,640,000			
2018/11/10	Desk Fan	PVC03	Mobola	43	16,000	688,000			
2018/11/11	Ptinter	BN003	Dupe	31	45,000	1,395,000			
2018/11/13	Standing Fan	PVC02	Mobola	25	18,000	450,000			
2018/11/14	Desktop PC	BN001	Mobola	43	65,000	2,795,000			
2018/11/15	Washing Machine	SK001	Dupe	50	70,000	3,500,000			
2018/11/16	Laptop	BN002	Iyabo	36	70,000	2,520,000			
2018/11/17	Standing Fan	PVC02	Lara	33	18,000	594,000			
2018/11/18	Hoover	PVC01	Dupe	34	25,000	850,000			

图 4.10

引用的第一个单元格“H5”列示的是销售额。列的位置是“H”，当考虑向右跨列复制时，要查看对“H”的引用。行的位置是“5”，当考虑向下跨行复制时，要查看对“5”的引用。当向下跨行复制公式时，需要让“销售额”的值从当前记录变为下一条记录。换句话说，引用的行位置“5”不应该被锁定，应该保持相对性；也就是说，“5”前面不应该有一个“$”

符号。当向右跨列复制公式时，需要变的是“涨价幅度”，而不是“销售额”。换句话说，引用的列位置“H”，应该在前面加上“$”锁定。图 4.11 列示了修改后的公式。

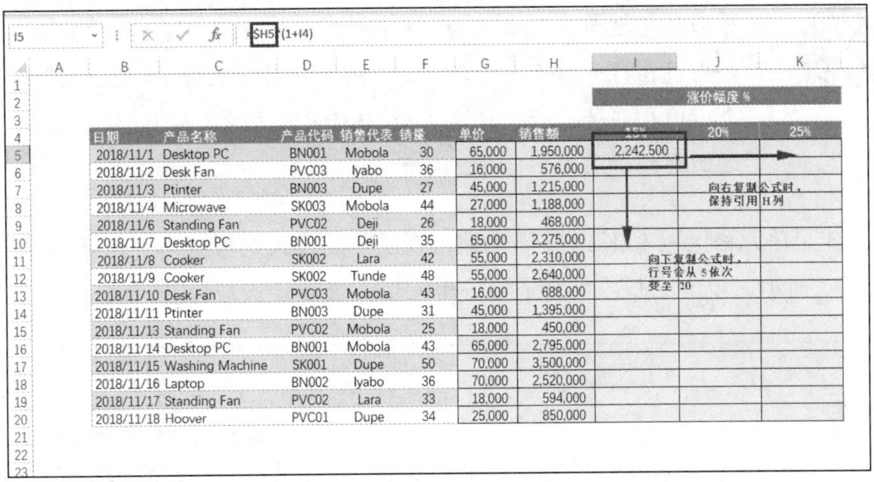

日期	产品名称	产品代码	销售代表	销量	单价	销售额	15%	20%	25%
2018/11/1	Desktop PC	BN001	Mobola	30	65,000	1,950,000	2,242,500		
2018/11/2	Desk Fan	PVC03	Iyabo	36	16,000	576,000			
2018/11/3	Ptinter	BN003	Dupe	27	45,000	1,215,000			
2018/11/4	Microwave	SK003	Mobola	44	27,000	1,188,000			
2018/11/6	Standing Fan	PVC02	Deji	26	18,000	468,000			
2018/11/7	Desktop PC	BN001	Deji	35	65,000	2,275,000			
2018/11/8	Cooker	SK002	Lara	42	55,000	2,310,000			
2018/11/9	Cooker	SK002	Tunde	48	55,000	2,640,000			
2018/11/10	Desk Fan	PVC03	Mobola	43	16,000	688,000			
2018/11/11	Ptinter	BN003	Dupe	31	45,000	1,395,000			
2018/11/13	Standing Fan	PVC02	Mobola	25	18,000	450,000			
2018/11/14	Desktop PC	BN001	Mobola	43	65,000	2,795,000			
2018/11/15	Washing Machine	SK001	Dupe	50	70,000	3,500,000			
2018/11/16	Laptop	BN002	Iyabo	36	70,000	2,520,000			
2018/11/17	Standing Fan	PVC02	Lara	33	18,000	594,000			
2018/11/18	Hoover	PVC01	Dupe	34	25,000	850,000			

图 4.11

引用的第二个单元格“I4”指代的是“15%”的涨价幅度。同样，在向右跨列复制公式时，需要对列号“I”进行考虑，向下跨行复制公式时，需要对行号“4”进行考虑。当把公式向下跨行复制的时候，产品对应的涨价幅度是一样的，也就是说，引用的行号“4”是锁定的，应该在“4”前面加“$”，使其变成“$4”。当向右跨列复制公式时，“涨价幅度”应该从 15%移动到 20%、25%。换句话说，引用的列号“I”不应该锁定。

修改后的公式如图 4.12 所示。

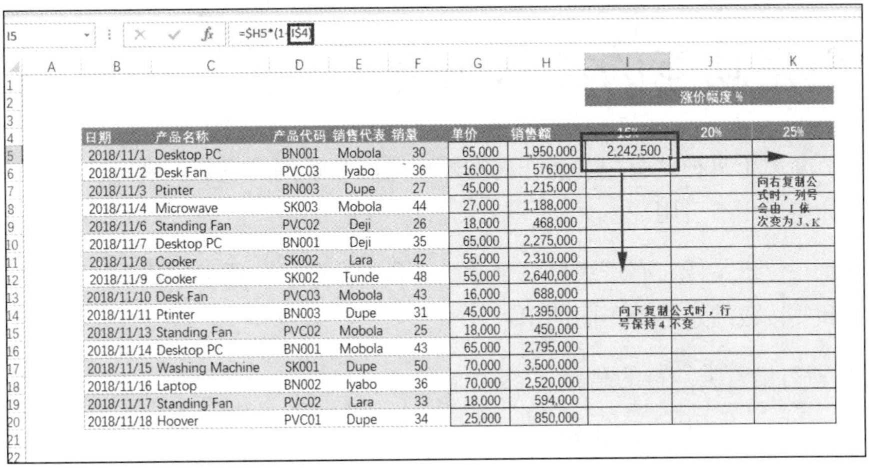

日期	产品名称	产品代码	销售代表	销量	单价	销售额	15%	20%	25%
2018/11/1	Desktop PC	BN001	Mobola	30	65,000	1,950,000	2,242,500		
2018/11/2	Desk Fan	PVC03	Iyabo	36	16,000	576,000			
2018/11/3	Ptinter	BN003	Dupe	27	45,000	1,215,000			
2018/11/4	Microwave	SK003	Mobola	44	27,000	1,188,000			
2018/11/6	Standing Fan	PVC02	Deji	26	18,000	468,000			
2018/11/7	Desktop PC	BN001	Deji	35	65,000	2,275,000			
2018/11/8	Cooker	SK002	Lara	42	55,000	2,310,000			
2018/11/9	Cooker	SK002	Tunde	48	55,000	2,640,000			
2018/11/10	Desk Fan	PVC03	Mobola	43	16,000	688,000			
2018/11/11	Ptinter	BN003	Dupe	31	45,000	1,395,000			
2018/11/13	Standing Fan	PVC02	Mobola	25	18,000	450,000			
2018/11/14	Desktop PC	BN001	Mobola	43	65,000	2,795,000			
2018/11/15	Washing Machine	SK001	Dupe	50	70,000	3,500,000			
2018/11/16	Laptop	BN002	Iyabo	36	70,000	2,520,000			
2018/11/17	Standing Fan	PVC02	Lara	33	18,000	594,000			
2018/11/18	Hoover	PVC01	Dupe	34	25,000	850,000			

图 4.12

> TIP
>
> 键盘上的F4键是一个切换键，循环四个选项。以引用单元格“H5”为例，按F4键一次，“$”会出现在给出的列号和行号之前，使之成为“$H$5”。第二次按F4键，“$”会出现在行号前面，使之成为“H$5”。第三次按F4键，“$”会出现在列号前面，使之成为“$H5”。第四次按F4键，将返回到相对引用“H5”，没有“$”。

复制公式至单元格区域I6:K20并谨慎地检查复制的公式是否给出了正确的答案。检查的方法如图4.13所示，单击复制区域右下角的单元格，查看公式是否是“=$H20*(1+K$4)”。

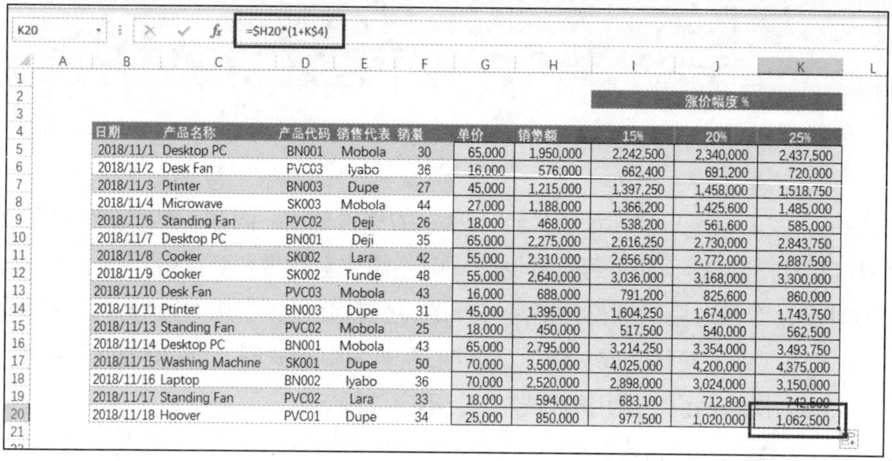

日期	产品名称	产品代码	销售代表	销量	单价	销售额	15%	20%	25%
2018/11/1	Desktop PC	BN001	Mobola	30	65,000	1,950,000	2,242,500	2,340,000	2,437,500
2018/11/2	Desk Fan	PVC03	Iyabo	36	16,000	576,000	662,400	691,200	720,000
2018/11/3	Ptinter	BN003	Dupe	27	45,000	1,215,000	1,397,250	1,458,000	1,518,750
2018/11/4	Microwave	SK003	Mobola	44	27,000	1,188,000	1,366,200	1,425,600	1,485,000
2018/11/6	Standing Fan	PVC02	Deji	26	18,000	468,000	538,200	561,600	585,000
2018/11/7	Desktop PC	BN001	Deji	35	65,000	2,275,000	2,616,250	2,730,000	2,843,750
2018/11/8	Cooker	SK002	Lara	42	55,000	2,310,000	2,656,500	2,772,000	2,887,500
2018/11/9	Cooker	SK002	Tunde	48	55,000	2,640,000	3,036,000	3,168,000	3,300,000
2018/11/10	Desk Fan	PVC03	Mobola	43	16,000	688,000	791,200	825,600	860,000
2018/11/11	Ptinter	BN003	Dupe	31	45,000	1,395,000	1,604,250	1,674,000	1,743,750
2018/11/13	Standing Fan	PVC02	Mobola	25	18,000	450,000	517,500	540,000	562,500
2018/11/14	Desktop PC	BN001	Mobola	43	65,000	2,795,000	3,214,250	3,354,000	3,493,750
2018/11/15	Washing Machine	SK001	Dupe	50	70,000	3,500,000	4,025,000	4,200,000	4,375,000
2018/11/16	Laptop	BN002	Iyabo	36	70,000	2,520,000	2,898,000	3,024,000	3,150,000
2018/11/17	Standing Fan	PVC02	Lara	33	18,000	594,000	683,100	712,800	742,500
2018/11/18	Hoover	PVC01	Dupe	34	25,000	850,000	977,500	1,020,000	1,062,500

图4.13

4.5 引用功能的实际应用

以上小节介绍了每种“引用”运作的逻辑以及各自适用的场景。现在，来看一下在实际业务场景中如何运用“引用”。

假设您是一位班主任，有班级里每个学生各科的分数。您需要根据以下要求对学生按成绩进行分类和并按成绩划分为不同的组：

- 学生所有语言类学科的总分；
- 学生所有科学类学科的总分；

- 学生所有学科的总分。

通过以下步骤，按标准对数据进行排序。

打开文件“学生成绩.xlsx”，图 4.14 为文件的示例，这个文件包含了 66 名参加期中考试的学生的成绩。

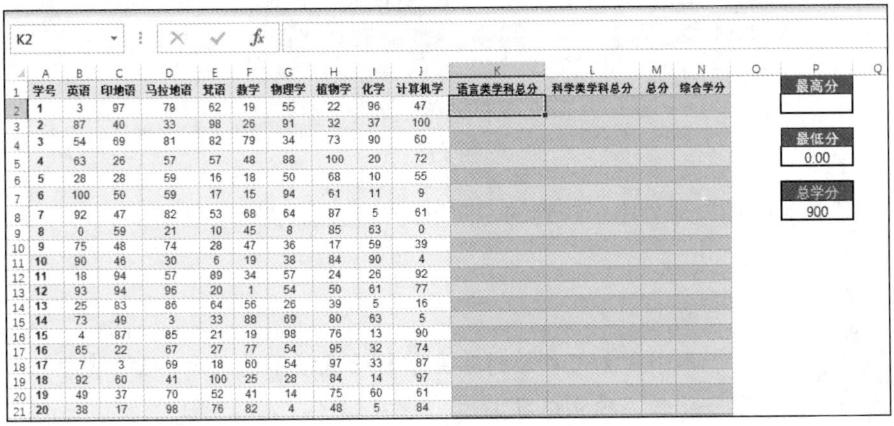

K2

学号	英语	印地语	马拉地语	梵语	数学	物理学	植物学	化学	计算机学	语言类学科总分	科学类学科总分	总分	综合学分
1	3	97	78	62	19	55	22	96	47				
2	87	40	33	98	26	91	32	37	100				
3	54	69	81	82	79	34	73	90	60				
4	63	26	57	57	48	88	100	20	72				
5	28	28	59	16	18	50	68	10	55				
6	100	50	59	17	15	94	61	11	9				
7	92	47	82	53	68	64	87	5	61				
8	0	59	21	10	45	8	85	63	0				
9	75	48	74	28	47	36	17	59	39				
10	90	46	30	6	19	38	84	90	4				
11	18	94	57	89	34	57	24	26	92				
12	93	94	96	20	1	54	50	61	77				
13	25	83	86	64	56	26	39	5	16				
14	73	49	3	33	88	69	80	63	5				
15	4	87	85	21	19	98	76	13	90				
16	65	22	67	27	77	54	95	32	74				
17	7	3	69	18	60	54	97	33	87				
18	92	60	41	100	25	28	84	14	97				
19	49	37	70	52	41	14	75	60	61				
20	38	17	98	76	82	4	48	5	84				

最高分

最低分 0.00

总学分 900

图 4.14

对各科成绩进行汇总。经过观察，发现语言类学科在 B 至 E 列，因此需要在单元格 K2 内输入“=B2+C2+D2+E2”，如图 4.15 所示。

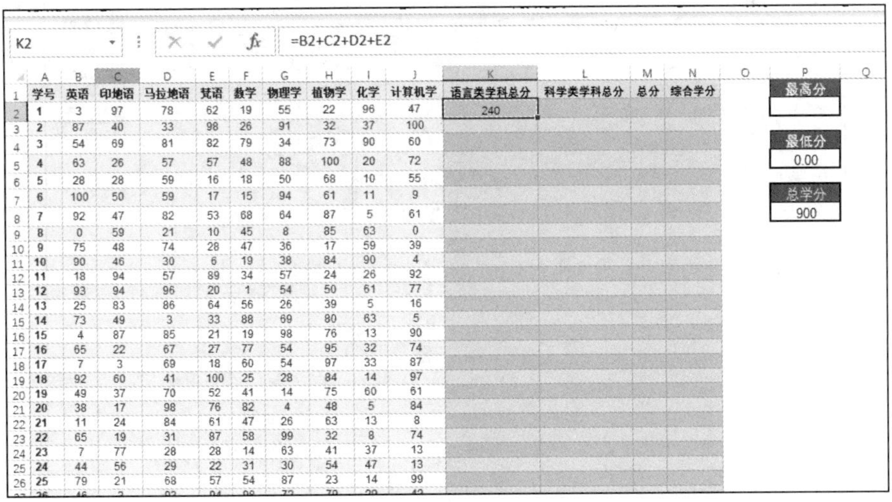

K2 =B2+C2+D2+E2

学号	英语	印地语	马拉地语	梵语	数学	物理学	植物学	化学	计算机学	语言类学科总分	科学类学科总分	总分	综合学分
1	3	97	78	62	19	55	22	96	47	240			
2	87	40	33	98	26	91	32	37	100				
3	54	69	81	82	79	34	73	90	60				
4	63	26	57	57	48	88	100	20	72				
5	28	28	59	16	18	50	68	10	55				
6	100	50	59	17	15	94	61	11	9				
7	92	47	82	53	68	64	87	5	61				
8	0	59	21	10	45	8	85	63	0				
9	75	48	74	28	47	36	17	59	39				
10	90	46	30	6	19	38	84	90	4				
11	18	94	57	89	34	57	24	26	92				
12	93	94	96	20	1	54	50	61	77				
13	25	83	86	64	56	26	39	5	16				
14	73	49	3	33	88	69	80	63	5				
15	4	87	85	21	19	98	76	13	90				
16	65	22	67	27	77	54	95	32	74				
17	7	3	69	18	60	54	97	33	87				
18	92	60	41	100	25	28	84	14	97				
19	49	37	70	52	41	14	75	60	61				
20	38	17	98	76	82	4	48	5	84				
21	11	24	84	61	47	26	63	13	8				
22	65	19	31	87	58	99	32	8	74				
23	7	77	28	28	14	63	41	37	13				
24	44	56	29	22	31	30	54	47	13				
25	79	21	68	57	54	87	23	14	99				

最高分

最低分 0.00

总学分 900

图 4.15

在单元格 K2 右下角，双击得到所有学生的学科类科目的总分，如图 4.16 所示。

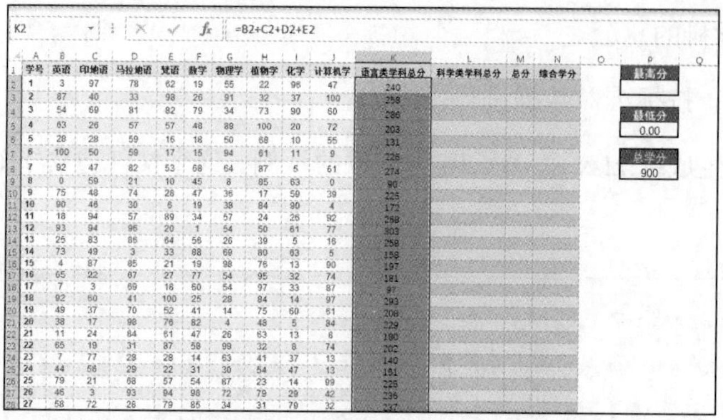

图 4.16

正如在 "相对引用" 部分中了解到的，向下跨行复制公式有多种方式，可以任意使用其中的一种。

本书对如何加总科学类学科的成绩不做列示，以便读者举一反三，独立练习。

向右跨列复制公式完成后，整张工作表如图 4.17 所示。

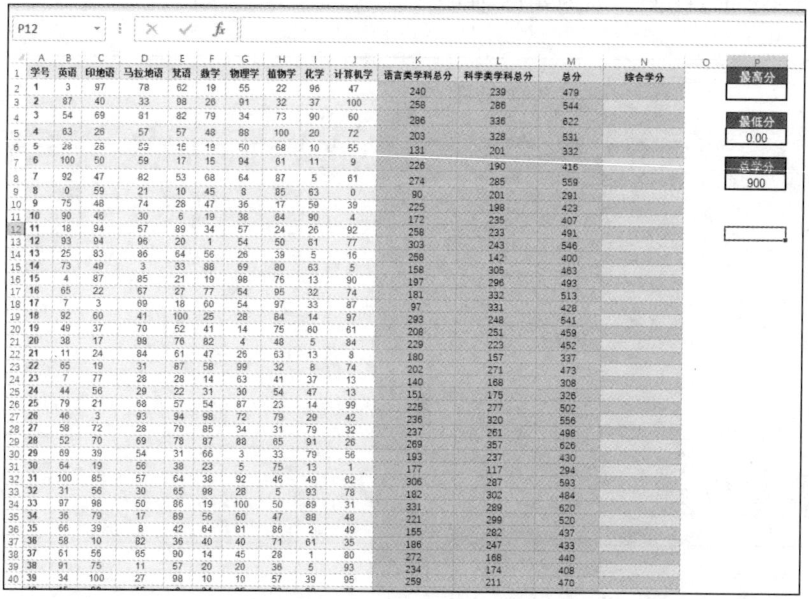

图 4.17

计算每个学生的综合学分。综合学分的计算公式为：

$$综合学分=\frac{总分}{总学分}\times 100$$

为此，将采用“混合引用”。

首先，创建一个独立的单元格 P8，在这个单元格中输入学生可以得到的最大分数“900”，如图 4.18 所示。

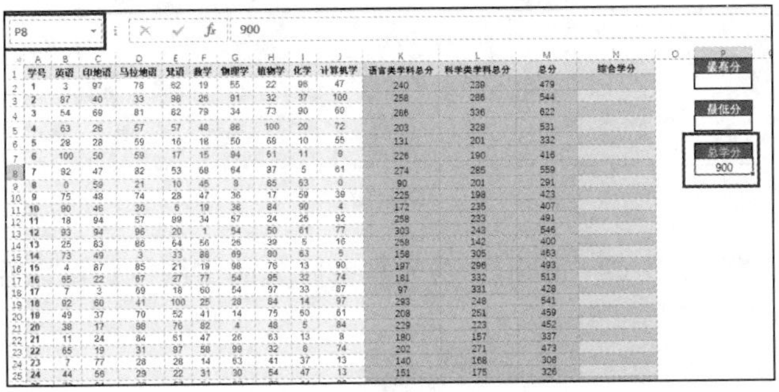

学号	英语	印地语	马拉地语	梵语	数学	物理学	植物学	化学	计算机学	语言类学科总分	科学类学科总分	总分	综合学分
1	3	97	78	62	19	55	22	96	47	240	239	479	
2	87	40	33	98	26	91	32	37	100	258	286	544	
3	54	69	81	82	79	34	73	90	60	286	336	622	
4	63	26	57	57	48	88	100	20	72	203	328	531	
5	28	28	59	16	18	50	68	10	55	131	201	332	
6	100	50	59	17	15	94	61	11	9	226	190	416	
7	92	47	82	53	68	64	87	5	61	274	285	559	
8	0	59	21	10	45	8	85	63	0	90	201	291	
9	75	48	74	28	47	36	17	59	39	225	198	423	
10	90	46	30	6	19	38	84	90	4	172	235	407	
11	18	94	57	89	34	57	24	26	92	258	233	491	
12	93	94	96	20	1	54	50	61	77	303	243	546	
13	25	83	86	64	56	26	39	5	16	258	142	400	
14	73	49	3	33	88	69	80	63	5	158	305	463	
15	4	87	85	21	19	98	76	13	90	197	296	493	
16	65	22	67	27	77	54	95	32	74	181	332	513	
17	7	3	69	18	60	54	97	33	87	97	331	428	
18	92	60	41	100	25	28	84	14	97	293	248	541	
19	49	37	70	52	41	14	75	60	61	208	251	459	
20	38	17	98	76	82	4	48	5	84	229	223	452	
21	11	24	84	61	47	26	63	13	8	180	157	337	
22	65	19	31	97	58	99	32	6	74	202	271	473	
23	7	77	28	28	14	63	41	37	13	140	168	308	
24	44	56	29	22	31	30	54	47	13	151	175	326	

图 4.18

输入计算学生 1 的综合学分的公式“=M2/$P$8*100”，如图 4.19 所示。

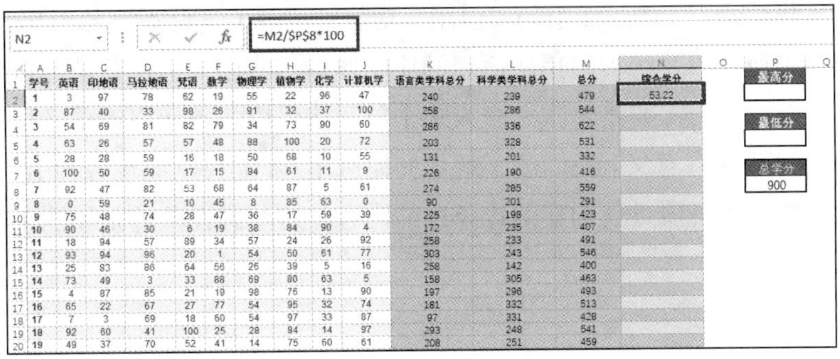

学号	英语	印地语	马拉地语	梵语	数学	物理学	植物学	化学	计算机学	语言类学科总分	科学类学科总分	总分	综合学分
1	3	97	78	62	19	55	22	96	47	240	239	479	53.22
2	87	40	33	98	26	91	32	37	100	258	286	544	
3	54	69	81	82	79	34	73	90	60	286	336	622	
4	63	26	57	57	48	88	100	20	72	203	328	531	
5	28	28	59	16	18	50	68	10	55	131	201	332	
6	100	50	59	17	15	94	61	11	9	226	190	416	
7	92	47	82	53	68	64	87	5	61	274	285	559	
8	0	59	21	10	45	8	85	63	0	90	201	291	
9	75	48	74	28	47	36	17	59	39	225	198	423	
10	90	46	30	6	19	38	84	90	4	172	235	407	
11	18	94	57	89	34	57	24	26	92	258	233	491	
12	93	94	96	20	1	54	50	61	77	303	243	546	
13	25	83	86	64	56	26	39	5	16	258	142	400	
14	73	49	3	33	88	69	80	63	5	158	305	463	
15	4	87	85	21	19	98	76	13	90	197	296	493	
16	65	22	67	27	77	54	95	32	74	181	332	513	
17	7	3	69	18	60	54	97	33	87	97	331	428	
18	92	60	41	100	25	28	84	14	97	293	248	541	
19	49	37	70	52	41	14	75	60	61	208	251	459	

图 4.19

> 作为练习，请将公式快速复制至其他单元格。

还可以使用 MAX 函数找到得分最高的学生，并将 MAX 函数稍加修改后，找到得分最低的学生。完成后，整张工作表如图 4.20 所示。

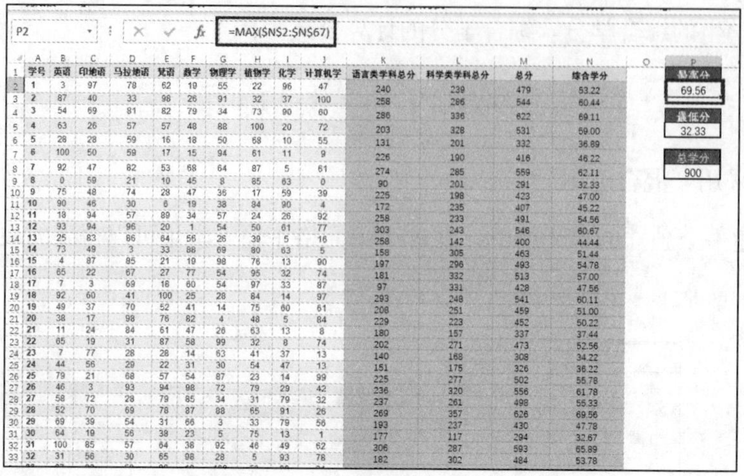

学号	英语	印地语	马拉地语	梵语	数学	物理学	植物学	化学	计算机学	语言类学科总分	科学类学科总分	总分	综合学分
1	3	97	78	62	19	55	22	96	47	240	239	479	53.22
2	87	40	33	98	26	91	32	37	100	258	286	544	60.44
3	54	69	81	82	79	34	73	90	60	286	336	622	69.11
4	63	26	57	57	48	88	100	20	72	203	328	531	59.00
5	28	28	59	16	18	50	68	10	55	131	201	332	36.89
6	100	50	59	17	15	94	61	11	9	226	190	416	46.22
7	92	47	82	53	68	64	87	5	61	274	285	559	62.11
8	0	59	21	10	45	8	85	63	0	90	201	291	32.33
9	75	48	74	28	47	36	17	59	39	225	198	423	47.00
10	90	46	30	6	19	38	84	90	4	172	235	407	45.22
11	18	94	57	89	34	57	24	26	92	258	233	491	54.56
12	93	94	96	20	1	54	50	61	77	303	243	546	60.67
13	25	83	86	64	56	26	39	5	16	258	142	400	44.44
14	73	49	3	33	88	69	80	63	5	158	305	463	51.44
15	4	87	85	21	19	98	76	13	90	197	296	493	54.78
16	65	22	67	27	77	54	95	32	74	181	332	513	57.00
17	7	3	69	18	60	54	97	33	87	97	331	428	47.56
18	92	60	41	100	25	28	84	14	97	293	248	541	60.11
19	49	37	70	52	41	14	75	60	61	208	251	459	51.00
20	38	17	98	76	82	4	48	5	84	229	223	452	50.22
21	11	24	84	61	47	26	63	13	8	180	157	337	37.44
22	65	19	31	87	58	99	32	8	74	202	271	473	52.56
23	7	77	28	28	14	63	41	37	13	140	168	308	34.22
24	44	56	29	22	31	30	54	47	13	151	175	326	36.22
25	79	21	68	57	54	87	23	14	99	225	277	502	55.78
26	46	3	93	94	98	72	79	29	42	236	320	556	61.78
27	58	72	28	79	85	34	31	79	32	237	261	498	55.33
28	52	70	69	78	87	88	65	91	26	269	357	626	69.56
29	69	39	54	31	66	3	33	79	56	193	237	430	47.78
30	64	19	56	38	23	5	75	13	1	177	117	294	32.67
31	100	85	57	64	38	92	46	49	62	306	287	593	65.89
32	31	56	30	65	98	28	5	93	78	182	302	484	53.78

图 4.20

正如案例所示，Excel 中的“引用”功能具备巨大的实用性，可以在各个场景中增加模型的灵活性。

4.6 本章小结

在本章中，我们学习了 Excel 中的“引用”功能，了解了三种类型的引用——相对引用、绝对引用和混合引用，以及每种引用所适用的应用场景。使用“引用”功能可以大量节省建模所需的时间。但只有当需要将包含一个或多个单元格引用的单元格或单元格范围复制到另一个位置时，“引用”才有意义。我们还了解了如何运用 F4 键快速地在各种引用类型中切换。在第 5 章中，将全面讲解项目及构建假设条件的内容，这些假设条件是预测未来三到五年结果的必要条件。

第三部分

建立综合财务模型

　　各个部分以事先设定好的方式连接在一起的财务模型被称为综合财务模型。任何部分的改变都会直接波及整个模型，并更新整个模型中所有相关的值。本部分将介绍系统地建立模型所应遵循的步骤。本部分包括以下章节。

本部分包括以下6章：

05

第 5 章

了解项目及构建假设条件

在财务模型中不存在一刀切的情况。不同财务模型之间的规模、目的和复杂性都有很大的不同。估值模型与贷款偿还模型有很大的不同；为扩展业务而创建的模型与为处理业务而创建的模型会有所不同；为提供粗略估计的公司价值而创建的模型，其复杂程度远低于为支持私募或首次公开发行公司股份而创建的模型。因此，建模之初应当清楚模型的范围和目的。无论模型多么令人印象深刻，如果不符合用户的要求，那么它的用处就不大。在本章中，您将学习如何分析项目，了解项目的目的，还将学习如何构建假设来改进模型。

本章涵盖以下主题：

- 了解项目的性质和目的；

- 进行访谈；

- 构建假设条件；

- 编制预测损益表；

- 编制预测资产负债表。

5.1 了解项目的性质和目的

为了确定项目的性质和目的，需要解决以下问题：

- 创建这个模型是为了什么？是希望在这个模型中寻找到有价值的内容，还是想得到预测的结果，或是两者都想要？

- 这个模型的重心或范围是什么？

- 模型是着眼于整个公司，还是公司的某一部门，或是某项资产、厂房或设备？

- 使用这个模型的人是谁？是供内部或个人使用，还是向更广泛的受众展示？是精选的、知识渊博的受众还是普通受众？

- 创建模型的过程中是否有专业或技术部分需要聘请该领域的专业人士？

每一个问题的答案都会对如何处理模型，建立什么样的模型，以及模型的复杂程度产生影响。

5.2 进行访谈

您应该花费大量时间与客户管理层讨论。当人们被安排与专业人士讨论时，一般会感到忐忑不安，所以需要消除他们的恐惧，并为讨论创造一个舒适的环境。您需要让他们明白，他们才是专业人士，您需要他们的帮助来了解业务。

访谈将帮助您了解为什么要编制这个财务模型。访谈的内容应涵盖公司的历史、已做出的关键决策及其对公司业绩的影响。您需要对关键管理人员进行评估以决定可以在多大程度上信赖他们的说法，需要尽可能详尽地记录讨论，如果有需要还要做好准备进行后续访谈。

获取历史数据

公司未来五年的业绩预测基于以公司历史数据为依据的假设，因此需要获得该公司三年或五年的财务报表。理想的情况是得到一份可编辑的 Excel 格式的电子文件，但通常会得到一份纸质文件或不可编辑的 PDF 文件。即使得到的是 Excel 或 CSV 格式的文件，通常也需要对文件的布局进行修改以使其符合模型的布局。

因此，您应该做好准备，提取每一年的资产负债表和损益表的数据后在 Excel 中的模型再输入一次科目的内容。历史财务数据非常重要，它除了作为构成假设和预测的基础外，还将在排除故障时发挥非常重要的作用。历史财务数据应该是完整以及平衡的，因为编制预测模型时沿用了历史财务数据所包含的业务逻辑和计算公式。

5.3 构建假设条件

财务模型可以定义为以公司未来的结果、财务状况和现金流为目的的数学假设的集合，通常用于估计公司的价值。建立可靠的假设是模型成功的关键。

验证假设是否可靠有以下几个标准：

- 是否以实际历史数据为依据；

- 是否贴近业务场景；

- 是否备注清楚；

- 是否容易核实；

- 是否直观。

5.3.1 常规假设条件

常规假设适用于任何模型，诸如：

- 公司会因这个项目实现盈利；

- 项目所产生的现金流最终为正；

- 公司会持续经营（该公司将能够在可预见的未来支付其到期的负债）；

- 已经得到的关于竞争对手、预计成本和收入的信息是准确的。

5.3.2 损益表和资产负债表的假设条件

当构建财务报表假设时，首先要识别增长驱动因子。增长驱动因子是指过去三五年来最能反映单个科目增长情况的指标。

在进行这项工作时，需要识别增长驱动因子所产生的成本，对于某些精确度要求不高的科目，进行简单的最佳判断预测即可。

5.3.3 损益表科目增长驱动因子

销售额是损益表中的重要科目。因此集中精力确定销售额的驱动因子，然后将一些不太重要的科目支出与预计销售额联系起来。适当的驱动因子可能是同比增长率、或年复合增长率。现在就来看看这两个驱动因子。

1. 同比增长率

同比增长率指标计算的是和去年同期相比的增长率，通常以百分比表示。从第 1 年到第 2 年销售额的同比增长公式如下：

$$同比增长率 = \frac{第2年的销售额 - 第1年的销售额}{第1年的销售额}$$ 公式 5.1

2. 年复合增长率

要理解年复合增长率，就要理解复利的概念。

如果以每年 10% 的回报率投资 1 亿元，那么在年底将收到 1,000 万元的利息（1 亿元的 10%）。如果不提取 1,000 万元的利息，而是以 10% 的利率将这笔利息再放进项目里进行投资，那么在第 2 年年初，投资额就是 1.1 亿元。到了第 2 年年底，将会收到 1,100 万元的利息，以此类推。在第 3 年年初，投资额为 1.1+0.11=1.21（亿元）。

> 复利的概念不受币种的限制。可以在模型中采用其他币种，币种不会影响模型的正确性。

复利模型与每年年底提取利息的单利模型相比，可以使投资者获得更高的总体回报率。因为获得利息的本金变多了，第 1 年为 1 亿元，第 2 年为 1.1 亿元，第 3 年为 1.21 亿元，以此类推。

但在实际业务场景中，不同时期的同比增长率很少是固定的，每年的同比增长率都不一样，如图 5.1 所示。

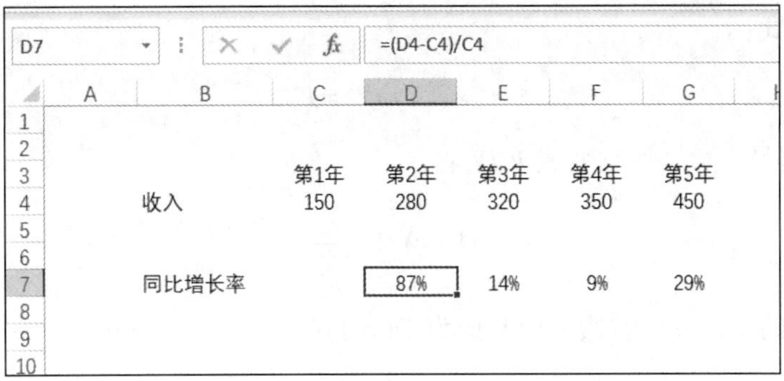

D7 =(D4-C4)/C4

	A	B	C	D	E	F	G
1							
2							
3			第1年	第2年	第3年	第4年	第5年
4		收入	150	280	320	350	450
5							
6							
7		同比增长率		87%	14%	9%	29%
8							
9							
10							

图 5.1

年复合增长率是一个指数，用来将多个时期的不同增长率转换成有关时期的单一增长率。

年复合增长率的计算以投资项目初始投资额及项目最终价值的差额为基数，取其 n 方根。先构建假设：

设：初始投资额为 V_1

年复合增长率为 r

第 2 年年初的项目价值为：

$$V_2 = V_1 \times (1+r) \qquad \text{公式 5.2}$$

第 3 年年初的项目价值为：

$$V_3 = V_2 \times (1+r) \qquad \text{公式 5.3}$$

代入公式 5.2 得到以下公式：

$$V_3 = V_1 \times (1+r) \times (1+r) = V_1 \times (1+r)^2 \qquad \text{公式 5.4}$$

第 4 年年初的项目价值为：

$$V_4 = V_3 \times (1+r) \qquad \text{公式 5.5}$$

代入公式 5.4 得到以下公式：

$$V_4 = V_1 \times (1+r) \times (1+r) \times (1+r) = V_1 \times (1+r)^3 \qquad \text{公式 5.6}$$

由此得出以下结论：

$$V_n = V_1 \times (1+r)^{n-1} \qquad \text{公式 5.7}$$

重新排列公式：

$$V_1 \times (1+r)^{n-1} = V_n \qquad \text{公式 5.8}$$

把 V_1 移动到另一边，使它变成 V_n/V_1：

$$(1+r)^{n-1} = \frac{V_n}{V_1} \qquad \text{公式 5.9}$$

将幂从等式的左边移至右边，使其成为 $1/(n-1)$：

$$1 + r = \left(\frac{V_n}{V_1}\right)^{\frac{1}{n-1}} \qquad \text{公式 5.10}$$

最终得到年复合增长率的公式：

$$r = \left(\frac{V_n}{V_1}\right)^{\frac{1}{n-1}} - 1 \qquad \text{公式 5.11}$$

如果将字母还原成文字，那公式为：

$$\left(\frac{第n年的价值}{初始价值}\right)^{\frac{1}{n-1}} - 1 \qquad \text{公式 5.12}$$

公式中的 n 是指总年数。

将图 5.1 示例代入公式 5.12：

$$\left(\frac{第5年的销售额}{第1年的销售额}\right)^{\frac{1}{4}} - 1 \qquad \text{公式 5.13}$$

幂在 Excel 中用 "^" 表示，如图 5.2 所示。

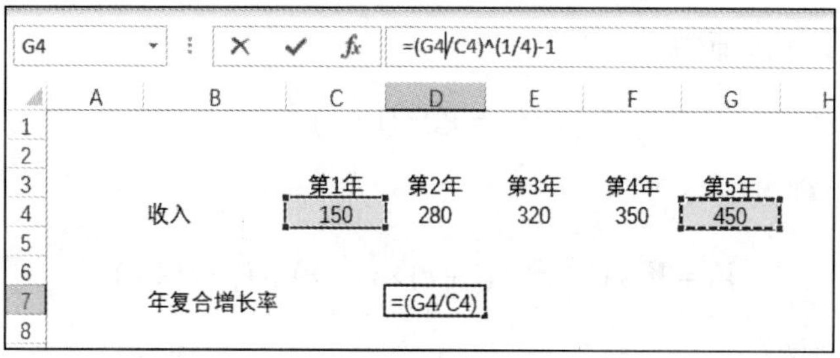

图 5.2

得到年复合增长率为 32%，如图 5.3 所示。

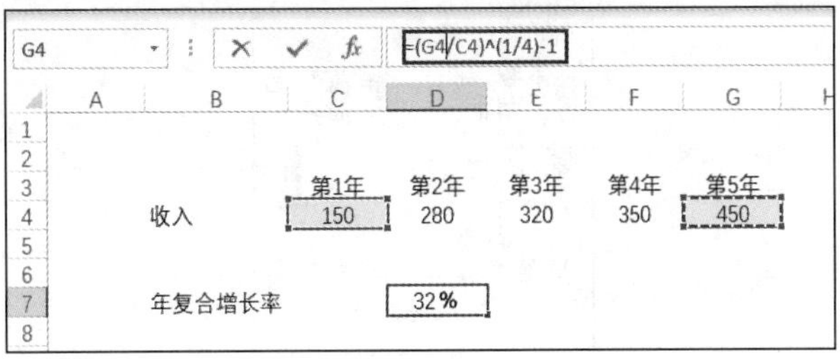

图 5.3

> 请注意，可以使用相同的公式计算其他项目的年复合增长率，如销售成本。

常规的增长驱动因子有以下几种。

- 销售额——单价和数量：在简单的财务模型中，可以直接对销售额进行预测。但为了使模型更加灵敏，应增加模型的精细度（颗粒度），将销售额分拆为销售单价及销售数量这两个驱动因子。通过对销售单价和销售数量进行预测从而达到对销售额进行预测。

- 采购额——单价和数量：同样，对于采购额和其他直接费用，如果有必要，也通过增加模型颗粒度，即根据采购单价和采购数量这两个驱动因子进行预测。

- 间接费用：大多数间接费用可以根据其历史数据占销售额的百分比来预测，因此，过去五年的间接费用的平均值占销售额的百分比也可以作为驱动因子来预测未来五年的销售额。

5.3.4 资产负债表科目增长驱动因子

资产负债表科目的增长驱动因子不像损益表科目的驱动因子那样简单。损益类科目的金额是该科目在预测期内发生金额的总和，而资产负债表科目的金额则是由期初余额加上或减去该项目在预测期间的变动金额组成，以便得到其在某一特定时间点（即期末）的余额。

一个智者曾经说过，收入是虚荣，利润是理智，但现金是现实。 要考虑现金流来确定适当的资产负债表科目驱动因子。

资产负债表中驱动现金流的科目是营运资金的要素——存货、应收账款和应付账款。这些科目的增加或减少对现金流有直接影响，如图 5.4 所示。

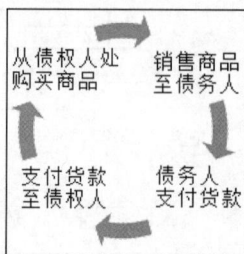

图 5.4

营运资金周期由存货周转速度、债务人的支付速度和债权人的支付速度组成。一般来说，营运资金周转的速度越快，其组成部分转化为现金的速度就越快。资产负债表科目增长驱动因子的计算单位为天，如图 5.5 所示。

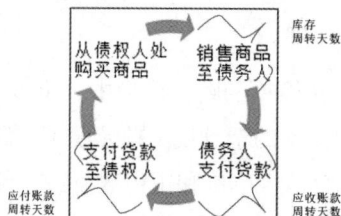

图 5.5

1. 库存周转天数

公司的管理层需要确保有足够的库存来满足客户的需求，避免供应延迟。但也不应该保留过多的库存，因为这会占用本可以有效利用的现金。

随着时间的推移，管理部门将了解应该持有的最佳存货量，以及订购存货的时间点，以便在满足客户需求和不过度存货之间取得适当的平衡。一旦实现了恰当的存货控制，持有存货的时间（库存周转天数）则是稳定的，可以作为估计未来存货的基础。库存周转天数的计算如公式 5.14 所示：

$$库存周转天数 = \frac{平均库存金额}{日销售成本}$$

$$= \frac{期初库存金额 + 期末库存金额}{2} \div \frac{年销售成本}{365}$$

公式 5.14

公式中的期初库存金额指年初的库存金额，期末库存金额指年末的库存金额，而年销售成本是一年内出售的货物成本的总计。

2．应收账款周转天数

应收账款周转天数也有类似的假设。一旦管理部门建立了有效的收款程序，债务人支付债务所需的平均天数就会随着时间的推移而变得稳定，并可用于估计未来的应收账款金额。

应收账款周转天数的计算如公式 5.15 所示：

$$应收账款周转天数 = \frac{平均应收账款}{日销售金额} = \frac{\dfrac{期初应收账款 + 期末应收账款}{2}}{\dfrac{年销售额}{365}}$$

公式 5.15

公式中的期初应收账款指年初的应收账款，期末应收账款指年末的应收账款，而年销售额是一年内出售的货物收入的总计。

3．应付账款周转天数

同样，一旦管理层能够与供应商达成有利的信用条件，并建立起有效的付款程序，支付货款的时间就会变得相当稳定。

$$应付账款周转天数 = \frac{平均应付账款}{日销售成本} = \frac{\dfrac{期初应付账款 + 期末应付账款}{2}}{\dfrac{年销售成本}{365}}$$

公式 5.16

公式中的期初应付账款指年初的应付账款，期末应付账款指年末的应付账款，而年销售成本是一年内出售的货物成本的总计。

5.4　编制预测损益表

一旦确定了历史增长的驱动因子，就可以根据与管理层的讨论记录和自己的评估，构建可用于对选定科目在未来五年的金额进行预测的假设条件。

对于损益项目，经常出现以下短语：在未来五年内应按历史年复合增长率增长，或……应比历史年复合增长率多（或少）0.5%，或……在未来五年内应呈现出从 $Y\%$ 到 $Z\%$ 的增长，或……在未来两年内将保持不变，然后在第五年逐步增加到 $Y\%$。

继续之前的例子，假设销售经理预测未来五年的销售额增长率将比历史年复合增长率低 2%，将进行以下操作。

第一步：按"F4"键锁定单元格 D7 公式中的单元格 G4 和单元格 C4，效果如图 5.6 所示。

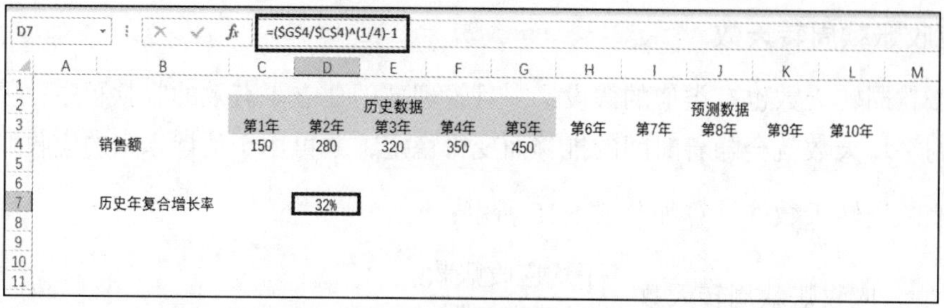

图 5.6

第二步：复制单元格 D7 公式至单元格 H9，效果如图 5.7 所示。

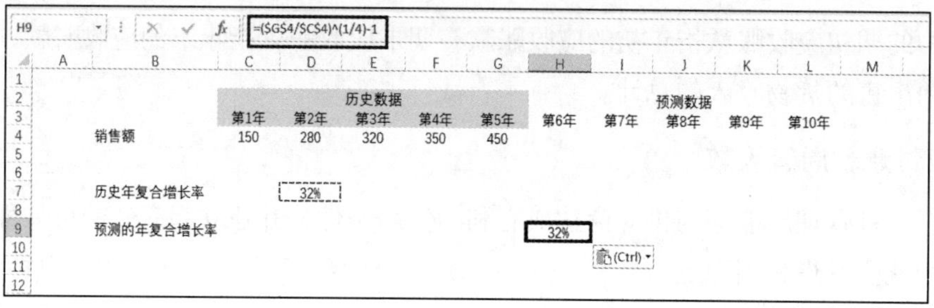

图 5.7

第三步：在单元格 H9 公式中加入 "−2%"，效果如图 5.8 所示。

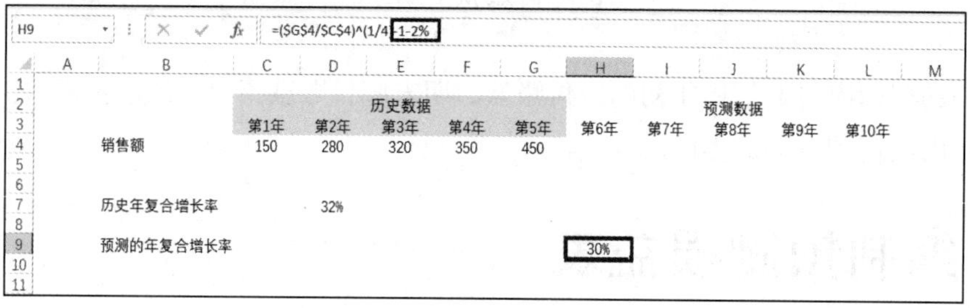

图 5.8

第四步：向右复制公式直至单元格 L9，如图 5.9 所示。

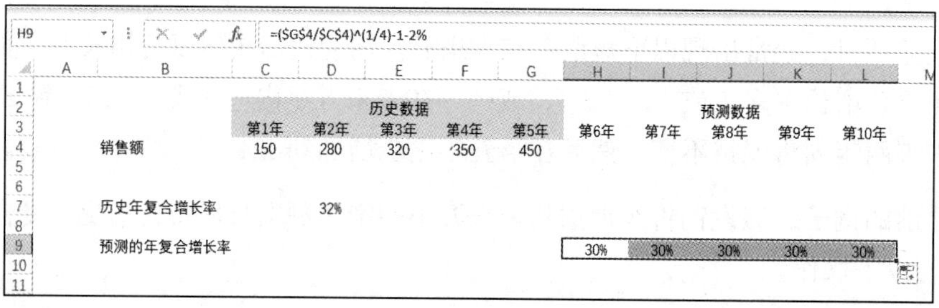

图 5.9

第五步：被特殊标识的单元格区域 H9:L9，如图 5.10 所示。

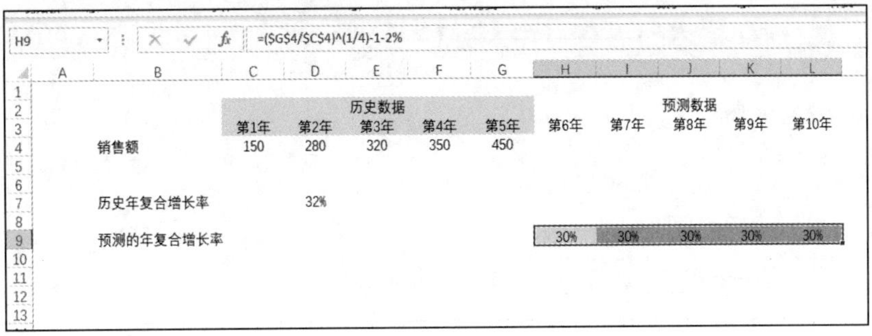

图 5.10

接着，将预测的年复合增长率与第 5 年的销售额相乘"=(1+H9)*G4"，得到第 6 年销售额的预测数"583"，如图 5.11 所示。

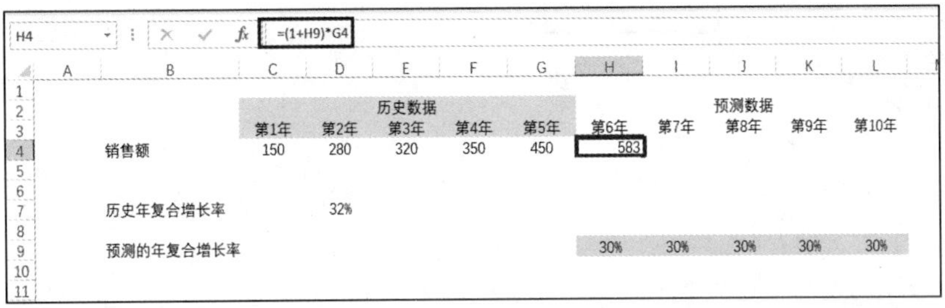

图 5.11

向右快速复制公式直至单元格 L4，如图 5.12 所示。

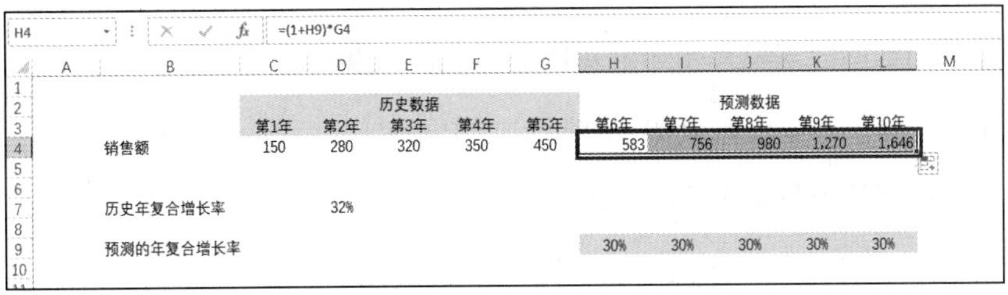

图 5.12

其他重大损益类科目都采用这种方式进行预测。

对于不太重要的损益类科目，如销售费用，需要通过以下几个步骤取得预测值。

第一步：计算出每个历史年份中销售费用占销售额的百分比，如图 5.13 所示。

	A	B	C	D	E	F	G	H	I	J	K	L	M
			C15	▾	✕	✓	*fx*	=C14/C4					
4		销售额	150	280	320	350	450	583	756	980	1,270	1,646	
5													
6													
7		历史年复合增长率	32%										
8													
9		预测的年复合增长率						30%	30%	30%	30%	30%	
10													
11													
12													
13													
14		销售费用	15	25	30	30	35						
15		占销售额比	10%	9%	9%	9%	8%						
16													

图 5.13

第二步：计算出五年平均销售费用占销售额的值，如图 5.14 所示。

	A	B	C	D	E	F	G	H	I	J	K	L	M
			C16	▾	✕	✓	*fx*	=AVERAGE(C15:G15)					
4		销售额	150	280	320	350	450	583	756	980	1,270	1,646	
5													
6													
7		历史年复合增长率	32%										
8													
9		预测的年复合增长率						30%	30%	30%	30%	30%	
10													
11													
12													
13													
14		销售费用	15	25	30	30	35						
15		占销售额比	10%	9%	9%	9%	8%						
16		平均占比	8.9%										
17													

图 5.14

下面介绍用同样的公式填充相邻单元格范围的快捷方法。

（1）依据第 4 章的知识，检查源单元格公式中的引用方式是否正确。

（2）选择源单元格及目标单元格的范围。

（3）在编辑栏中按 "Ctrl+Enter" 组合键。

> ℹ️ 范围内的所有单元格都将填充相同的公式，就像将公式复制到每个单元格一样。

如果忘记按 "Ctrl+Enter" 组合键的方式，另一种快速解决方案是将第三步改成按 "Ctrl+R" 组合键。如果目标单元格在源单元格的下方，则按 "Ctrl+D" 组合键。

第三步：复制公式，将平均销售费用占销售额的比填充至所有预测年份。图 5.15 列示了优化布局后的增长模型。

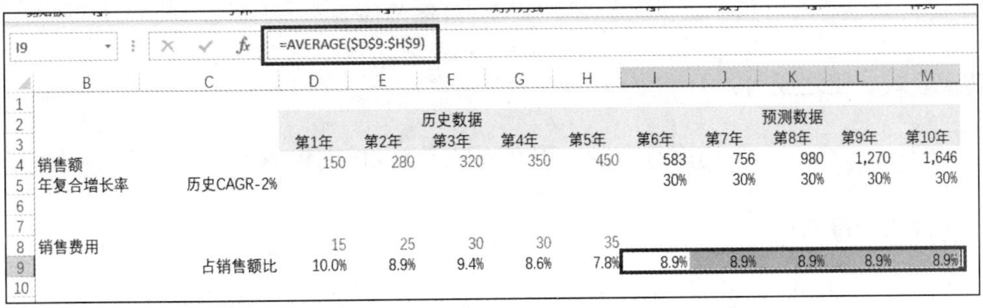

图 5.15

第四步：将预测出的占比乘以当年的销售额，得到当年的销售费用，如图 5.16 所示。

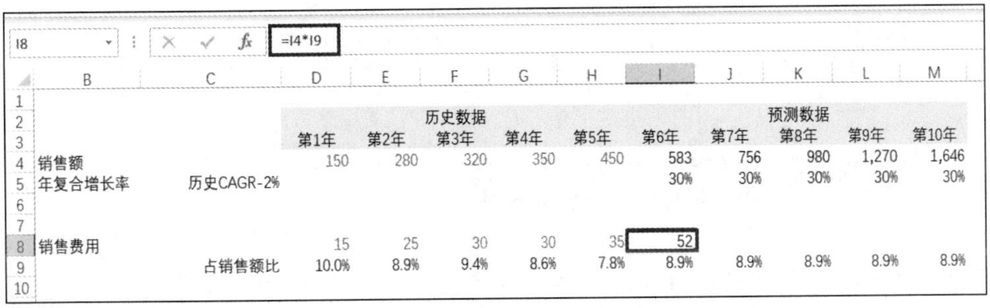

图 5.16

第五步：向右填充公式，得到所有预测年份的销售费用，如图 5.17 所示。

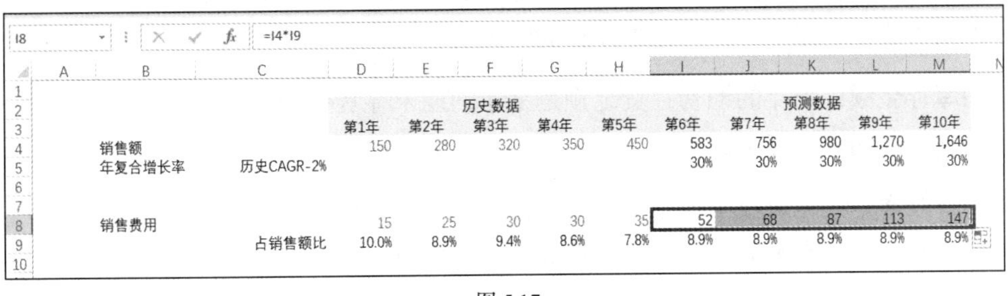

图 5.17

现在，已经学会了如何对损益表中除了折旧及利息两个科目的第六年至第十年的值进行预测。

对于资产负债表科目，需要再次考虑库存周转天数。库存周转天数的公式如下：

$$库存周转天数 = \frac{平均库存金额}{日销售成本} \qquad\qquad 公式\ 5.17$$

转换公式，使之成为：

$$平均库存金额 = 库存周转天数 \times 日销售成本 \qquad\qquad 公式\ 5.18$$

细化公式，得到：

$$\frac{期初库存金额 + 期末库存金额}{2} = 库存周转天数 \times \frac{年销售成本}{365} \qquad\qquad 公式\ 5.19$$

再次转换公式得到以下结果：

$$期末库存金额 = 2 \times 库存周转天数 \times \frac{年销售成本}{365} - 期初库存金额 \qquad\qquad 公式\ 5.20$$

5.5 编制预测资产负债表

库存周转天数：正如之前所说，库存周转天数预计将在多年内保持稳定。因此，可以将过去五年的库存周转天数的平均值作为未来五年库存周转天数预测的驱动因子。如果有任何事件表明经济业务活动可能受到影响，从而对销售成本产生重大影响，可以对平均库存周转天数的计算公式做相应的调整。例如，一个大的竞争对手进入市场可能会导致销售暂时放缓，从而导致销售成本的减少，从而增加库存周转天数。

期初库存金额：当年的期初存货金额是上年的期末存货金额。因此，第六年的期初库存金额是第五年的期末库存金额。

年销售成本：年销售成本的预测与年销售额的预测一样。先求出过去五年的年复合增长率，再用年复合增长率乘以上一年的销售成本，得出当年的销售成本。

将公式 5.20 代入模型，得到期末库存金额，如图 5.18 所示。

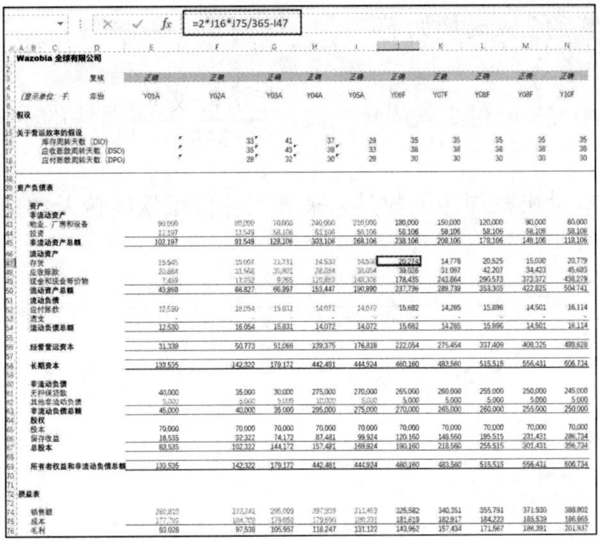

=2*J16*J75/365-I47

	A–D	E	F	G	H	I	J	K	L	M	N
1	Wazobia 全球有限公司										
3	复核	正确	正确	正确	正确	正确	正确	正确	正确	正确	正确
5	(显示单位：千　年份	Y01A	Y02A	Y03A	Y04A	Y05A	Y06F	Y07F	Y08F	Y08F	Y10F
7	假设										
15	关于营运效率的假设										
16	库存周转天数（DIO）		33	41	37	29	35	35	35	35	35
17	应收账款周转天数（DSO）		35	43	39	33	38	38	38	38	38
18	应付账款周转天数（DPO）		28	32	30	28	30	30	30	30	30
39	资产负债表										
41	资产										
42	非流动资产										
43	物业、厂房和设备	90,000	80,000	70,000	240,000	210,000	180,000	150,000	120,000	90,000	60,000
44	投资	12,197	11,549	58,106	63,106	58,106	58,106	58,106	58,106	58,106	58,106
45	非流动资产总额	102,197	91,549	128,106	303,106	268,106	238,106	208,106	178,106	148,106	118,106
46	流动资产										
47	存货	15,545	18,007	21,731	14,530	14,530	20,274	14,778	20,525	15,030	20,779
48	应收账款	20,864	31,568	35,801	28,054	28,054	39,026	31,097	42,207	34,423	45,683
49	现金和现金等价物	7,459	17,252	9,265	110,863	148,306	178,435	243,864	290,573	373,372	438,279
50	流动资产总额	43,868	66,827	66,897	153,447	190,890	237,736	289,739	353,305	422,825	504,741
51	流动负债										
52	应付账款	12,530	16,054	15,831	14,072	14,072	15,682	14,285	15,896	14,501	16,114
53	透支	-	-	-	-	-	-	-	-	-	-
54	流动负债总额	12,530	16,054	15,831	14,072	14,072	15,682	14,285	15,896	14,501	16,114
56	经营营运资本	31,338	50,773	51,066	139,375	176,818	222,054	275,454	337,409	408,325	488,628
58	长期资本	133,535	142,322	179,172	442,481	444,924	460,160	483,560	515,515	556,431	606,734
60	非流动负债										
61	无抵押贷款	40,000	35,000	30,000	275,000	270,000	265,000	260,000	255,000	250,000	245,000
62	其他非流动负债	5,000	5,000	5,000	10,000	5,000	5,000	5,000	5,000	5,000	5,000
63	非流动负债总额	45,000	40,000	35,000	285,000	275,000	270,000	265,000	260,000	255,000	250,000
64	股权										
65	股本	70,000	70,000	70,000	70,000	70,000	70,000	70,000	70,000	70,000	70,000
66	留存收益	18,535	32,322	74,172	87,481	99,924	120,160	148,560	185,515	231,431	286,734
67	总股本	83,535	102,322	144,172	157,481	169,924	190,160	218,560	255,515	301,431	356,734
69	所有者权益和非流动负债总额	133,535	142,322	179,172	442,481	444,924	460,160	483,560	515,515	556,431	606,734
72	损益表										
74	销售额	260,810	272,241	295,009	297,939	311,453	325,582	340,351	355,791	371,930	388,802
75	成本	177,782	184,703	179,052	179,690	180,331	181,619	182,917	184,223	185,539	186,865
76	毛利	83,028	87,538	105,957	118,247	131,122	143,962	157,434	171,567	186,391	201,937

图 5.18

期末应收账款余额的公式转换如下：

$$期末应收账款余额=2\times应收账款周转天数\times\frac{年销售额}{365}-期初应收账款余额 \qquad 公式\ 5.21$$

过去五年的平均应收账款周转天数是未来五年应收账款周转天数预测的驱动因子，结果如图 5.19 所示。

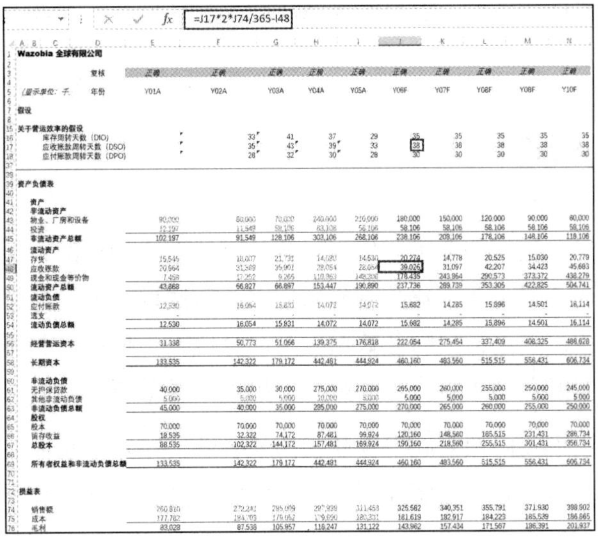

=J17*2*J74/365-I48

	A–D	E	F	G	H	I	J	K	L	M	N
1	Wazobia 全球有限公司										
3	复核	正确	正确	正确	正确	正确	正确	正确	正确	正确	正确
5	(显示单位：千　年份	Y01A	Y02A	Y03A	Y04A	Y05A	Y06F	Y07F	Y08F	Y08F	Y10F
7	假设										
15	关于营运效率的假设										
16	库存周转天数（DIO）		33	41	37	29	35	35	35	35	35
17	应收账款周转天数（DSO）		35	43	39	33	38	38	38	38	38
18	应付账款周转天数（DPO）		28	32	30	28	30	30	30	30	30
39	资产负债表										
41	资产										
42	非流动资产										
43	物业、厂房和设备	90,000	80,000	70,000	240,000	210,000	180,000	150,000	120,000	90,000	60,000
44	投资	12,197	11,549	58,106	63,106	56,106	58,106	58,106	58,106	58,106	58,106
45	非流动资产总额	102,197	91,549	128,106	303,106	268,106	238,106	208,106	178,106	148,106	118,106
46	流动资产										
47	存货	15,545	18,007	21,731	14,020	14,530	20,274	14,778	20,525	15,030	20,779
48	应收账款	20,664	31,569	35,901	29,054	28,054	39,026	31,097	42,207	34,423	45,683
49	现金和现金等价物	7,458	17,252	9,265	110,363	148,306	178,435	243,864	290,573	373,372	438,279
50	流动资产总额	43,868	66,827	66,897	153,447	190,890	237,736	289,739	353,305	422,825	504,741
51	流动负债										
52	应付账款	12,530	16,064	15,831	14,072	14,072	15,682	14,285	15,896	14,501	16,114
53	透支	-	-	-	-	-	-	-	-	-	-
54	流动负债总额	12,530	16,054	15,831	14,072	14,072	15,682	14,285	15,896	14,501	16,114
56	经营营运资本	31,338	50,773	51,066	139,375	176,818	222,054	275,454	337,409	408,325	488,628
58	长期资本	133,535	142,322	179,172	442,481	444,924	460,160	483,560	515,515	556,431	606,734
60	非流动负债										
61	无抵押贷款	40,000	35,000	30,000	275,000	270,000	265,000	260,000	255,000	250,000	245,000
62	其他非流动负债	5,000	5,000	5,000	10,000	5,000	5,000	5,000	5,000	5,000	5,000
63	非流动负债总额	45,000	40,000	35,000	285,000	275,000	270,000	265,000	260,000	255,000	250,000
64	股权										
65	股本	70,000	70,000	70,000	70,000	70,000	70,000	70,000	70,000	70,000	70,000
66	留存收益	18,535	32,322	74,172	87,481	99,924	120,160	148,560	185,515	231,431	286,734
67	总股本	88,535	102,322	144,172	157,481	169,924	190,160	218,560	255,515	301,431	356,734
69	所有者权益和非流动负债总额	133,535	142,322	179,172	442,481	444,924	460,160	483,560	515,515	556,431	606,734
72	损益表										
74	销售额	260,810	272,241	295,009	297,939	311,453	325,582	340,351	355,791	371,930	398,902
75	成本	177,782	184,703	179,052	179,690	180,331	181,619	182,917	184,223	185,539	186,865
76	毛利	83,028	87,538	105,957	118,247	131,122	143,962	157,434	171,567	186,391	201,937

图 5.19

期末应付账款余额的公式转换如下：

$$期末应付账款余额 = 2 \times 应付账款周转天数 \times \frac{年销售成本}{365} - 期初应付账款余额 \qquad 公式 5.22$$

过去五年的平均应付账款周转天数是未来五年应付账款周转天数预测的驱动因子，结果如图 5.20 所示。

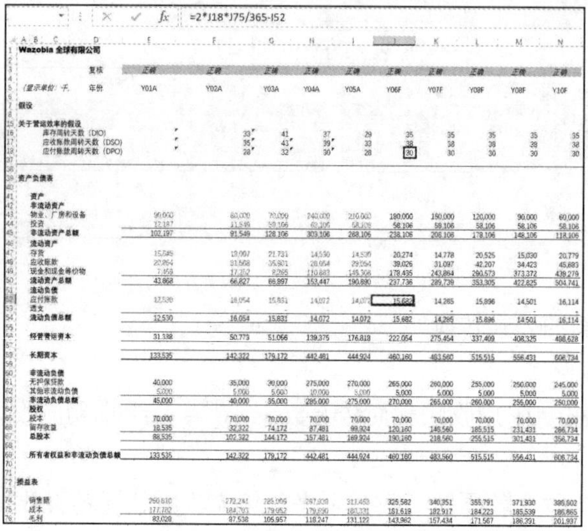

图 5.20

当完成对这些科目的预测后，就已经完成了除了长期资产、贷款及现金科目外的资产负债表科目的预测。

5.6 本章小结

在这一章的学习中，我们知道了如果不了解项目的性质和目的，最终可能会编制出不符合客户预期的模型；还了解了在构建预测未来数据所需假设条件时与管理层讨论的重要性。在构建假设条件时，认识到了历史财务数据、资产负债表、损益表和现金流量表的重要性，还了解到了历史财务数据有助于解决模型中可能出现的异常情况。

在第 6 章中，将介绍如何预测固定资产和借款余额，并介绍两种不同的方法——一种复杂但更准确，一种简单但主观；还将介绍如何利用固定资产明细表和负债明细表的预测结果更新预测资产负债表和预测损益表。

06

第6章

固定资产明细表和
负债明细表

在第5章，除了资本支出——购买、处置和计提固定资产折旧、长期负债的发行、偿还和利息支付的影响外，资产负债表和损益表的预测已经完成。固定资产明细表和负债明细表对模型非常重要，因为它们包含了非常重要的数据。这些数据表示的长期科目的余额，没有增长驱动因子。您需要从客户处取得未来五年资本支出和负债计划的信息。如果客户不能提供这方面的信息，则假设现有的余额将在预计的年限内继续用于偿还，直到余额为0或被注销。

本章涵盖以下主题：

- 了解 BASE 的概念和余额结转法；

- 固定资产折旧明细表；

- 资本支出计划表；

- 负债明细表；

- 编制还款计划表。

6.1 了解 BASE 的概念和余额结转法

"BASE"和"余额结转法"都是在预测资产负债表科目时要遵循的通用标准。"BASE"是缩写词：B 代表"期初余额"（beginning）、A 代表"当月增加额"（additions）、S 代表"当月减少额"（subtractions）、E 代表"期末余额"（ending）。科目的期末余额是由期初余额加上当月增加额、减去当月减少额得到的。余额结转法是指上期的期末余额是当期的期初余额。

第一年的期末余额"109,000.00"=期初余额"100,000.00"+当期增加额"34,000.00"−当期减少额"25,000.00"；而且，第一年的期末余额即第二年的期初余额，第二年的期末余额即第三年的期末余额，如图 6.1 所示。

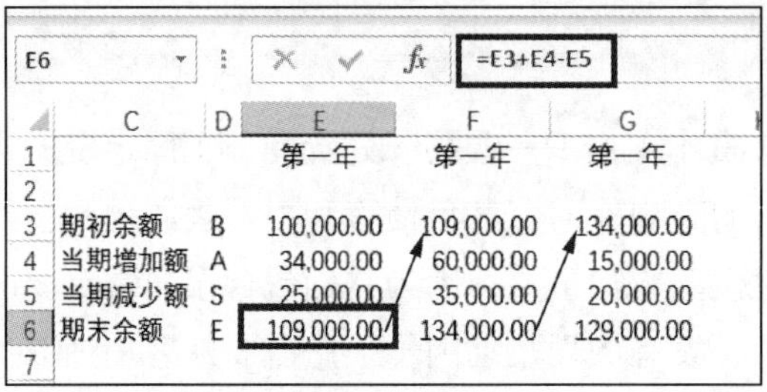

图 6.1

6.2 固定资产折旧明细表

快速回顾一下编制财务模型的步骤：

- 输入资产负债表及损益表的历史数据；

- 计算历史增长驱动因子；

- 修正预测资产负债表及预测损益表的增长驱动因子；

- 编制预测损益表和预测资产负债表；

- 编制固定资产折旧明细表；

- 编制负债明细表；

- 编制现金流量表；

- 比率分析；

- 现金流量折现估值；

- 其他估值方式；

- 情景分析。

这一节内提到的"长期资产"泛指使用时间在一年以上，公司可以通过使用它而获得经济价值的非流动资产，常见的长期资产为办公大楼、厂房及设备。固定资产从投入使用至报废的这段时间称为使用寿命。在购置资产的当期记入该资产的全部成本是不恰当的，整个购置成本应在该资产的使用寿命内分摊。

将购置成本在使用寿命内分摊的行为称为"折旧"，其反映了固定资产使用时被消耗的价值，被使用的时间越长，被消耗的价值也越多。当年消耗的价值，以"费用"的形态被记录在损益表中。购置成本及累计被消耗的价值，被记录在资产负债表中。

6.2.1　平均年限法

如果管理部门规定在 10 年内可以从某项固定资产中获得有用的服务，那么该资产的成本应在 10 年以内分摊。最简单的方法是将资产成本平均分摊到 10 年，以得出一个固定的年折旧额。这样的分摊方法就是平均年限法。计算公式如下：

$$折旧额（年）=\frac{固定资产购置成本}{使用寿命（年）} \qquad 公式 6.1$$

或者

$$折旧额（年）=固定资产购置成本 \times 年折旧率 \qquad 公式 6.2$$

6.2.2　余额递减法

另一种计算折旧的方法叫作余额递减法。这种折旧方法基于资产在早年价值消耗得更快，因此，在使用寿命的早期分配较多的折旧，而在后期分配较少的折旧。在折旧的第 1 年，折旧的基数是资产购置成本。在以后各年，折旧的基数为上一年结转的账面净值。由于资产的账面净值逐年减少，折旧也相应地逐年减少，图 6.2 列示了两种折旧方法对账面余额的影响。

从图 6.2 中，可以观察到以下几点。

- 第 1 年的年折旧额都是 10,000,000 元，即 100,000,000×10%。

- 从第 2 年开始，使用余额递减法的年折旧额逐年下降，从第 1 年的 10,000,000 元下降到第 2 年的 9,000,000 元，到第 3 年的 8,100,000" 元，直至第 10 年的 3,874,205 元，而使用平均年限法的年折旧额保持不变，每年都是 10,000,000 元。

- 采用平均年限法，第 10 年年末的账面净值是 0 元，而采用余额递减法，第 10 年年末的账面净值为 34,867,844 元。

图 6.2

图 6.3 列示了两种折旧方法对账面价值的影响。

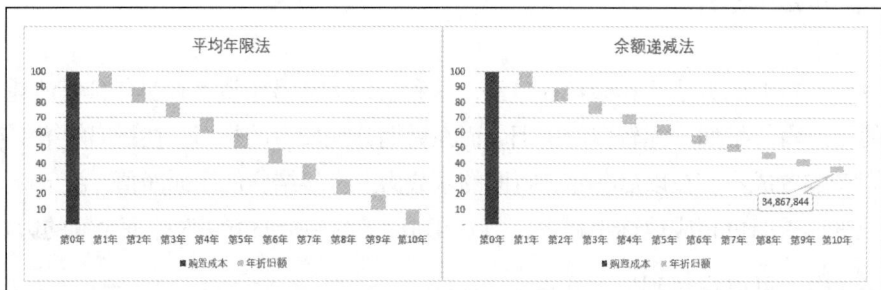

图 6.3

还应该意识到，无论一项资产如何被耗用，变得多么陈旧，都有一个残值。您应该估计资产可变现净值，确保不要将任何资产的账面净值降到零，而是降到残值，这样在最后一年的年折旧费用计算中，折旧费用将是上一年的账面净值减去残值。平均年限法的计算公式是"折旧额＝（购置成本−残值）/使用寿命"。图6.4列示了有残值时的平均年限法折旧明细。

折旧率		10% 使用寿命	10年
	平均年限法		
第1年	购置成本	100,000,000	
第1年	折旧额	10,000,000	
第2年	账面净值	90,000,000	
第2年	折旧额	10,000,000	
第3年	账面净值	80,000,000	
第3年	折旧额	10,000,000	
第4年	账面净值	70,000,000	
第4年	折旧额	10,000,000	
第5年	账面净值	60,000,000	
第5年	折旧额	10,000,000	
第6年	账面净值	50,000,000	
第6年	折旧额	10,000,000	
第7年	账面净值	40,000,000	
第7年	折旧额	10,000,000	
第8年	账面净值	30,000,000	
第8年	折旧额	10,000,000	
第9年	账面净值	20,000,000	
第9年	折旧额	10,000,000	
第10年	账面净值	10,000,000	
第10年	折旧额	9,999,000	
	残值	1,000	

图 6.4

残值为账面净值与残值为零相比，更符合真实的业务场景。虽然平均年限法和余额递减法是常见的两种折旧方法，但折旧方法并不限于这两种，年数总和法和工作量法也在一定范围内使用。

6.3 资本支出计划表

编制资本支出计划表有两种方式，分别是：

- 详细法；

- 简洁法。

6.3.1 详细法

详细法是首选，因为这种方法更精确，将整个投资计划细化成初始投资、追加投资、处置、折旧和累计折旧。与管理层讨论有助于了解管理层未来五年的资本支出计划。当发生处置或出售固定资产时，固定资产应从账面上删除。该资产的账面净值（累计折旧）将从固定资产（累计折旧）科目的借方转入固定资产清理科目的借方，而处置固定资产所收到的现金转入固定资产清理科目的贷方。两者之间的差额在期末从固定资产清理科目转入损益类科目。如果出售收益超过账面净值，那就形成利润；反之，形成亏损。

图 6.5 展示了利润的形成是因为以高于账面净值的金额出售资产。

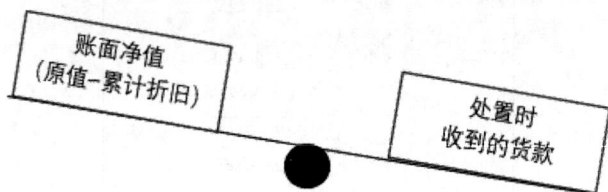

图 6.5

图 6.6 展示了因为以低于账面净值的金额出售资产，形成处置固定资产的损失。

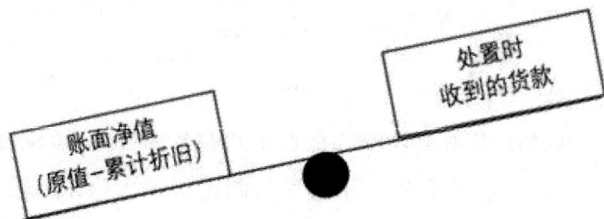

图 6.6

所有的情况都应该在固定资产折旧明细表中一一记录，并将每张固定资产明细表上的余额汇总到资本支出表中。

固定资产折旧明细表示例

图 6.7 为固定资产折旧明细表的示例。

(显示单位：千元；特殊情况另外注明)	年份	第1年	第2年	第3年	第4年	第5年	第6年	第7年	第8年	第9年	第10年
折旧方式	平均年限法										
资产使用寿命	年	10	10	10	10	10	10	10	10	10	10
残值		-									
资本支出		100,000			200,000						
年折旧金额											
第1年资本支出		10,000	10,000	10,000	10,000	10,000	10,000	10,000	10,000	10,000	10,000
第2年资本支出											
第3年资本支出											
第4年资本支出					20,000	20,000	20,000	20,000	20,000	20,000	20,000
第5年资本支出											
第6年资本支出											
第7年资本支出											
第8年资本支出											
第9年资本支出											
第10年资本支出											
总计		10,000	10,000	10,000	30,000	30,000	30,000	30,000	30,000	30,000	30,000
固定资产原值											
期初金额		-	100,000	100,000	100,000	300,000	300,000	300,000	300,000	300,000	300,000
增加：投资		100,000	-	-	200,000	-	-	-	-	-	-
减少：出售/处置		-	-	-	-	-	-	-	-	-	-
期末金额		100,000	100,000	100,000	300,000	300,000	300,000	300,000	300,000	300,000	
累计折旧											
期初金额		-	10,000	20,000	30,000	60,000	90,000	120,000	150,000	180,000	210,000
增加：当月计提折旧		10,000	10,000	10,000	30,000	30,000	30,000	30,000	30,000	30,000	30,000
期末金额		10,000	20,000	30,000	60,000	90,000	120,000	150,000	180,000	210,000	240,000
账面净值		90,000	80,000	70,000	240,000	210,000	180,000	150,000	120,000	90,000	60,000

图 6.7

每一项固定资产都应该有对应的折旧明细表。下面介绍折旧明细表的结构。

第一部分为假设区域，如图 6.8 所示。

(显示单位：千元；特殊情况另外注明)	年份	第1年	第2年	第3年	第4年	第5年	第6年	第7年	第8年	第9年	第10年
折旧方式	平均年限法										
资产使用寿命	年	10	10	10	10	10	10	10	10	10	10
残值		-									
资本支出		100,000	-	-	200,000						

图 6.8

图 6.8 列示的是关键假设条件，如折旧方式、资产使用寿命等。现在来看看这张折旧明细表中的假设条件。

- 折旧方式：在图 6.8 中，折旧方式被设定为平均年限法。

- 资产使用寿命：用来表示资产能够耗用的时间。在图 6.8 中，资产使用寿命被估计为 10 年。

- 残值：在图 6.8 中，没有对最终处置固定资产所产生的收益进行估计。

- 资本支出：在图 6.8 中，公司计划在第 1 年购买 10 万元的固定资产，在第 4 年购入 20 万元的固定资产。

第二部分为年折旧金额计算区域，如图 6.9 所示。

年折旧金额

第1年资本支出	10,000	10,000	10,000	10,000	10,000	10,000	10,000	10,000	10,000	10,000
第2年资本支出										
第3年资本支出										
第4年资本支出				20,000	20,000	20,000	20,000	20,000	20,000	20,000
第5年资本支出										
第6年资本支出										
第7年资本支出										
第8年资本支出										
第9年资本支出										
第10年资本支出										
总计	10,000	10,000	10,000	30,000	30,000	30,000	30,000	30,000	30,000	30,000

图 6.9

年折旧金额计算区域为单元格区域 C143:N153，如图 6.10 所示。每年的折旧金额为"资本支出/资产使用寿命"。第 1 年的资本支出为位于单元格 E139 内的 10 万元，使用寿命为位于单元格 E136 内的 10 年，因此第 1 年的折旧费用为 1 万元，记入单元格 E143。由于 143 行记入的都是针对第 1 年资本支出所产生的折旧费用，因此，按"F4"键将单元格"E139"及单元格"E136"切换为"$E$139"和"$E$136"，向右复制公式至单元格 N143。

图 6.10

对于第 2 年的资本支出，年折旧金额从 F 列开始计算，在单元格 F144 中填入公式"=$F$139/$F$136"并向右复制至单元格 N144。依次类推，第 4 年的资本支出年折旧金额的计算，从单元格 H146 开始，公式为"=$H$146/$H$136"，第 10 年的资本支出年折旧金额只有单元格 N152 这一项。

根据图 6.11 的示例，第 153 行记录了历史资本支出累计至当年的折旧总和，公式为对第 143 行到第 152 行的数据进行加总。单元格 E153 列示了资本支出计划对第 1 年的折旧费用的影响。单元格 F153 列示了资本支出计划对第 2 年的折旧费用的影响。由于第 4 年有了新的资本支出，第 4 年起年折旧金额发生了变化，从原来的 1 万元变成了 3 万元。

第三部分记录了固定资产的历史成本。第四部分记录了固定资产的累计折旧。两者都采用了余额结转法，即每年期初余额为上一年的期末余额。末行为固定资产的账面净值，如图 6.12 所示。

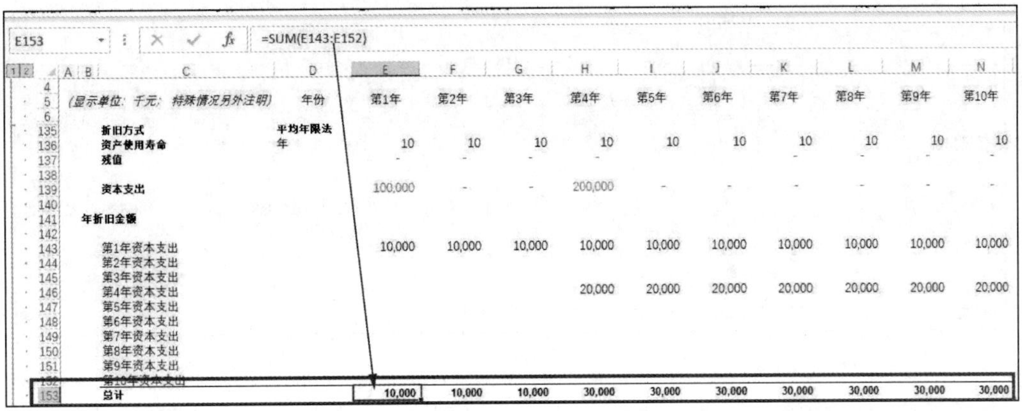

图 6.11

图 6.12

累计折旧是指固定资产截至当前年度的折旧总额。固定资产按其账面净值，即原值减去累计折旧，记入资产负债表。

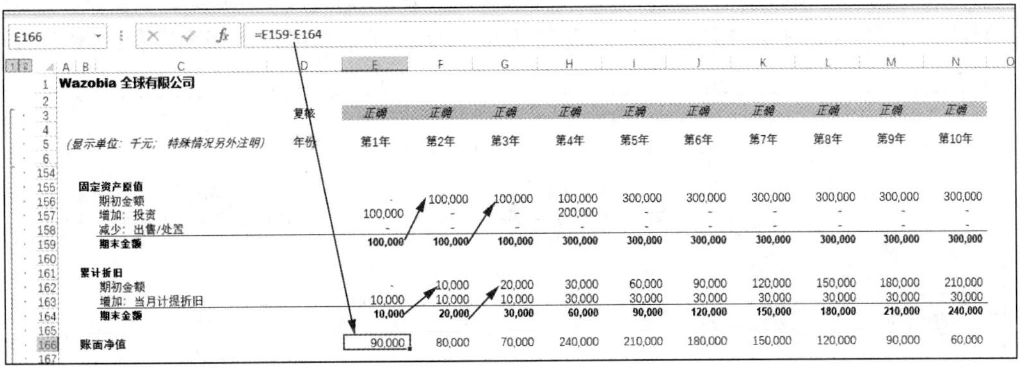

6.3.2 简洁法

预测固定资产账面价值的简单方法是使用固定资产利用率对其进行估计。

$$固定资产利用率 = \frac{销售额}{固定资产账面价值} \qquad 公式\ 6.3$$

与之前预测销售额及其成本一样，从历史数据开始，先计算出每个历史年份的固定资产利用率，如图 6.13 所示。

2 | =D4/D11

B	C	D	E	F	G	H	I	J	K	L	M
		历史数据					预测数据				
		第1年	第2年	第3年	第4年	第5年	第6年	第7年	第8年	第9年	第10年
销售额		260,810	272,241	285,009	297,938	311,453	323,911	336,868	350,343	364,356	378,931
年复合增长率	4%										
销售成本		177,782	184,703	179,052	179,690	180,331	184,298	188,353	192,497	196,732	201,060
年复合增长率	2.2%										
物业、厂房和设备		90,000	80,000	70,000	240,000	210,000					
固定资产利用率	262%	290%	340%	407%	124%	148%					

图 6.13

在单元格 D12 内输入公式“=D4/D11”后，得到第 1 年的固定资产利用率。将公式复制至单元格 H12，得到前五年的历史固定资产利用率。基于这五年的历史数据推算出平均历史固定资产利用率，如图 6.14 所示，并以此作为预测今后五年固定资产账面净值的驱动因子。

C12 | =AVERAGE(D12:H12)

	B	C	D	E	F	G	H	I	J	K	L	M
1												
2			历史数据					预测数据				
3			第1年	第2年	第3年	第4年	第5年	第6年	第7年	第8年	第9年	第10年
4	销售额		260,810	272,241	285,009	297,938	311,453	323,911	336,868	350,343	364,356	378,931
5	年复合增长率	4%										
6												
7	销售成本		177,782	184,703	179,052	179,690	180,331	184,298	188,353	192,497	196,732	201,060
8	年复合增长率	2.2%										
9												
10												
11	物业、厂房和设备		90,000	80,000	70,000	240,000	210,000					
12	固定资产利用率	262%	290%	340%	407%	124%	148%					

图 6.14

根据公式 6.3，得到第 6 年的固定资产账面净值，并记入单元格 I11 中，如图 6.15 所示。

=I4/$C$12

B	C	D	E	F	G	H	I	J	K	L	M
		历史数据					预测数据				
		第1年	第2年	第3年	第4年	第5年	第6年	第7年	第8年	第9年	第10年
销售额		260,810	272,241	285,009	297,938	311,453	323,911	336,868	350,343	364,356	378,931
年复合增长率	4%										
销售成本		177,782	184,703	179,052	179,690	180,331	184,298	188,353	192,497	196,732	201,060
年复合增长率	2.2%										
物业、厂房和设备		90,000	80,000	70,000	240,000	210,000	123,659				
固定资产利用率	262%	290%	340%	407%	124%	148%					

图 6.15

将公式快速复制至单元格 M15，得到所有预测年份的账面净值，如图 6.16 所示。

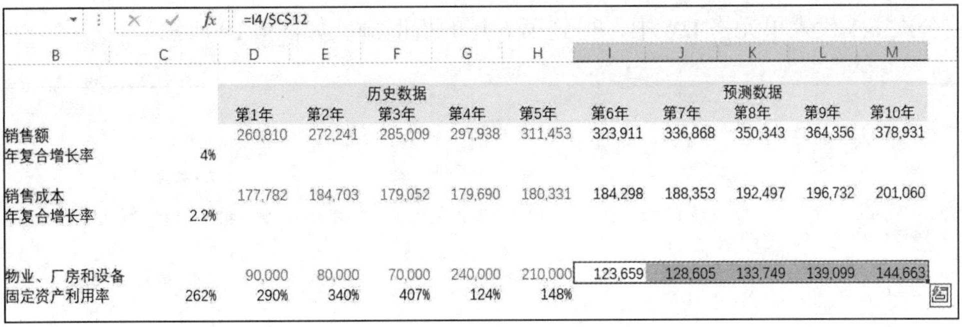

图 6.16

第二个驱动因子是使用寿命。用当年的账面净值除以当年的折旧额可得出当年的使用寿命，如图 6.17 所示。

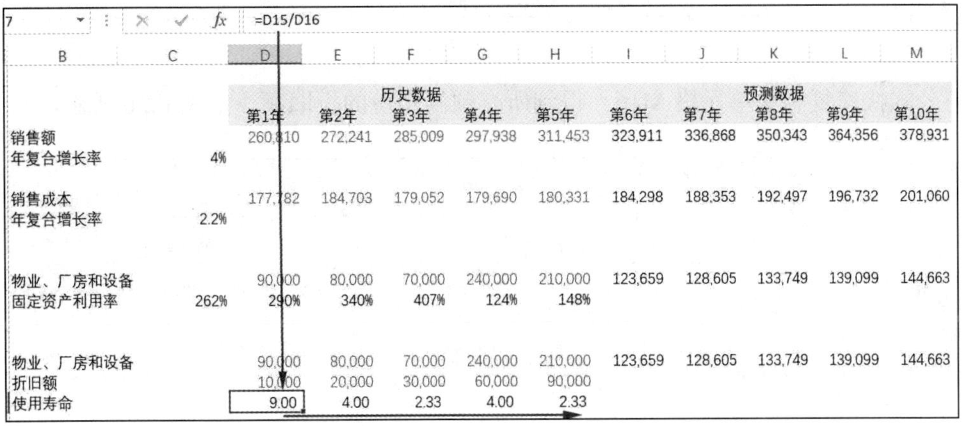

图 6.17

将前五年历史数据的使用寿命平均值作为驱动因子，如图 6.18 所示。

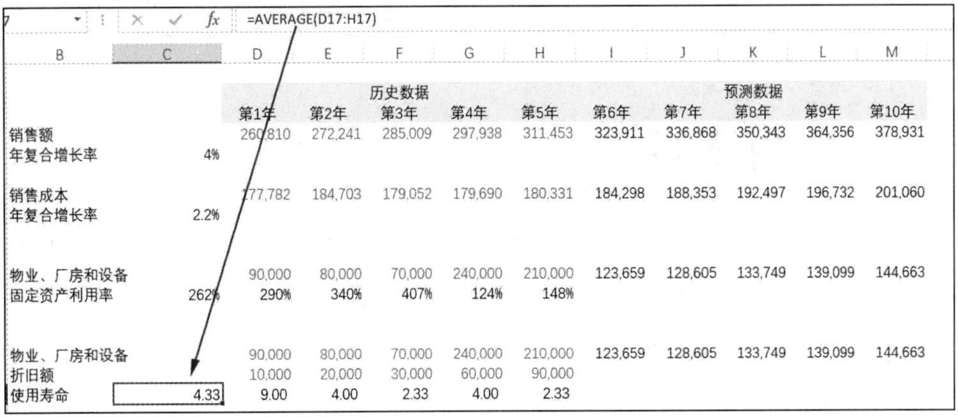

图 6.18

将公式 6.1 代入单元格 I16 中，得到第 6 年的折旧额，如图 6.19 所示。

			历史数据					预测数据			
B	C	D	E	F	G	H	I	J	K	L	M
		第1年	第2年	第3年	第4年	第5年	第6年	第7年	第8年	第9年	第10年
销售额		260,810	272,241	285,009	297,938	311,453	323,911	336,868	350,343	364,356	378,931
年复合增长率	4%										
销售成本		177,782	184,703	179,052	179,690	180,331	184,298	188,353	192,497	196,732	201,060
年复合增长率	2.2%										
物业、厂房和设备		90,000	80,000	70,000	240,000	210,000	123,659	128,605	133,749	139,099	144,663
固定资产利用率	262%	290%	340%	407%	124%	148%					
物业、厂房和设备		90,000	80,000	70,000	240,000	210,000	123,659	128,605	133,749	139,099	144,663
折旧额		10,000	20,000	30,000	60,000	90,000	28,537				
使用寿命	4.33	9.00	4.00	2.33	4.00	2.33					

图 6.19

将公式快速复制至单元格 M16，得到所有预测年份的折旧额，如图 6.20 所示。

			历史数据					预测数据			
B	C	D	E	F	G	H	I	J	K	L	M
		第1年	第2年	第3年	第4年	第5年	第6年	第7年	第8年	第9年	第10年
销售额		260,810	272,241	285,009	297,938	311,453	323,911	336,868	350,343	364,356	378,931
年复合增长率	4%										
销售成本		177,782	184,703	179,052	179,690	180,331	184,298	188,353	192,497	196,732	201,060
年复合增长率	2.2%										
物业、厂房和设备		90,000	80,000	70,000	240,000	210,000	123,659	128,605	133,749	139,099	144,663
固定资产利用率	262%	290%	340%	407%	124%	148%					
物业、厂房和设备		90,000	80,000	70,000	240,000	210,000	123,659	128,605	133,749	139,099	144,663
折旧额		10,000	20,000	30,000	60,000	90,000	28,537	29,678	30,865	32,100	33,384
使用寿命	4.33	9.00	4.00	2.33	4.00	2.33					

图 6.20

6.4　负债明细表

公司的资本是由债务资本和股权资本组成的，大多数公司试图在债务资本和股权资本之间保持一个稳定的比例（杠杆率）。负债明细表是资本结构预测的一部分。

先回顾一下编制财务模型的步骤：

- 输入损益表和资产负债表的历史数据；

- 计算历史增长驱动因子；

- 计算预测损益表和预测资产负债表的增长驱动因子；

- 编制预测损益表和预测资产负债表；

- 编制固定资产折旧明细表；

- 编制还款计划表；

- 编制现金流量表；

- 比率分析；

- 现金流量折现估值；

- 其他估值方式；

- 情景分析。

与预测固定资产账面净值一样，负债明细表的预测也可以采用两种方法——详细法和简洁法。此外，还需要考虑利息的处理：利率是从期初开始计算还是从期末开始计算；是否采用全年的平均负债余额作为基数。

6.4.1 详细法

如果模型需要很高的精确度，就需要从公布的历史账目和管理层讨论中尽可能多地获取信息。要注意是否有获得额外资金或清算现有贷款的计划，以及是否有增加固定资产而引起的融资需求。此外，公司经常发布关于到期贷款的信息。要使用这个信息来预测年度还款计划，并确保一旦相应的贷款被还清，这些还款计划就会停止。图 6.21 为负债明细表的示例。

	第1年	第2年	第3年	第4年	第5年	第6年	第7年	第8年	第9年	第10年
负债明细表										
无担保贷款										
期初余额	-	40,000	35,000	30,000	275,000	245,000	215,000	185,000	155,000	125,000
增加	40,000	-	-	250,000	-	-	-	-	-	-
偿还 8年		5,000	5,000	5,000	5,000	5,000	5,000	5,000	5,000	
偿还 10年					25,000	25,000	25,000	25,000	25,000	25,000
期末余额	40,000	35,000	30,000	275,000	245,000	215,000	185,000	155,000	125,000	100,000
年利率	10%	10%	10%	10%	10%	10%	10%	10%	10%	10%
利息	2000	3750	3250	15250	26000	23000	20000	17000	14000	11250

图 6.21

示例中的负债明细表数据也基于余额结转法，当年的期末余额是次年的期初余额。单元格 E6 表示在第 1 年有一笔新增的 4,000 万元的贷款，单元格 D7 表示这笔贷款的期限是 8 年，偿还时间从第 2 年始至第 9 年止，偿还金额分别记录在单元格区域 F7:M7 中。单元格 H6 表示在第 4 年有一笔新增的 2.5 亿元贷款，单元格 D8 表示这笔贷款的期限是 10 年。偿还期从第 5 年开始，即从 I5 单元格开始记录。单元格 E11 表示当年的利率为 10%。

将这个复杂的模型用于计算平均未偿贷款额的利息。平均未偿贷款额的计算公式如下：

$$平均未偿贷款额 = \frac{期初未偿贷款额 + 期末未偿贷款额}{2}$$ 公式 6.4

利息的计算公式如下：

$$利息 = 平均未偿贷款额 \times 利率$$ 公式 6.5

在模型中运用公式 6.5，得到如图 6.22 的结果。

图 6.22

修正期末余额。由于利息的支付日期为第二年年初，那么当年的期末余额应修正为"=期初余额+新增贷款-偿还金额（两项数据）+应计利息"，负债明细表的结构也应调整，如图 6.23 所示。

图 6.23

利息的计算公式仍为"平均未偿贷款额×利率",如图 6.24 所示。

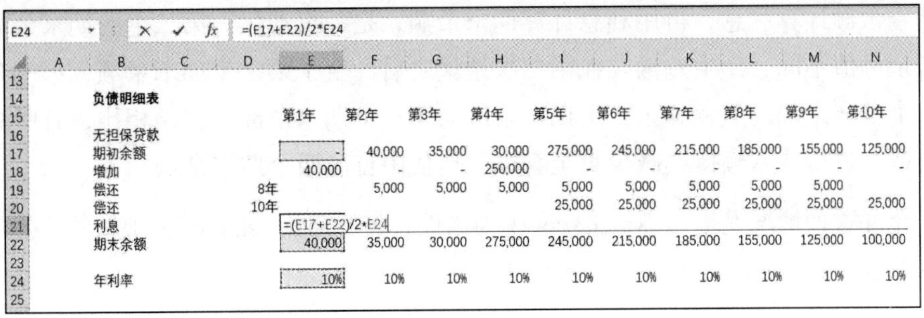

图 6.24

那么会收到报错信息,如图 6.25 所示。

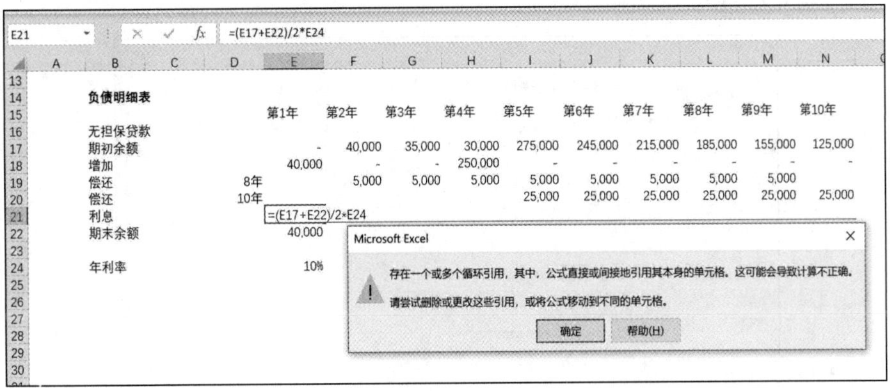

图 6.25

这是因为计算期末余额的公式里包含了利息金额,而计算利息的公式里又包含了期末余额,两个公式形成了循环引用。Excel 对循环引用有专属的错误标记,如图 6.26 所示。

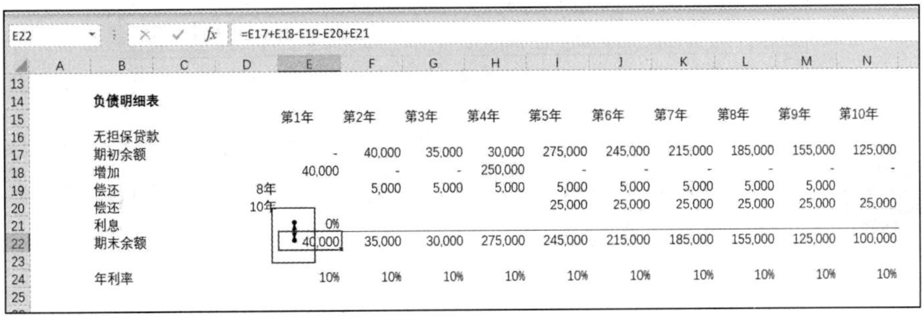

图 6.26

为了停止此类公式的迭代或连续计算,Excel 将公式标记为循环引用。但有时,需要故意创建一个循环引用以达到一个预期的结果。就如现在这个案例,需要使用准确的方法,即平均未偿贷款额计息法来预测利息，而不是用期初余额或期末余额作为计息的基数。

用期末余额计算利息，再用利息计算期末余额，是一次迭代。第二个的期末余额与第一个的期末余额值不同，产生差额。在第二次迭代之后产生了第三个期末余额，第三个期末余额与第二个期末余额的差额和第二个期末余额与第一个期末余额的差额相比，有所减小。随着迭代的持续进行，差额持续减少直至为零，迭代中首尾两个期末余额相等。

为了允许这种情况发生，不被 Excel 视为错误，需要启用"Excel 选项"的"公式"下的迭代计算。

启用步骤如图 6.27 所示。单击"文件"下的"选项"，打开"Excel 选项"对话框。单击"公式"，选中"启用迭代计算"，默认的最多迭代次数为"100"。这意味着经过 100 次迭代后产生的差异已经可以忽略不计。

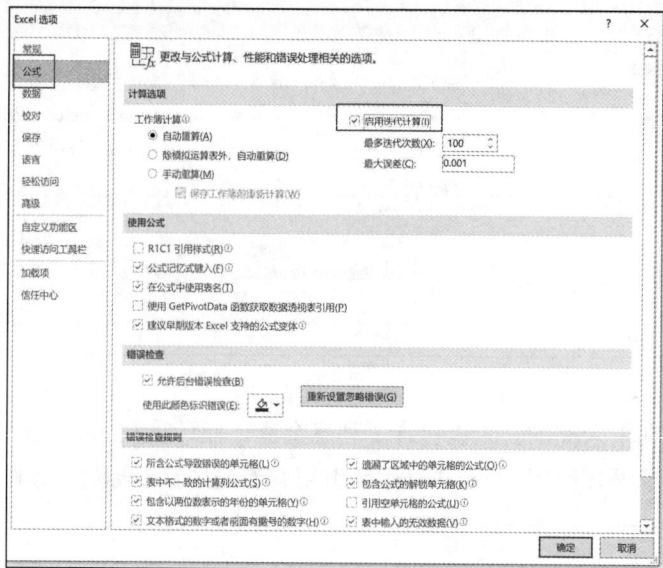

图 6.27

在不使用当前模型时应取消选中"启用迭代计算"。否则，意外的循环引用可能无法被发现，并可能导致 Excel 崩溃，以致丢失信息。

6.4.2 简洁法

如果对模型的精确度没有要求，可以采用简洁法，即使用杠杆比率。公式如下：

$$杠杆比率 = \frac{负债}{所有者权益}$$ 公式 6.6

一般来说，公司不会经常改变其股本。因此，可以合理假设，股本将保持不变，而权益只受留存收益的影响。因此，杠杆比率乘以股本金额就可以得到负债金额。至于利息的计算，只需将利率应用于期初负债余额就可以避免循环引用。

还有一个更简单的方法。由于公司往往在偿还旧债的同时举借新债，因此可以假设负债余额保持不变。通过长期负债的期初余额及适用利率即可预测当年的利息费用。

当更新了与固定资产及负债有关的资产负债表科目及损益表科目后，三大报表模型中还未进行预测的科目就只剩现金了。

了解了所需要的历史数据后，现在进入下一个步骤——编制还款计划表。

6.5 编制还款计划表

假设您在一家银行工作，工作内容是满足客户的住房贷款需求。现在有位客户对银行提供的制式还款计划不满意，希望您能按其所要求的贷款时间及金额，量身定做一套还款计划。这样的业务场景中，编制出满足客户需要的详细还款计划往往需要耗费大量时间。但如果有一个能根据客户独特需求而轻松生成贷款额的定制模型将会使工作的效率提高。接下来介绍如何编制还款计划表。

6.5.1 创建模型框架

首先，需要创建一个可以用于所有贷款目的的框架。创建步骤如下。

（1）创建一个 2 列 × 4 行的表格，并将表标题设为"还款计划表"。在表格的首列输入还款计划所需变量的名称，如图 6.28 所示。

图 6.28

（2）在工作表的空白处，另创建一个 2 列 ×4 行的表格，将表标题设为"还款频率"。数值 24 代表一年之内偿还 24 次，数值 12 代表一年之内偿还 12 次，以此类推，如图 6.29 所示。

图 6.29

选中单元格 I1 后，在"公式"选项卡下单击"定义名称"，如图 6.30 所示。

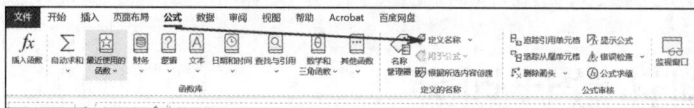

图 6.30

（3）在弹出对话框中定义列表的名称，在"名称"中输入"还款频率"，在"引用位置"中，引用单元格区域 K2:K5，引用完毕后，Excel 会自动加上"$"符号锁定引用单元格，如图 6.31 所示。

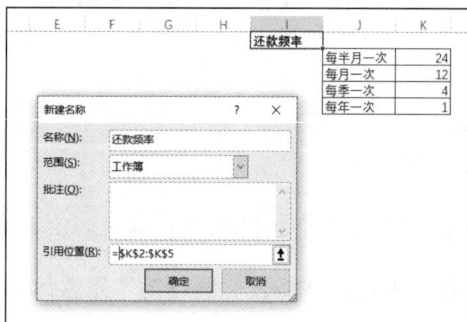

图 6.31

（4）单击"确定"按钮，使定义名称生效。

（5）选中单元格 C4 后，在"数据"选项卡下单击"数据验证"，选择"数据验证"，如图 6.32 所示。

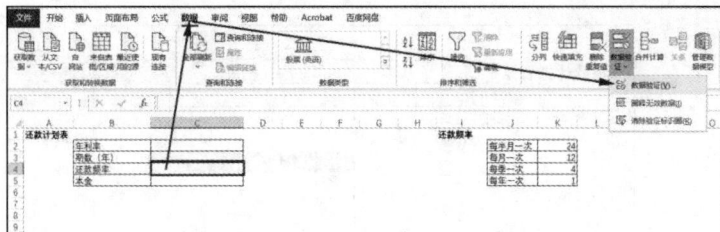

图 6.32

（6）打开"数据验证"对话框，在"允许"下拉列表中选择"序列"，如图 6.33 所示。

图 6.33

（7）在"来源"中，按"F3"键打开"名称"列表，找到"还款频率"，如图 6.34 所示。

图 6.34

（8）此时单元格 C4 右下角会出现下拉按钮。单击下拉按钮，会出现可供选择的选项，如图 6.35 所示，根据自己的需求选择即可。

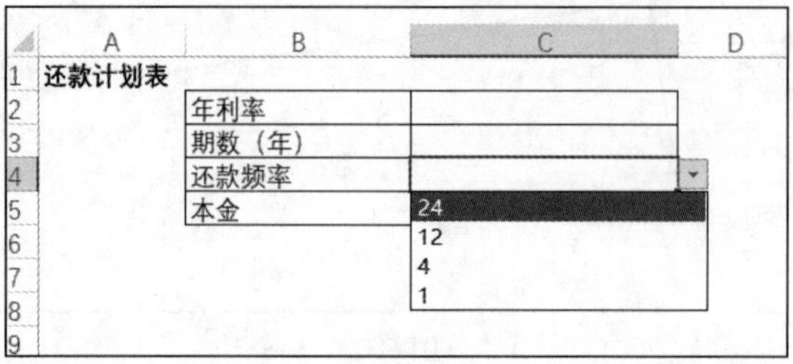

图 6.35

（9）最后编制还款计划表。还款计划表应该细化至每次还款金额中包含多少本金及利息，以及此次还款后的贷款余额。整个模型框架（即模板）如图 6.36 所示。

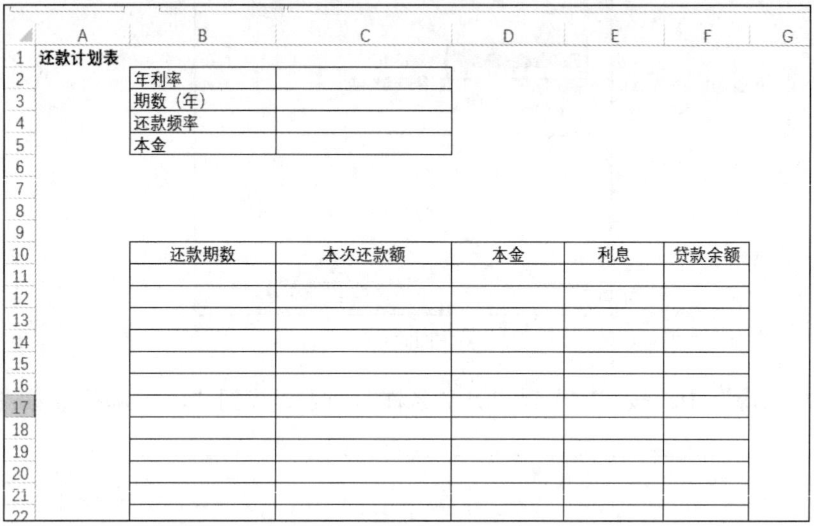

图 6.36

6.5.2 编写函数公式

创建好模板后，就可以用 Excel 创建公式来计算贷款中的不同变量，如本金、利息、总支付金额和支付后的余额。在 Excel 2016 面市之前，这是一个相当复杂及烦琐的过程。值得庆幸的是，自 Excel 2016 起，新增的财务函数 PMT、PPMT 和 IPMT 使得这些变量的计算变得非常简便。下面介绍如何使用这些财务函数。

1．PMT 函数

根据已编制好的模板，第一个要计算的值是每次要支付多少金额，所适用的函数是"PMT"。

在单元格 C11 中输入"=PMT("后，编辑栏中显示函数所包含的参数，如图 6.37 所示。

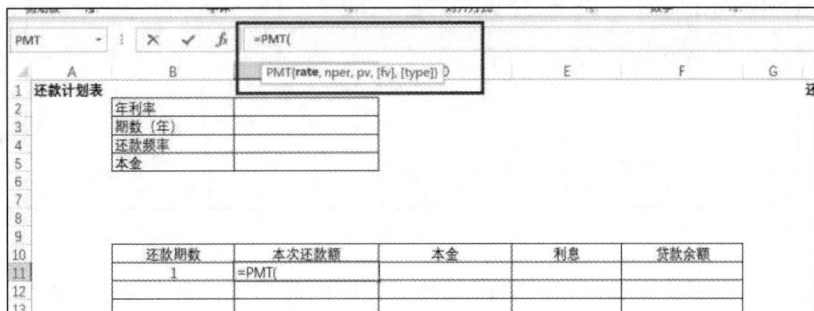

图 6.37

参数"rate"指每次还款时的利率，如果每月还款，参数"rate"应为"年利率/12"的值。参数"nper"指还款次数，如果每月还款，参数"nper"应为"贷款年数*12"的值。参数"pv"是指本金，即客户想从银行借贷的金额。参数"fv"不是必填参数，可以不填。

PMT 函数公式可以理解如下：

=PMT（年利率/年付款频率，借款年数*年付款频率，贷款金额）

将表达式应用到模型中，在单元格 C11 中输入"=PMT($C$2/$C$4,$C$3*$C$4,$C$5)"，如图 6.38 所示。

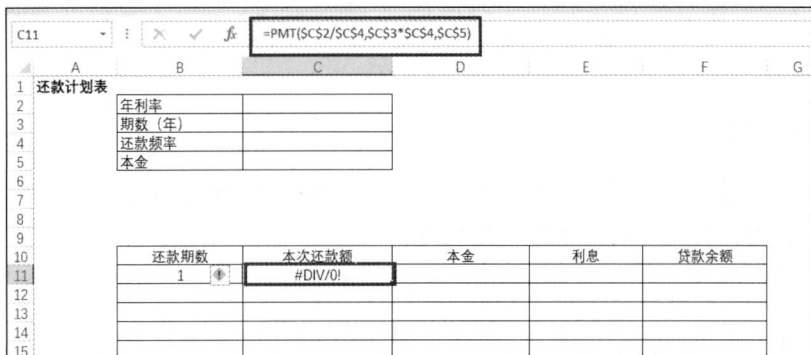

图 6.38

2. PPMT 函数

第二个需要使用到的函数是 PPMT 函数，PPMT 函数用来计算已支付的还款额中的本金部分。在单元格 D11 中输入"=ppmt("后得到参数提示，如图 6.39 所示。

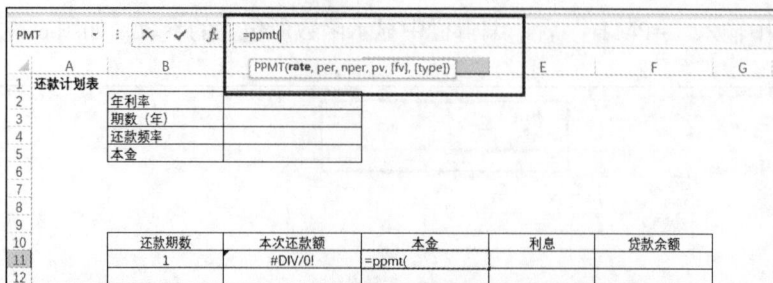

图 6.39

这个函数的表达式结构类似于 PMT 函数，不同的是多了参数"per"。参数"per"指当前还款期数位于所有还款期数中的第几期。结合案例，在单元格 D11 中输入"=PPMT($C$2/$C$4,$B11,$C$3*$C$4,$C$5)"，如图 6.40 所示。

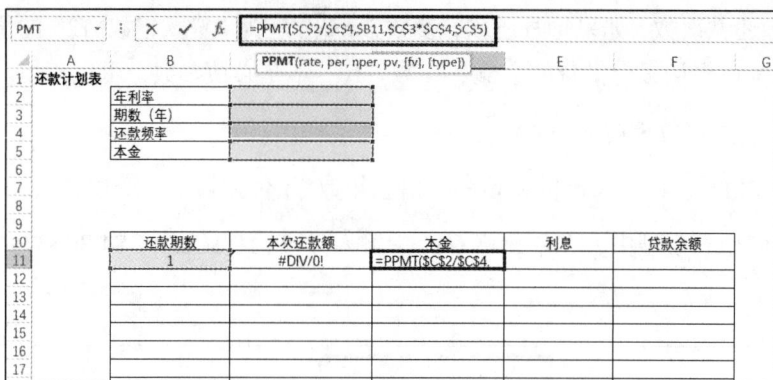

图 6.40

3. IPMT 函数

下面介绍 IPMT 函数。IPMT 函数用于计算支付金额中的利息部分。在单元格 E11 中输入"=IPMT("，得到相关参数，如图 6.41 所示。

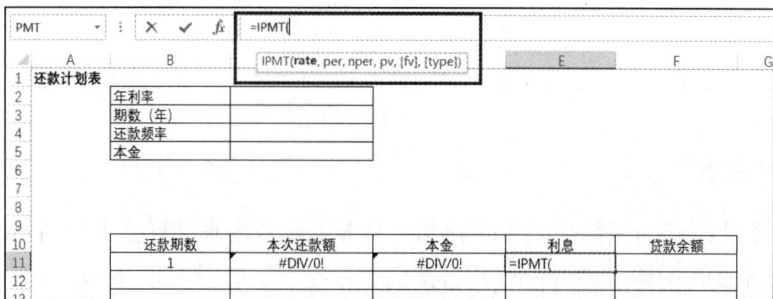

图 6.41

IPMT 函数的表达式结构和 PPMT 函数的表达式结构一样。因此，单元格 E11 中的完整表达式应为"=IPMT($C$2/$C$4,$B11,$C$3*$C$4,$C$5)"，如图 6.42 所示。

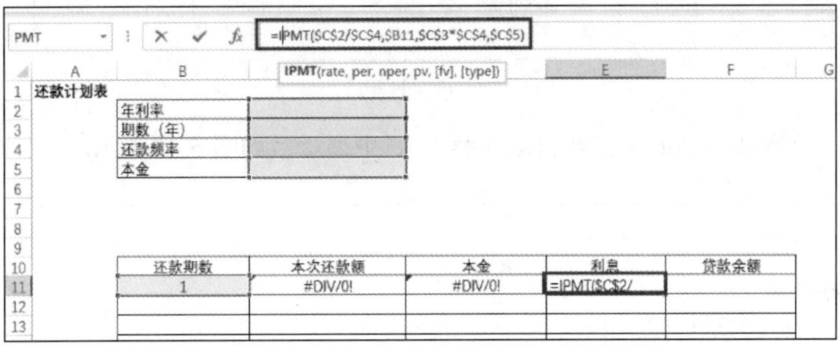

图 6.42

最后一个需要输入的公式是计算每次付款后的贷款余额的公式。这是个很简单的单元格引用，只需要从上一期的贷款余额中扣除本次的本金即可。第一次还款时，上一期的贷款余额就是贷款总额，如图 6.43 所示。

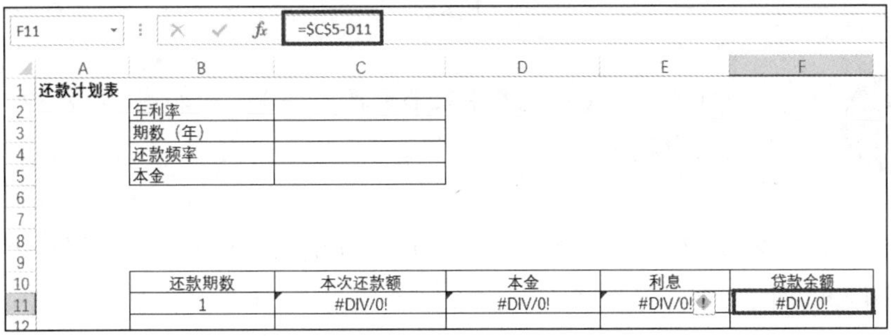

图 6.43

至此，已经准备好了模型所需要的所有公式，接下来就可以填充还款计划表了。

6.5.3 还款计划表的应用

假设客户要求贷款 1 万元，为期 2 年，每月还款。根据规定，应向他收取 5%的利率。根据这个假设，编制还款计划的步骤如下。

（1）将客户的需求输入模型内的变量区域，如图 6.44 所示。

	A	B	C
1	还款计划表		
2		年利率	5%
3		期数（年）	2
4		还款频率	12
5		本金	10,000
6			

图 6.44

（2）第一次需要偿还的值已经自动在第 11 行中列示，如图 6.45 所示。

H14 fx

	A	B	C	D	E	F
1	还款计划表					
2		年利率	5%			
3		期数（年）	2			
4		还款频率	12			
5		本金	10,000			
6						
7						
8						
9						
10		还款期数	本次还款额	本金	利息	贷款余额
11		1	¥-438.71	¥-397.05	¥-41.67	¥9,602.95
12						

图 6.45

> 红色数值（详见本书配套彩图文件）表示扣减，将从原始金额中减去。

（3）选中单元格区域 B11:F11，按住右下角的填充柄向下拖动一行，以得出第二期的支付金额，如图 6.46 所示。

	A	B	C	D	E	F
1	还款计划表					
2		年利率	5%			
3		期数（年）	2			
4		还款频率	12			
5		本金	10000			
6						
7						
8						
9						
10		还款期数	本次还款额	本金	利息	贷款余额
11		1	¥-438.71	¥-397.05	¥-41.67	¥9,602.95
12		2	¥-438.71	¥-398.70	¥-40.01	¥9,601.30
13						

图 6.46

单元格区域 B12:F12 中的还款额、本金和利息都已正确更新，但贷款余额只比上期减少了 1.65 元。 造成这个错误的原因是，在单元格 F11 中输入的公式是"=$C$5+D11"。

由于已经还过了一期款，第二期的余额应该从上一期的余额开始计算，因此需要把公式改成从上次的余额中扣除本次支付的本金，即正确的公式应为“=F11+D12”。对公式进行修正后，单元格 F12 返回的值也相应地更正为 9,204.25，如图 6.47 所示。

F12 =F11+D12

	A	B	C	D	E	F
1	还款计划表					
2		年利率	5%			
3		期数（年）	2			
4		还款频率	12			
5		本金	10000			
6						
7						
8						
9						
10		还款期数	本次还款额	本金	利息	贷款余额
11		1	¥-438.71	¥-397.05	¥-41.67	¥9,602.95
12		2	¥-438.71	¥-398.70	¥-40.01	¥9,204.25
13						
14						
15						

图 6.47

（4）最后，向下复制第二期的公式直至末尾，得到所有数据，如图 6.48 所示。

第 24 期的款项支付后，贷款余额显示为 0，这意味着客户的贷款全部还清。

在 Excel 中创建还款计划表模型，可以通过改变模型中的关键参数来感受在不同贷款条件下客户需要承受的还款压力。

	A	B	C	D	E	F
1	还款计划表					
2		年利率	5%			
3		期数（年）	2			
4		还款频率	12			
5		本金	10000			
6						
7						
8						
9						
10		还款期数	本次还款额	本金	利息	贷款余额
11		1	¥-438.71	¥-397.05	¥-41.67	¥9,602.95
12		2	¥-438.71	¥-398.70	¥-40.01	¥9,204.25
13		3	¥-438.71	¥-400.36	¥-38.35	¥8,803.89
14		4	¥-438.71	¥-402.03	¥-36.68	¥8,401.86
15		5	¥-438.71	¥-403.71	¥-35.01	¥7,998.15
16		6	¥-438.71	¥-405.39	¥-33.33	¥7,592.76
17		7	¥-438.71	¥-407.08	¥-31.64	¥7,185.69
18		8	¥-438.71	¥-408.77	¥-29.94	¥6,776.91
19		9	¥-438.71	¥-410.48	¥-28.24	¥6,366.44
20		10	¥-438.71	¥-412.19	¥-26.53	¥5,954.25
21		11	¥-438.71	¥-413.90	¥-24.81	¥5,540.34
22		12	¥-438.71	¥-415.63	¥-23.08	¥5,124.71
23		13	¥-438.71	¥-417.36	¥-21.35	¥4,707.35
24		14	¥-438.71	¥-419.10	¥-19.61	¥4,288.25
25		15	¥-438.71	¥-420.85	¥-17.87	¥3,867.41
26		16	¥-438.71	¥-422.60	¥-16.11	¥3,444.81
27		17	¥-438.71	¥-424.36	¥-14.35	¥3,020.45
28		18	¥-438.71	¥-426.13	¥-12.59	¥2,594.32
29		19	¥-438.71	¥-427.90	¥-10.81	¥2,166.41
30		20	¥-438.71	¥-429.69	¥-9.03	¥1,736.73
31		21	¥-438.71	¥-431.48	¥-7.24	¥1,305.25
32		22	¥-438.71	¥-433.28	¥-5.44	¥871.97
33		23	¥-438.71	¥-435.08	¥-3.63	¥436.89
34		24	¥-438.71	¥-436.89	¥-1.82	¥-0.00
35						

图 6.48

6.6 本章小结

在本章中，我们了解了资本支出计划表和还款计划表的重要性，理解了它们是如何影响资产负债表、损益表和现金流量表的；还了解了 BASE 和余额结转法，以及如何用详细法和简洁法编制固定资产折旧表和负债明细表。

在第 7 章中，将对资本支出计划表和还款计划表进行最后的计算并编制现金流量表，以得到准确的报表，这有助于使资产负债表达到平衡，并完成三大报表模型的构建。

07

第7章

现金流量表

现阶段，已经完成了对损益表及资产负债表中除现金之外科目的预测。在本章中，您将了解如何编制预测现金流量表。

本章涵盖以下主题：

- 现金流量表简介；

- 不涉及现金流动的科目；

- 经营营运资本的净变动；

- 平衡资产负债表；

- 快速编制预测现金流量表。

7.1　现金流量表简介

损益表与现金流量表的不同之处在于，损益表上的金额不用等到交易的现金影响得以实现后再确认交易。举例来说，您销售了 100,000 元的货物，客户已收到货物但尚未付款，此时就没有现金变动，然而，双方都承认销售已经完成，因为货物的所有权和保管权已经转移。

这笔交易体现在损益表上就是一笔赊销，基于权责发生制的复式记账法，销售额增加了 100,000 元，应收账款也增加了 100,000 元，即客户欠您 100,000 元。权责发生制是指同一期间内的收入与成本或费用应该相匹配。

这个原则贯穿整个账目，影响到诸如预付房租（损益表中只列示今年的房租费用，不列示今年 12 月预付的明年第一季度的房租）、预提电费（已经使用但还未收到账单的电费）。采购金额与期初存货金额以及期末存货金额相结合，得出在损益表中反映的销售商品的成本。（注：西方会计中成本的计算是通过期初库存+本期采购－期末库存而获取的。）

以上列举的例子中，实际的现金流变化数额与损益类科目的数额不同。从商业逻辑上来说这样是合理的，而且是得出每个时期的真实利润或亏损所必需的。销售额是虚幻的，利润是理智的，但现金是现实的。无论公司的利润有多高，如果没有现金的支持，公司会面临破产的风险。这就是为什么现金流量表如此重要。

是否还记得在前文中，创建过一个自检程序以测试资产负债表是否处于平衡状态。当不平衡时，复核栏的单元格是红色的；但平衡时，复核栏的单元格是绿色的，如图 7.1 所示（详见本书的配套彩图文件）。任何情况下，历史年份数据的复核栏单元格都应该是绿色的。

在编制财务报表时，通常根据资产负债表和损益表编制现金流量表。现金及现金等价物的净增加额与现金及现金等价物的期初余额相加，得到现金及现金等价物的期末余额，现金流量表上的期末余额应与资产负债表上的"现金和现金等价物"数字一致。需要依据资产负债表与现金流量表的各科目的对应关系预测年资产负债上"现金和现金等价物"科目的值。

编制完预测现金流量表后，将预测现金流量表中期末现金及现金等价物余额的值，填入预测资产负债表的"现金和现金等价物"。如果资产负债表是平衡的，复核栏单元格显示绿底黑字的"正确"字样，如图 7.2 所示（详见本书的配套彩图文件）。否则，将开始烦琐的错误排除过程，追查错误。

图 7.1

图 7.2

预测资产负债表中"现金和现金等价物"的值，来自预测现金流量表的"期末现金及现金等价物余额"，而预测现金流量表中"期末现金及现金等价物余额"的计算始于损益表中的"净利润"。

7.2 不涉及现金流动的科目

在计算"净利润"时，包含了一些不涉及现金流动的科目，对这些科目进行修正，以得到准确的现金流，如图 7.3 所示。

Wazobia 全球有限公司										
	复核	正确	正确	正确	正确	正确	正确	正确	正确	正确	正确
(显示单位: 千元; 特殊情况另外注明)	年份	Y01A	Y02A	Y03A	Y04A	Y05A	Y06F	Y07F	Y08F	Y08F	Y10F
现金流量表										
经营活动产生的现金流										
净利润		13.787	41.850	13.309	12.443	20.236	28.401	36.955	45.916	55.303
加: 折旧		10.000	10.000	30.000	30.000	30.000	30.000	30.000	30.000	30.000
加: 财务费用		3.750	3.250	15.250	27.250	26.750	26.250	25.750	25.250	24.750

图 7.3

显而易见的修正项是折旧。相关的现金流发生在购买资产的时候，但是并不是一次性将总成本记入损益表，正确的会计处理方法是在资产的使用期限内分配原始成本。这种定期的成本分配称为折旧，而折旧显然不涉及现金的流动。由于在计算利润时已将折旧作为费用扣除，需要将其加回。

还要将计算"净利润"时扣除的"财务费用"加回来。由于财务费用属于负债融资的成本，因此财务费用不属于经营活动产生的现金流，而是融资活动产生的现金流。

7.3 经营营运资本的净变动

图 7.4 为经营营运资本的示例。

Wazobia 全球有限公司										
	复核	正确	正确	正确	正确	正确	正确	正确	正确	正确	正确
(显示单位: 千元; 特殊情况另外注明)	年份	Y01A	Y02A	Y03A	Y04A	Y05A	Y06F	Y07F	Y08F	Y08F	Y10F
现金流量表										
经营营运资本										
加: 应付账款增加额		3.524	(223)	(1.759)	-	1.610	(1.397)	1.611	(1.396)	1.613
减: 库存增加额		(2.462)	(3.724)	7.201	0	(5.745)	5.496	(5.747)	5.494	(5.748)
减: 应收账款增加额		(10.704)	(4.333)	7.847	-	(10.972)	7.929	(11.110)	7.785	(11.261)
经营营运资本净额		(9.642)	(8.280)	13.290	0	(15.107)	12.028	(15.245)	11.883	(15.396)

图 7.4

现在需要将利润的计算从权责发生制转换为现金收付制。以之前的例子为例，即使没有收到现金，也还是记录了 100,000 元的销售额，为了让例子尽可能容易被理解，现在假设这笔销售的成本为 0，也就是说利润也增加了 100,000 元。由于没有收到现金，利润增加时现金没有随之一起流入公司，因此，需要剔除这 100,000 元，从而抵销赊销时记录的流入。

由此得出结论，营运资本中的资产项增加意味着现金流出。同理，营运资本中的负债项增加意味着现金流入。营运资本的净变动=营运资本中的负债项的增加额-营运资本中的资产项的增加额。增加额是指当期值高于上期值的部分。

> 请注意，如果当期值低于上期值，也用当期值减去上期值，求得一个负数表示的增加额。

以图 7.5 为例。

	A	B	C	D	E
1			第二年	第一年	增加额
2	例1	应付账款	50,000	30,000	20,000
3	例2	应付账款	50,000	70,000	-20,000

图 7.5

例 1 中，第二年的值高于第一年的值，在单元格 E2 中输入"=C2-D2"，得到结果"20,000"，表示现金流入 20,000 元。

例 2 中，第二年的值低于第一年的值，但不增添一列用于显示"减少额"，而是将计算结果填入"增加额"列，用负数表示现金的减少。在单元格 E3 中输入"=C3-D3"，得到结果"-20,000"，表示现金流出 20,000 元。

以上的示例计算的是营运资本中的负债项，关于营运资本中资产项的计算，如图 7.6 所示。

	A	B	C	D	E
6					
7			第二年	第一年	增加额
8	例3	应收账款	40,000	35,000	5,000
9	例4	应收账款	50,000	60,000	-10,000
10					

图 7.6

例 3 中，第二年的值高于第一年的值，在单元格 E8 中输入"=C8-D8"，得到结果"5,000"，表示现金流出 5,000 元。

例 4 中，第二年的值低于第一年的值，但不增加新列"减少额"，而是仍旧将计算结果填入"增加额"列。在单元格 E9 中输入"=C9-D9"，得到结果"-10,000"，表示现金流入 10,000 元。

以上示例中，增加额表示经营活动的现金流。

7.3.1 投资活动产生的现金流

图 7.7 为投资活动产生的现金流的示例。

(显示单位：千元；特殊情况另外注明)	复核 年份	正确 Y01A	正确 Y02A	正确 Y03A	正确 Y04A	正确 Y05A	正确 Y06F	正确 Y07F	正确 Y08F	正确 Y08F	正确 Y10F
现金流量表											
投资活动产生的现金流											
减少：购置固定资产、无形资产及其他投资活动的支出			-	-	(200,000)	-	-	-	-	-	-
增加：处置资产所得收益											
减少：在建工程所支付的现金											
减少：增加投资所支付的现金			648	(46,557)	(5,000)	5,000	-	-	-	-	-
投资活动产生的现金流净额			648	(46,557)	(205,000)	5,000	-	-	-	-	-

图 7.7

投资活动包含购买或出售其他公司的股份、固定资产等。

7.3.2 融资活动产生的现金流

图 7.8 为投融资活动产生的现金流的示例。

(显示单位：千元；特殊情况另外注明)	复核 年份	正确 Y01A	正确 Y02A	正确 Y03A	正确 Y04A	正确 Y05A	正确 Y06F	正确 Y07F	正确 Y08F	正确 Y08F	正确 Y10F
现金流量表											
融资活动产生的现金流											
增加：发行股票											
增加：新增无担保贷款			-	-	250,000	-	-	-	-	-	-
减少：已偿还的无担保贷款			(5,000)	(5,000)	(5,000)	(5,000)	(5,000)	(5,000)	(5,000)	(5,000)	(5,000)
减少：已支付的股息											
减少：已支付的利息			(3,750)	(3,250)	(15,250)	(27,250)	(26,750)	(26,250)	(25,750)	(25,250)	(24,750)
融资活动产生的现金流净额			(8,750)	(8,250)	229,750	(32,250)	(31,750)	(31,250)	(30,750)	(30,250)	(29,750)

图 7.8

现金来自内部，股权（股份）或负债来自外部。这些增加和减少在现金流量表里得到了体现。将利息费用加回净利润是为了将财务费用确认为因融资活动而引起的现金支出。同理，还应该将已支付的股息视为现金流出。由于融资和投资活动的影响，公司偶尔会进行对净现金流量有重大影响的大型一次性交易，如出售固定资产。而经营活动反映了公司的日常经营活动是投资者确定一家公司能否产生足够的现金来清偿负债和实现增长的关键。

7.4 平衡资产负债表

现金流量表中的期末余额应填入资产负债表中流动资产项下的"现金和现金等价物"科

目。值得注意的是，如果预测现金流量表中的期末余额是负数，则应该填入资产负债表中流动负债下的“透支”科目。由于不知道预测现金流量表中的期末余额是正数还是负数，加之期末余额的值会随着其他变量的改变而改变，在构建模型时，应当规定：如果预测现金流量表中的期末余额为正数，则记入资产负债表中的“现金和现金等价物”科目；反之，如果预测现金流量表中的期末余额为负数，则记入资产负债表中的“透支”科目。具体情况如图 7.9 所示。

	复核	正确	正确	正确	正确	正确	正确	正确	正确	正确	正确
(显示单位：千元；特殊情况另外注明)	年份	Y01A	Y02A	Y03A	Y04A	Y05A	Y06F	Y07F	Y08F	Y08F	Y10F
资产负债表											
资产											
非流动资产											
物业、厂房和设备		90,000	80,000	70,000	240,000	210,000	180,000	150,000	120,000	90,000	60,000
投资		12,197	11,549	58,106	63,106	58,106	58,106	58,106	58,106	58,106	58,106
非流动资产总额		102,197	91,549	128,106	303,106	268,106	238,106	208,106	178,106	148,106	118,106
流动资产											
存货		15,545	18,007	21,731	14,530	14,530	20,274	14,778	20,525	15,030	20,779
应收账款		20,864	31,568	35,901	28,054	28,054	39,026	31,097	42,207	34,423	45,683
现金和现金等价物		7,459	17,252	9,265	110,863	148,306	178,435	243,864	290,573	373,372	438,279
流动资产总额		43,868	66,827	66,897	153,447	190,890	237,736	289,739	353,305	422,825	504,741
流动负债											
应付账款		12,530	16,054	15,831	14,072	14,072	15,682	14,285	15,896	14,501	16,114
透支		-	-	-	-	-	-	-	-	-	-
流动负债总额		12,530	16,054	15,831	14,072	14,072	15,682	14,285	15,896	14,501	16,114
经营营运资本		31,338	50,773	51,066	139,375	176,818	222,054	275,454	337,409	408,325	488,628
长期资本		133,535	142,322	179,172	442,481	444,924	460,160	483,560	515,515	556,431	606,734
非流动负债											
无担保贷款		40,000	35,000	30,000	275,000	270,000	265,000	260,000	255,000	250,000	245,000
其他非流动负债		5,000	5,000	5,000	10,000	5,000	5,000	5,000	5,000	5,000	5,000
非流动负债总额		45,000	40,000	35,000	285,000	275,000	270,000	265,000	260,000	255,000	250,000
股权											
股本		70,000	70,000	70,000	70,000	70,000	70,000	70,000	70,000	70,000	70,000
留存收益		18,535	32,322	74,172	87,481	99,924	120,160	148,560	185,515	231,431	286,734
总股本		88,535	102,322	144,172	157,481	169,924	190,160	218,560	255,515	301,431	356,734
所有者权益和非流动负债总额		133,535	142,322	179,172	442,481	444,924	460,160	483,560	515,515	556,431	606,734
现金流量表											
经营活动产生的现金流											
净利润			13,787	41,850	13,309	12,443	20,236	28,401	36,955	45,916	55,303
加：折旧			10,000	10,000	30,000	30,000	30,000	30,000	30,000	30,000	30,000
加：财务费用			3,750	3,250	15,250	27,250	26,750	26,250	25,750	25,250	24,750
经营营运资本											
加：应付账款增加额			3,524	(223)	(1,759)	-	1,610	(1,397)	1,611	(1,396)	1,613
减：库存增加额			(2,462)	(3,724)	7,201	0	(5,745)	5,496	(5,747)	5,494	(5,748)
减：应收账款增加额			(10,704)	(4,333)	7,847	-	(10,972)	7,929	(11,110)	7,785	(11,261)
经营营运资本净额			(9,642)	(8,280)	13,290	0	(15,107)	12,028	(15,245)	11,883	(15,396)
经营活动产生的现金流净额			**17,895**	**46,820**	71,849	69,693	61,879	96,678	77,460	113,049	94,657
投资活动产生的现金流											
减少：购置固定资产、无形资产及其他投资活动的支出			-	-	(200,000)	-	-	-	-	-	-
增加：处置资产所得收益						-	-				
减少：在建工程所支付的现金						-	-				
减少：增加投资所支付的现金			648	(46,557)	(5,000)	5,000	-	-	-	-	-
投资活动产生的现金流净额			**648**	**(46,557)**	**(205,000)**	**5,000**	**-**	**-**	**-**	**-**	**-**
融资活动产生的现金流											
增加：发行股票											
增加：新增无担保贷款			-	-	250,000			-	-	-	-
减少：已偿还的无担保贷款			(5,000)	(5,000)	(5,000)	(5,000)	(5,000)	(5,000)	(5,000)	(5,000)	(5,000)
减少：已支付的股息											
减少：已支付的利息			(3,750)	(3,250)	(15,250)	(27,250)	(26,750)	(26,250)	(25,750)	(25,250)	(24,750)
融资活动产生的现金流净额			**(8,750)**	**(8,250)**	**229,750**	**(32,250)**	**(31,750)**	**(31,250)**	**(30,750)**	**(30,250)**	**(29,750)**
现金及现金等价物净增加额			**9,793**	**(7,987)**	**96,599**	**42,443**	**30,129**	**65,428**	**46,710**	**82,799**	**64,907**
现金及现金等价物余额											
期初现金及现金等价物余额			7,459	17,252	9,265	105,864	148,306	178,435	243,864	290,573	373,372
现金及现金等价物净增加额			9,793	(7,987)	96,599	42,443	30,129	65,428	46,710	82,799	64,907
期末现金及现金等价物余额			**17,252**	**9,265**	**105,864**	**148,306**	**178,435**	**243,864**	**290,573**	**373,372**	**438,279**

图 7.9

通常情况下，需要用 IF 语句解决关于逻辑判断（结果不是"真"就是"假"）的问题。例如，设计的规则为：在单元格 J130 为正数时，单元格 J49 中显示单元格 J130 的值；在单元格 J130 为负数时，单元格 J49 不显示任何值。那么在单元格 J49 中输入"=IF(J130>0,J130,"")"，这样当现金余额为正时，即大于 0 时，则现金余额将被写入单元格 J49；否则，单元格不显示任何值。

单元格 J53 用于记录透支额，那么应输入的 IF 函数公式为"=IF(J130<0,J130,"")"。这样当现金余额为正时，即大于 0 时，单元格不显示任何值；否则，现金余额将被写入单元格 J53。

除了 IF 函数外，还有其他函数可以用来处理这样的需求，即之前讲解的 MIN 函数和 MAX 函数。

在单元格 J49 中，输入"=MAX(J130,0)"，函数将只返回正值，确保单元格 J35 中是现金余额和 0 两者中较大的那个。在单元格 J53 中，输入"=MIN(J130,0)"，函数将只返回负值。这样就确保了正现金余额将会被列示在流动资产下，负现金余额将会被列示在流动负债下。当现金余额被正确列示时，资产负债表是平衡的，复核栏单元格为绿色背景。但如果自检程序发现资产负债表不平衡，复核栏单元格为红色背景时，就需要查找错误源并将其改正。

7.4.1　错误排除

首先需要检查现金流量表是否编制准确。可以对照历史数据中的现金流量表期末余额和资产负债表现金科目，看看是否匹配，如果不匹配，就需要按以下步骤排查。

（1）检查总数是否有误。

（2）将差异数除以 2 后查看是否与现金流量表中的某一项金额相等。这么做是为了检查是否错误地将数字的符号记反了，即将负数记为正数，或将正数记为负数。

（3）快速浏览资产负债表和损益表中各科目的金额是否与差异数一致。这么做是为了检查是否在编制现金流量表的过程中遗漏了某个科目的金额。

（4）快速比对资产负债表和损益表中各科目和现金流量表中的项目是否一一对应。这么做是为了检查是否在编制现金流量表的过程中遗漏某个科目。某些不经常发生业务的科目极其容易遗漏，如股本溢价、专项储备或以前年度损益调整。

（5）在将现金流量表中的期末余额填入资产负债表后，复核栏内对应所有历史年份的单元格应该是绿色背景。如果是红色背景，那么需要将错误项排除范围扩展到模型的其余部分。

7.4.2　循环引用

假设将单元格区域 A1:A4 中的数据加和，并在单元格 A5 中输入公式 "=SUM(A1:A6)"，Excel 会警示出现循环引用错误，因为公式已经将结果所在的单元格 A5 包含在求和范围内。通常，公司会将多余的现金用于投资以赚取利息。另外，当公司透支现金时，需要支付透支产生的利息。

如果想让模型应对上述场景，就需要扩展现金流量表，使其包括现金期末余额所取得或支付的利息。然后，这些利息收入或费用将从损益表中的财务费用中减去或加入，从而改变净利润。由于净利润是编制现金流量表的起点，净利润的改变会导致现金流量表期末余额的改变，而现金期末余额产生的利息收入或支出又会影响净利润。这样就形成了循环引用。

每循环或迭代一次，现金流量表的期末现金余额所支付或赚取的利息变化就会越来越小，最终趋于零。为了有目的地创建循环引用，需要在 "Excel 选项" 对话框中选中 "启用迭代计算" 来启用这个功能。Excel 允许的最多迭代次数为 100 次。

因为启用 "循环引用" 后可能导致 Excel 不稳定，所以不推荐大家使用。当这种情况发生时，Excel 会在工作表中填充错误的结果，导致需要花时间梳理模型，手动将作为循环引用来源的单元格清零。如果在循环引用前做了文件备份，可以使用备份文件来恢复。除非十分熟悉 Excel，否则可能会需要花费大量时间来解决问题。解决这个问题的办法是从一开始就加入一个 "路障"，如图 7.10 所示。

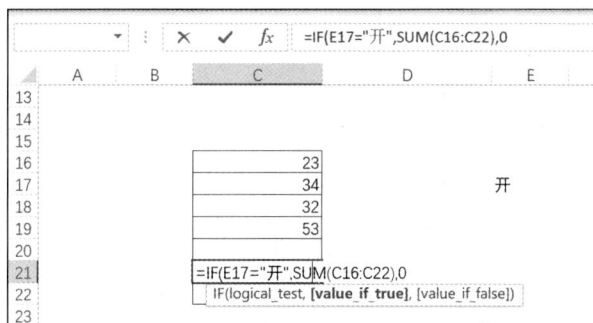

图 7.10

选中空单元格 E17，输入 "开" 或 "1" 将其作为 "路障"，代表允许循环引用；或者在单元格 E17 中输入 "关" 或 "0"，代表不允许循环引用。

将包含循环引用的单元格 C21 封装在 IF 语句中。此时 IF 函数的逻辑是当单元格 E17

为"开"时，结果为真，则允许使用循环引用的公式；否则，单元格 C21 返回的值为"0"。

"路障"的默认值应该是"开"，如果循环引用时发生了故障，返回了错误的值，只需要将"开"改为"关"就能清除循环。

注意，启用迭代计算后 Excel 会不断地重新计算单元格中的公式，因此循环引用通常只在专业人士所构建的不用于共享的模型中被启用。

7.5 快速编制预测现金流量表

假设您是一家网页设计公司的创始人，您需要密切关注花费的每一分钱，因为作为一家初创公司，现金对公司的发展至关重要。您需要编制一张简单的现金流量表来跟踪第一年的资金使用情况，这样就可以了解以后公司的发展是否有利可图。

（1）首先建立表头，注明报告日以及期初金额，如图 7.11 所示。

现金流量表	
报告日	31/Dec/2019
期初金额	50,000.00

图 7.11

（2）正如之前所述，现金流分为三个主要组成部分，第一个部分就是经营活动产生的现金流。所以第 2 步就是创建表格，用来描述所有属于核心业务的现金流入和流出。网页设计公司经营活动产生的现金流入途径如下：

- 为最终客户架设网站；
- 为网站工程师提供图形设计。

经营活动产生的现金流入的内容如图 7.12 所示。

现金流量表		
报告日		31/Dec/2019
期初金额		50,000.00
经营活动产生的现金流量		
	现金流入	
1	架设网站	
2	图形设计	

图 7.12

（3）经营活动产生的现金流出，主要有以下途径：

- 员工工资；
- 所得税等。

经营活动产生的现金流出的内容如图 7.13 所示。

现金流量表		
报告日		31/Dec/2019
期初金额		50,000.00
经营活动产生的现金流量		
现金流入		
1	架设网站	
2	图形设计	
现金流出		
1	主机服务	
2	经营费用及房租	
3	薪金	
4	利息	
5	公司所得税	

图 7.13

（4）最后，添加名为“经营活动产生的现金流量净额”的行，用来表示经营活动所产生的净现金流量。在单元格 D15 中输入公式“=SUM(D7:D14)”，如图 7.14 所示，得到净现金流量，至此，现金流量表的经营活动部分已编制完成。

D15 | fx | =SUM(D7:D14)

	A	B	C	D
1				
2		现金流量表		
3		报告日		31/Dec/2019
4		期初金额		50,000.00
5		经营活动产生的现金流量		
6		现金流入		
7		1	架设网站	
8		2	图形设计	
9		现金流出		
10		1	主机服务	
11		2	经营费用及房租	
12		3	薪金	
13		4	利息	
14		5	公司所得税	
15		经营活动产生的现金流量净额		0.00

图 7.14

（5）重复相同的步骤以编制现金流量表的投资活动部分。投资活动产生的现金流入来源于：

- 出售网络域名及模板；

- 出售图形模板。

> **TIP** 由于具体情况不同，各个国家/地区对于投资活动的理解各不相同。

将其输入表格中，结果如图 7.15 所示。

现金流量表	
报告日	31/Dec/2019
期初金额	50,000.00
经营活动产生的现金流量	
现金流入	
1 架设网站	
2 图形设计	
现金流出	
1 主机服务	
2 经营费用及房租	
3 薪金	
4 利息	
5 公司所得税	
经营活动产生的现金流量净额	0.00
投资活动产生的现金流量	
现金流入	
1 出售网络域名及模板	
2 出售图形模板	

图 7.15

（6）投资活动的现金流出的途径如下：

- 购买计算机和其他设备；

- 员工的娱乐活动；

- 员工培训等。

将其输入表格中，结果如图 7.16 所示。

（7）添加名为"投资活动产生的现金流量净额"的行，用来表示投资活动所产生的净现金流量。在单元格 D24 中输入公式"=SUM(D18:D23)"，如图 7.17 所示。

现金流量表

报告日	31/Dec/2019
期初金额	50,000.00

经营活动产生的现金流量

现金流入

| 1 | 架设网站 | |
| 2 | 图形设计 | |

现金流出

1	主机服务	
2	经营费用及房租	
3	薪金	
4	利息	
5	公司所得税	

经营活动产生的现金流量净额	0.00

投资活动产生的现金流量

现金流入

| 1 | 出售网络域名及模板 | |
| 2 | 出售图形模板 | |

现金流出

1	购置计算机	
2	购置娱乐设施	
3	员工培训	

图 7.16

D24 : fx =SUM(D18:D23)

现金流量表

报告日	31/Dec/2019
期初金额	50,000.00

经营活动产生的现金流量

现金流入

| 1 | 架设网站 | |
| 2 | 图形设计 | |

现金流出

1	主机服务	
2	经营费用及房租	
3	薪金	
4	利息	
5	公司所得税	

经营活动产生的现金流量净额	0.00

投资活动产生的现金流量

现金流入

| 1 | 出售网络域名及模板 | |
| 2 | 出售图形模板 | |

现金流出

1	购置计算机	
2	购置娱乐设施	
3	员工培训	

投资活动产生的现金流量净额	0.00

图 7.17

（8）再重复一次与之前相同的步骤，以编制现金流量表的筹资活动部分，如图 7.18 所示。

现金流量表	
报告日	31/Dec/2019
期初金额	50,000.00
经营活动产生的现金流量	
现金流入	
1　架设网站	
2　图形设计	
现金流出	
1　主机服务	
2　经营费用及房租	
3　薪金	
4　利息	
5　公司所得税	
经营活动产生的现金流量净额	0.00
投资活动产生的现金流量	
现金流入	
1　出售网络域名及模板	
2　出售图形模板	
现金流出	
1　购置计算机	
2　购置娱乐设施	
3　员工培训	
投资活动产生的现金流量净额	0.00
筹资活动产生的现金流量	
现金流入	
1　发生股票	
2　借款	
现金流出	
1　库存股	
2　偿还贷款	
3　发放股利	
筹资活动产生的现金流量净额	0.00

图 7.18

（9）最后创建一个单元格，显示期末现金余额，期末现金余额的计算公式为期初余额+三个活动所产生的净现金流量，如图 7.19 所示。

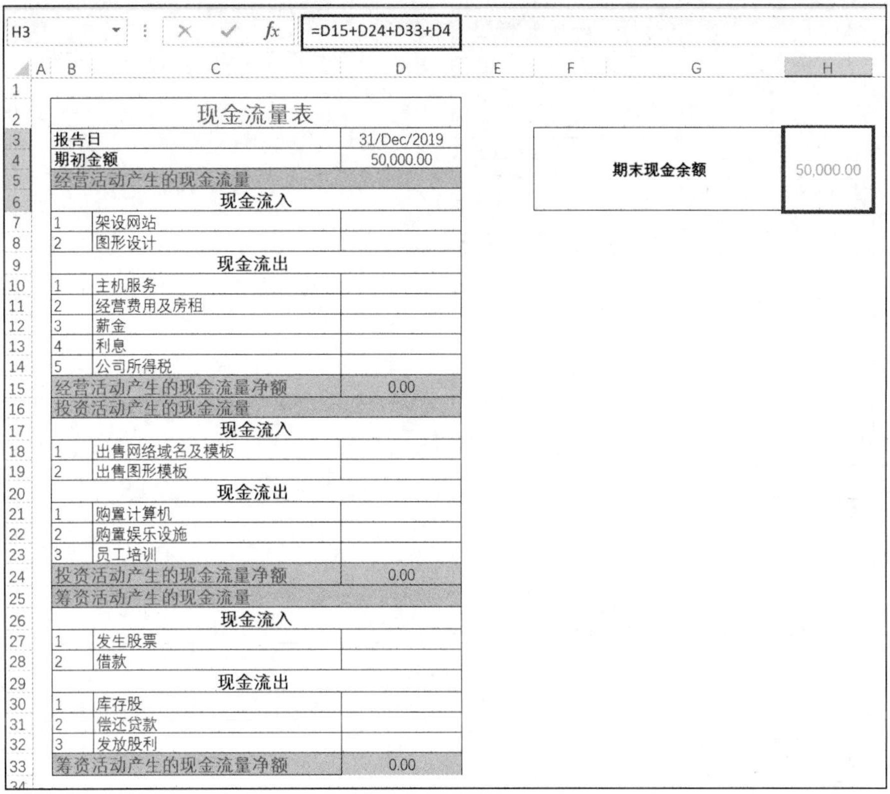

图 7.19

> 当想要求和的数据存放于连续的单元格时，使用 SUM 函数更方便。当想要求和的数据散布在不连续的单元格中时，直接引用单元格更方便。

引用单元格后，生成期末现金余额，如图 7.20 所示。

您已经创建好了一张简单的现金流量表，这张表可以在很多场景下发挥作用。这个已经创建好的模板可以在本书的配套资源中找到，名为"现金流量表（第 7 章）.xls"。

现金流量表	
报告日	31/Dec/2019
期初金额	50,000.00
经营活动产生的现金流量	
现金流入	
1　架设网站	1,500,000.00
2　图形设计	40,000.00
现金流出	
1　主机服务	-200,000.00
2　经营费用及房租	-400,000.00
3　薪金	-300,000.00
4　利息	-20,000.00
5　公司所得税	-40,000.00
经营活动产生的现金流量净额	580,000.00
投资活动产生的现金流量	
现金流入	
1　出售网络域名及模板	200,000.00
2　出售图形模板	30,000.00
现金流出	
1　购置计算机	-420,000.00
2　购置娱乐设施	-20,000.00
3　员工培训	-20,000.00
投资活动产生的现金流量净额	-230,000.00
筹资活动产生的现金流量	
现金流入	
1　发生股票	0.00
2　借款	0.00
现金流出	
1　库存股	0.00
2　偿还贷款	400,000.00
3　发放股利	0.00
筹资活动产生的现金流量净额	400,000.00

期末现金余额	800,000.00

图 7.20

7.6　本章小结

在本章中，我们学习了如何使用 Excel 中的函数来编制现金流量表；如何考虑各种因素，如非涉现科目、投资和融资等各种活动产生的现金流等；如何平衡资产负债表，以及如何排除可能出现的错误。最后，还了解了如何编制一张可在具体场景使用的现金流量表模板。

在第 8 章中，将学习比率分析。

08

第8章

比率分析

大多数人会通过查看历史利润来评估公司。虽然历史利润是应该考虑的指标之一，但仅凭这一个指标就做出决策可能产生错误。正如在第 7 章 "现金流量表" 中所述，利润并不总是等同于现金，如果利润没有现金流的支持，即使利润再高，公司也可能会倒闭。

比率分析考察的是公司的盈利能力、流动性、资产利用效率、负债管理水平和市场价值。每个比率都取自财务报表中的两个重要科目，通过研究科目之间的关系，加深对公司的盈利能力、流动性等的了解。

本章涵盖以下主题：

- 比率分析的意义和好处；

- 比率的种类及其计算公式；

- 解读比率；

- 理解比率分析的局限性；

- 利用比率分析来寻找财务水平稳定的公司。

8.1　比率分析的意义和好处

比率的计算方法是用一个科目的金额除以另一个科目的金额，如"净利润额"除以"销售额"。但是，不能从财务报表中随意挑选科目进行相除，应该选择有意义的科目计算比率，以提供有助于决策的信息。在"净利润"除以"销售额"的例子中，这个比率被称为"净利润率"，反映每一元的销售额能产生多少净利润。

比率通常以百分比表示，也可以"天"或"次"为单位。净利润率为 20% 是指在扣除所有相关的税费后，公司还保留 20% 的销售额作为净利润。换句话说，当期的净利润是销售额的 20%。这些比率有助于引导管理层和部门负责人注意值得关注的领域；值得注意的是，在一段时间内持续计算这些比率具有极大的参考价值。

对于公司的外部利益相关者，如投资者，比率分析尤其重要。管理层拥有第三方无法获得的内部信息，因而可以从当年的比率中提取更多的信息。投资者只能从已公布的财务报表中获取信息。比率的计算需要跨越一定的报表期间，以确保计算结果能真实反映公司的业绩。计算出的比率应该和类似的公司或行业标杆进行比较。这些对比对象的比率还应作为预测的基础。

8.2　比率的种类及其计算公式

为了让工作效率变得更高，比率被划分为五大类——盈利能力、流动性、资产利用效率、负债管理水平和市场价值。

现在您将了解每一类的比率及其应用场景。

8.2.1　盈利能力比率

盈利能力比率是衡量一个公司产生利润能力的指标。公式 8.1 为毛利率计算公式，是用毛利除以销售额而得到的：

$$毛利率 = \frac{毛利}{销售额} \times 100\% \qquad 公式\ 8.1$$

毛利是指销售额减去销售成本的差额。

如果一家公司出现亏损时毛利率为正值，那情况就不算最糟。这意味着直接成本已经被利润弥补，甚至还有多余的利润可以弥补一些间接费用等。毛利率往往比较稳定，上下浮动不会很大。如果一个公司的毛利率非常低，甚至是负值，那就可以断定公司的经营有问题。毛利率对管理层尤为重要，因为这个比率反映公司管理层应对成本变化时的价格政策。

还有其他类型的利润可以用来计算利润率。各类利润率的相关性取决于使用者属于哪类利益相关者。债权人期望公司能如期偿还本金和利息，因此，他们对还未扣除利息的利润额感兴趣，这部分利润被称为息税前利润（EBIT）。息税前利润率的公式为：

$$息税前利润率 = \frac{息税前利润}{销售额} \times 100\%$$

公式 8.2

息税前利润越高，债权人就越有信心，因为这表明公司可以在到期时偿还本金和利息。股东是分配公司利润时最后考虑的对象。股东享有的利润是扣除了折旧、利息和税费之后的利润，这样的利润被称为净利润（PAT），也被称为税后利润。净利率的公式为：

$$净利率 = \frac{净利润}{销售额} \times 100\%$$

公式 8.3

税息折旧及摊销前利润率颇受一些分析师欢迎，因为这个比率可以让用户了解公司在实施资本支出策略之前的业绩。这时的公司业绩表现与资产折旧情况、公司负债结构、利息负担及政府优惠政策无关，税息折旧及摊销前利润率是更为纯粹的业绩指标。

税息折旧及摊销前利润率的公式如下：

$$税息折旧及摊销前利润率 = \frac{税息折旧及摊销前利润}{销售额} \times 100\%$$

公式 8.4

8.2.2 短期偿债能力比率

流动比率是流动资产对流动负债的比率。流动性是衡量一家公司是否能够履行其到期义务的重要指标之一，流动比率通过考虑这家公司资产的流动性来判定其是否能持续经营。如果流动资产不足以覆盖流动负债，那么就需要采取行动防止公司陷入困境。

流动比率公式如下：

$$流动比率 = \frac{流动资产}{流动负债} \times 100\%$$

公式 8.5

没有一个具体的数字可以用来判定流动比率所指代的业绩的好坏。一般认为，这个值应该保持在 1.5～2。如果值远低于 1.5，那表明这个公司很有可能正在为如何偿还债务而挣扎；如果值远高于 2，则表明公司有闲置的流动资产，这些闲置流动资产需要被使用起来以转化成销售额。

速动比率是流动资产减去存货的值对流动负债的比率。流动资产主要由存货、应收账款和现金组成。存货和其他流动资产相比，不容易转化成现金用以偿债，因此不属于速动资产。速动比率公式如下：

$$速动比率 = \frac{流动资产 - 存货}{流动负债} \times 100\% \qquad 公式 8.6$$

现金比率是非常严格的短期偿债指标。它将现金与流动负债进行比较，公式如下：

$$现金比率 = \frac{现金}{流动负债} \times 100\% \qquad 公式 8.7$$

8.2.3 营运能力比率

营运能力比率用于衡量公司如何利用其资产和管理其负债以创造销售额的能力。

- **库存周转天数**：平均库存金额是指期初和期末库存的平均值；商品的日销售成本是用当年商品的总销售成本除以 365 天得到的；两者相除得到的结果以"天数"为单位，表明库存商品在仓库搁置多久才能被卖出。公司应保持足够的库存以及时满足客户的需求；然而，库存太多或持有的库存太久将导致产生额外的成本。管理层应在两者之间找到平衡。库存周转天数的公式如下：

$$库存周转天数 = \frac{平均库存金额}{日销售成本} \qquad 公式 8.8$$

- **应收账款周转天数**：平均应收账款金额是指期初和期末应收账款的平均数；商品的日销售收入是用当年商品的总销售收入除以 365 天得到的；两者相除得到的结果以"天数"为单位，表明在卖出库存商品多久后才能收回账款。通常公司会给予客户一定时间的账期，允许客户一段时间以后再支付购买货物和服务的金额，以鼓励客户继续与公司合作；然而，信贷条件不应过于宽松，因为这可能导致入不敷出。应收账款周转天数的公式如下：

$$应收账款周转天数 = \frac{平均应收账款金额}{日销售收入}$$

公式 8.9

- **应付账款周转天数**：平均应付账款金额是指期初和期末应付账款的平均值；商品的日销售成本是用当年商品的总销售成本除以 365 天得到的；两者相除得到的结果以 "天数" 为单位，表明在购买库存商品多久后才支付货款。公司应在确保不会引起供应商实施惩罚措施的前提下，尽可能多地延缓支付时间。应付账款周转天数的公式如下：

$$应付账款周转天数 = \frac{平均应付账款金额}{日销售成本}$$

公式 8.10

8.2.4　平均资产收益率

平均资产收益率（Return on Average Assets，ROAA）是当年实现的息税前利润对当年平均资产总额的比率，是衡量公司利用其资产创造利润的效率的一个指标。平均资产收益率的公式如下：

$$平均资产收益率 = \frac{息税前利润}{平均资产总额} \times 100\%$$

公式 8.11

> **TIP**　我们常用的是净利润而不是息税前利润。

息税前利润是净利润加上所得税与利息后的值。平均资产总额指期初和期末资产余额的平均值，如图 8.1 所示。平均资产收益率指标非常重要，因为它是某些盈利指标的计算因子。

	A公司	B公司
	元	元
销售额	20,000,000.00	10,000,000.00
息税前利润	2,000,000.00	1,000,000.00
期初资产余额	80,000,000.00	15,000,000.00
期末资产余额	100,000,000.00	30,000,000.00
平均资产总额	90,000,000.00	22,500,000.00
平均资产收益率	2.2%	4.4%

图 8.1

初读数据，A 公司似乎更具吸引力，无论是销售额还是息税前利润都是 B 公司的 2 倍。但仔细观察数据后会发现，A 公司利用 9,000 万元的资产创造了 200 万元的息税前利润，而 B 公司仅以 2,250 万元的资产就创造了 100 万元的息税前利润。换句话说，B 公司在使用其资产方面效率更高。而且，B 公司的平均资产收益率为 4.4%，而 A 公司的平均资产收益率仅为 2.2%。

8.2.5　平均已占用资本回报率

平均已占用资本回报率（Return on Average Capital Employed，ROACE）揭示了公司对其资本的利用效率。公式如下：

$$平均已占用资本回报率 = \frac{息税前利润}{平均已占用资本} \times 100\%$$　　　　　公式 8.12

已占用资本指股东权益加上债务资本，换句话说，已占用资本等于总资产减去流动负债。公式如下：

$$已占用资本 = 总资产 - 流动负债$$　　　　　公式 8.13

平均已占用资本回报率是使用率较高的指标之一，该指标用来比较不同公司利用其资本的能力。平均已占用资本回报率越高，说明已占用的资本利用效率越高。与其他比率一样，基于一系列期间的数据而计算出的 ROACE 更有意义；通常人们会期望平均已占用资本回报率高于资本成本率。

8.2.6　平均权益回报率

平均权益回报率（Return on Average Equity，ROAE）揭示了公司利用股本的效率。公式如下：

$$平均权益回报率 = \frac{净利润}{平均所有者权益} \times 100\%$$　　　　　公式 8.14

净利润是指税后利润。在公式 8.14 中，分子是净利润而不是息税前利润，这是因为分配给股东的利润是扣除利息及所得税的利润。

重新排列会计恒等式"资产=负债+所有者权益"，将得到"所有者权益=资产 - 负债"，由此，得到了所有者权益的值。

8.2.7 长期偿债能力比率

长期偿债能力比率反映了公司的负债管理水平。 以下是一些常见的长期偿债能力比率。

- **产权比率**：反映公司的杠杆水平，用以衡量公司在多大程度上依赖于负债融资而不是股权融资。 该比率越高，说明公司对负债融资的依赖性越大。 一个高杠杆水平的公司应确保满足债权人的期望，以防止他们提前催收债款，否则可能使公司陷入瘫痪。 产权比率的公式如下：

$$产权比率 = \frac{负债}{所有者权益} \times 100\%$$
公式 8.15

- **利息保障倍数**：衡量公司是否产生了足够支付利息的利润。利息保障倍数的公式如下：

$$利息保障倍数 = \frac{息税前利润}{利息}$$
公式 8.16

- **每股收益**：每股收益（EPS）是计算市场价值时被广泛使用的一个因子。每股收益的公式如下：

$$每股收益 = \frac{净利润}{普通股股数}$$
公式 8.17

如果有优先股，需要将优先股股利从净利润中扣除，然后再除以普通股的数量。每股收益也可以归类为盈利能力比率。之所以提到这个指标，是因为它是被广泛运用的一个指标，用来衡量公司每股普通股的利润留存情况。

- **市盈率**：市盈率（P/E）用来衡量投资者愿意为公司的利润或收益支付多少钱。

$$市盈率 = \frac{每股市价}{每股收益} \times 100\%$$

8.3 解读比率

公司的投资者和其他外部利益相关者通常只能通过公司的财务报表来了解公司经营状

况。然而，在评估一家公司时，只依靠财务财务报表信息是不够的。比率分析对于这些利益相关者来说是一个宝贵的工具，使他们有机会通过使用以广泛接受的参数为标准的方式评估公司。

比较不同规模、地理位置和性质的公司通常是一个非常主观的过程。比率分析强调业绩而不是销售额或利润的绝对规模，具有较强的客观性。效率、利用率和流动性或多或少地与所涉及的个别参数的绝对值无关，如销售额、资产规模、利润和负债水平。

比率分析可以对不同的公司进行比较，也可以让分析师为不同的比率设定基准，这样初创公司就可以根据这些基准来评估自己的业绩，找出需要改进的地方，以及做得好的地方。

公司的管理层可以利用比率分析来监测部门主管的业绩，以及设定奖励或奖金的目标和门槛。通过对几个时期的比率进行计算会显示出一种趋势，这有助于预见即将出现的困难，然后在困难出现之前加以解决。

现在来看一些不同类型的趋势分析例子。

毛利率的提高不一定是好事。毛利率提高时，要考虑以下几点。

- 确保毛利率的提高不是某些错误造成的，如多报销售额或少报销售成本。
- 找出毛利率的提高是否是公司政策变化的结果。
- 观察毛利率的提高对销售量的影响——毛利率的提高可能导致市场份额的损失。

如果这种市场份额的损失继续得不到控制，就会影响公司持续经营的能力。管理层可以降低产品的价格以吸引顾客重新购买产品，最终恢复市场份额。

毛利率的降低不一定是坏事。毛利率降低时，要考虑以下几点。

- 确保毛利率的降低不是由于某些错误造成的，如少报销售额或多报销售成本。
- 找出毛利率的降低是否是公司政策变化的结果。
- 观察毛利率的降低对销售量的影响。毛利率的降低可能导致市场份额的增加，从而转化为利润的增加。

另一个常见的分析例子是流动比率。较高的流动比率表明公司的流动性是健康的，速动比率会反映流动性对库存的依赖程度。如果速动比率和流动比率相比，数值急剧减少，那么管理层就需要考虑如何减少对存货的依赖，以反映流动性。

一个解决方法是减少库存中的现金占用量。只要不影响满足客户需求的能力，管理层可以考虑减少库存。另一个提高流动性的方法是努力提高销售额，这将通过应收账款和/或现金来实现。即使应付账款也相应地增加了，但公司的流动性还是有所改善。

将现金与流动负债进行比较的酸性测试是最坏的情况。只有当大债权人突然强制要求公司偿还借款时，它才会需要被重视。

以下是一些防范方法。

- 避免过分依赖一个供应商。在可能的情况下，将风险分散在多个供应商身上，这样，如果一个供应商开始施加压力，要求快速结清未付余额，公司可以迅速将重点转移到其他供应商身上。

- 在选择供应商时要慎重。应避免选择有突然索要应付账款历史的供应商。

- 管理层应采取"了解供应商"的政策。公司应监控所有供应商的财务健康状况，一旦发现某个供应商出现问题，在其要求公司迅速结清余额前，公司就可以采取适当的行动，减少对该供应商的依赖。

- 管理层应确保将库存和应收账款有效地转化为现金。

8.4　理解比率分析的局限性

需要认识到的很重要的一点是，比率分析实际上并不能解决问题，它只是突出了趋势和例外情况，然后指导人们采取行动。不同的分析师对比率的定义往往不同，如速动比率和酸性测试比率。有些分析师将流动资产减去存货除以流动负债的比率称为速动比率，而另一些分析师则将同一比率称为酸性测试比率。这些方法上的差异可能导致截然不同的结果。

有一种观点认为，资产回报率可以采用期末数作为计算因子。而另一种观点认为，采用期末数可能使得公司管理层通过在年终进行重大交易来对比率进行操纵，为了避免这种操纵，应该将期末数改为平均数。这些观点的不同会导致截然不同的结果。

对比率分析的另一个局限性是：它使用的是历史价值，没有考虑到市场价值的变化。

最后，比率分析就其性质而言，只关注定量结果、市场流通性和趋势。如果不考虑定性因素，如社会责任、商业模式、市场份额、管理质量和业务对环境的影响，那么对公司的评估就不完整。

了解了各种比率后，接着请试着将它们应用到现实生活中。

8.5 利用比率分析来寻找财务水平稳定的公司

假设您想投资一家财务水平稳定、市场价值高的公司，可以通过分析以下比率找出最佳投资公司。

每股收益是寻找最佳投资公司时非常有用的指标，它反映了公司发行的每股股票中包含了多少利润。

市盈率反映了公司的市值未来能否有更多的增长，也有人借此评估投资者愿意为一只股票支付多少钱。

按照以下步骤进行比率分析。

（1）打开文件“比率分析（第 8 章）”，该文件有一些公司的详细信息，如净利润、股数和市价，如图 8.2 所示。

股价（2019）					
	净利润	股数	市价	每股收益	市盈率
公司1	202,350.64	500,000	¥ 50.00		
公司2	284,000.54	300,000	¥ 28.00		
公司3	369,540.67	450,000	¥ 11.00		
公司4	137,870.00	100,000	¥ 90.00		
公司5	185,350.00	125,000	¥ 18.00		

图 8.2

（2）计算公司 1 的每股收益，用单元格引用的方式将净利润与股数相除，如图 8.3 所示。

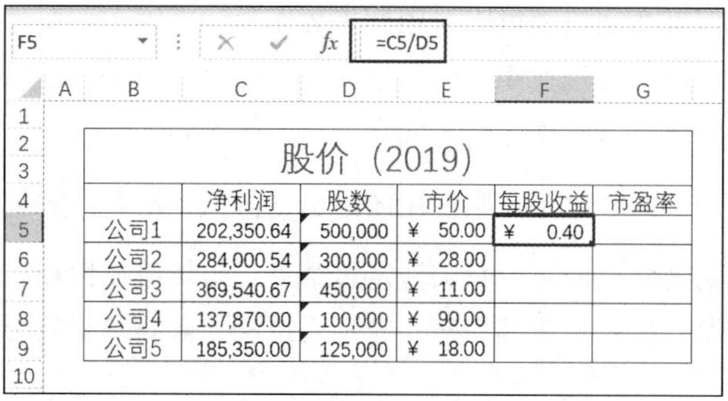

股价（2019）					
	净利润	股数	市价	每股收益	市盈率
公司1	202,350.64	500,000	¥ 50.00	¥ 0.40	
公司2	284,000.54	300,000	¥ 28.00		
公司3	369,540.67	450,000	¥ 11.00		
公司4	137,870.00	100,000	¥ 90.00		
公司5	185,350.00	125,000	¥ 18.00		

图 8.3

公司 1 的每股收益为 0.4 元。

（3）通过双击填充柄来计算其他公司的每股收益，如图 8.4 所示。

股价（2019）					
	净利润	股数	市价	每股收益	市盈率
公司1	202,350.64	500,000	¥ 50.00	¥ 0.40	
公司2	284,000.54	300,000	¥ 28.00	¥ 0.95	
公司3	369,540.67	450,000	¥ 11.00	¥ 0.82	
公司4	137,870.00	100,000	¥ 90.00	¥ 1.38	
公司5	185,350.00	125,000	¥ 18.00	¥ 1.48	

图 8.4

公司 5 的每股收益最高，从长远来看，公司 5 将为投资者带来更大的收益。

（4）接着计算公司 1 的市盈率。将公司 1 股票的市价除以该公司的每股收益，结果如图 8.5 所示。

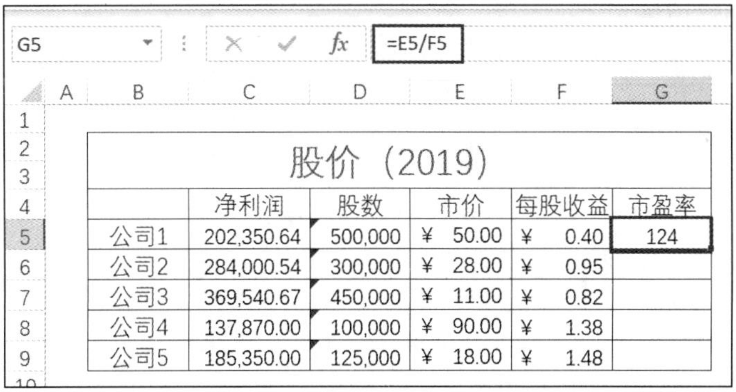

股价（2019）					
	净利润	股数	市价	每股收益	市盈率
公司1	202,350.64	500,000	¥ 50.00	¥ 0.40	124
公司2	284,000.54	300,000	¥ 28.00	¥ 0.95	
公司3	369,540.67	450,000	¥ 11.00	¥ 0.82	
公司4	137,870.00	100,000	¥ 90.00	¥ 1.38	
公司5	185,350.00	125,000	¥ 18.00	¥ 1.48	

图 8.5

可以看到，公司 1 的市盈率非常高，约为 124。在数据无误的情况下，这意味着公司在未来几年内有很大的机会获得更大的发展。

（5）最后，计算出所有公司的市盈率。计算结果如图 8.6 所示。

股价（2019）					
	净利润	股数	市价	每股收益	市盈率
公司1	202,350.64	500,000	¥ 50.00	¥ 0.40	124
公司2	284,000.54	300,000	¥ 28.00	¥ 0.95	30
公司3	369,540.67	450,000	¥ 11.00	¥ 0.82	13
公司4	137,870.00	100,000	¥ 90.00	¥ 1.38	65
公司5	185,350.00	125,000	¥ 18.00	¥ 1.48	12

图 8.6

就投资回报而言，投资公司 1 有很大的风险，投资公司 4 比较稳妥。

8.6 本章小结

在这一章中，我们了解了比率分析的重要性，也了解了数种比率，知道了并非所有比率都与某种特定业务情况相关。 此外，还学习了如何计算五组主要比率，并进行了实例操作。

在第 9 章中，将学习绝对（通过贴现现金流）和相对（通过比较测量）的估值方法；了解货币时间价值的概念，并在计算中广泛使用它；学习估值的概念，包括自由现金流量、加权平均资本成本和终值等。

09

第9章

估值

无论是出于什么原因建立和经营一家公司,都会想知道公司在某个阶段的价值,这样就需要:

- 查明公司在当前阶段的不足;

- 判断公司现阶段处于增长、停滞还是恶化;

- 申请贷款;

- 吸引投资者;

- 建立一个参考点,作为推动未来发展的目标;

- 剥离现有业务。

估值有很多种方法,本章只讨论其中两种主要方法。

本章涵盖以下主题:

- 绝对估值法;

- 相对估值法。

9.1 绝对估值法

人们普遍认为,对公司进行估值的准确方法是采用现金流量折现法进行绝对估值。现金流量折现法不仅考虑到了货币的时间价值,还考虑了公司整个预计寿命期间的现金流。这与公司价值的定义紧密相连,即考虑公司能够产生的现金流总量。

现金流量折现法的内容包括概念和计算。尽管本书已经尽可能地简化了这些概念,但还是需经过一系列的复杂计算才能得出估值所需的一些参数。另外,本书提供配套的资源文件供您作为建模的参考。

9.1.1 实体自由现金流量

现金流量折现法始于三大报表,基于自由现金流量(Free Cash Flow,FCF)的概念,目标是确定公司所能产生的现金流量。然而,公司所产生现金中有部分现金应用于满足债权人和资本支出计划。扣除这部分需求的现金所剩余的现金才是公司可以自由使用的现金,即实体自由现金流量(Free Cash Flow for the Firm,FCFF)。在模型中,需要将净利润通过一系列的计算调整为实体自由现金流量,再通过一系列的计算将实体自由现金流量调整为股东自由现金流量。

实体自由现金流量将引导出实体价值(Enterprise Value,EV),股东自由现金流量(Free Cash Flow to Equity,FCFE)将引导出公司普通股的股价。就像现金流量表一样,将从经营活动中的息税前利润开始用间接法编制现金流量表,因为税率是法定的,按国家的规定纳税是法定义务。

然后,需要加回没有涉及现金活动的科目金额,如折旧等。营运资金的增加意味着现金的净流出,应将其扣除。如果显示营运资金减少,则意味着现金净流入,应将其添加。最后,扣除所有计划的资本支出和在建工程的增加额,得到实体自由现金流量的值。

当公司进行建造或翻新固定资产的项目时,有时候不能在一年内完成这个项目。由于项目尚未完成,因此将迄今发生的费用分配到资产科目中会产生错误。通常的做法是设立一个在建工程科目,并将未完成项目的所有支出记入该科目。一旦项目结束,该科目的余额就转入对应的固定资产科目中,如不动产、厂房和设备科目。

图 9.1 为未来五年实体自由现金流量预测情况。

(显示单位: 千元; 特殊情况另外注明)	Y06F	Y07F	Y08F	Y08F	Y10F
自由现金流量（FCFF）					
税前利润	55,658	66,822	78,542	90,844	103,754
所得税税率					
净利润	38,961	46,776	54,980	63,591	72,628
增加：折旧	30,000	30,000	30,000	30,000	30,000
营运资本	(15,107)	12,028	(15,245)	11,883	(15,396)
减：资本性支出	-	-	-	-	-
自由现金流量（FCFF）	53,854	88,803	69,735	105,474	87,232

图 9.1

9.1.2　货币的时间价值

在第 1 章中，已经了解了货币的时间价值。同等金额的资金，现在的价值比一年后的价值更高，因为可以将这些资金进行投资，获得利息。利率为 10%，本金为 1,000 元，一年后就可以收回 1,100 元，如图 9.2 所示。

$$1,000 \; + \; 1,000 \times 10\% \; = 1,100$$
$$第1年资金+ \; 第1年利息 \; = 第2年资金$$

图 9.2

如果，设 M_1 为第 1 年资金，M_2 为第 2 年资金，r 为利率，则公式如图 9.3 所示。

$$M_2 = M_1 + (M_1 \times r)$$
$$M_2 = M_1 \times (1 + r)$$

图 9.3

如果已知第 2 年的资金量，需要倒推求得第 1 年的资金量，那公式就需调整为如图 9.4 所示。

$$M_1 = M_2 \times \frac{1}{(1+r)}$$

图 9.4

这个公式表明，第 1 年的资金由第 2 年的资金乘以折现系数而得到。折现系数的计算公式如图 9.5 所示。

$$\boxed{\frac{1}{1+r}}$$

图 9.5

第 2 年以后，折现系数的计算公式如图 9.6 所示。

$$\boxed{\frac{1}{1+r} \times \frac{1}{1+r} = \left(\frac{1}{1+r}\right)^2}$$

图 9.6

第 3 年以后，公式又发生了变化，如图 9.7 所示。

$$\boxed{\frac{1}{1+r} \times \frac{1}{1+r} \times \frac{1}{1+r} = \left(\frac{1}{1+r}\right)^3}$$

图 9.7

最后，总结公式，如图 9.8 所示。

$$\boxed{\left(\frac{1}{1+r}\right)^n}$$

图 9.8

预测了未来五年的自由现金流量后，知道了这五年现金流的货币价值，然后将这些现金流折算为现在的现金流量，再获得折现现金流的总和，以获得预测期实体现金流量现值。

> 请注意，今天是指 Y06 财年的第 1 天，即预测年份的第 1 年。

9.1.3　加权平均资本成本

对于现金流量折现模型，折现系数公式中的 r 是指加权平均资本成本（Weighted Average Cost of Capital，WACC）。一个公司通常有不同的资本来源——负债和股权，这些资本的成本代表了投资者对公司的期望。负债资本的成本是利息费用。利息费用和其他被允许在税前扣除的费用一起，在税前列支，从而使应纳税所得额减少。

虽然利息费用是需要在现金流计算中调整的负债资本成本，但由于利息费用可以税前列支，从而起到节税的作用。因此，计算负债资本成本时，应去掉利息费用所对应的所得税额部分，只考虑税后利息费用。税后负债资本成本的计算公式如图 9.9 所示。

税后负债资本成本=负债资本成本 × （1-所得税税率）

图 9.9

加权平均资本成本是公司拥有的不同类型资本的平均成本。每种资本对加权平均资本成本的贡献，按其在总资本中的比例加权计算。

假设产权比率为 2:1，那么负债资本成本对整体资本成本的影响将是股权资本成本的两倍，负债资本成本在加权平均资本成本中的权重将反映这一点。加权平均资本成本的计算公式如图 9.10 所示。

加权平均资本成本=（负债资本成本 × 负债占比）+ （股权资本成本 × 股本占比）

图 9.10

这个等式被广泛称为资本资产定价模型（Capital Asset Pricing Model，CAPM）。负债成本是指债权人应得的利息。计算股权资本成本是一项更为复杂的工作。股权比负债承担更多的风险，因此股东对回报的期望值更高。只要公司可以持续经营，债权人的利息就有保障，而股东的回报就是普通股股息。公司可以宣布发放股息也可以不发放股息。股权资本成本率的计算公式如图 9.11 所示。

股权资本成本率=无风险利率+市场风险溢价率

图 9.11

无风险利率是指政府发行的债券的利率。市场风险溢价是指整个股票市场的溢价。市场风险溢价率的计算公式如图 9.12 所示。

市场风险溢价率=β × （市场利率-无风险利率）

图 9.12

在上述公式中，市场利率为整个股票市场的回报率，β 为公司股票与市场相比的波动率或风险。所以，市场风险溢价率可以说是根据公司股票与市场波动率调整过的股票市场回报率与无风险利率的差额。

β 值为 1.0 时，表示公司股票的波动趋势完全符合市场波动趋势，即股票市场上每发生

1%的波动，公司股票也将在同一方向上移动 1%。β 值越高，表示公司股票的波动性越大，由此产生更高的风险以及更大的回报。较低的 β 值表示公司股票的波动性低于市场；而负的 β 值表示公司股票波动与市场波动负相关，换句话说，当市场价格上涨时，公司股价会下降。

图 9.13 列示了加权平均资本成本的计算过程。

无风险利率	8.0%
Beta系数	0.70
市场利率	15.0%
股本资本成本率	12.9% ← 无风险利率 + BETA * (市场利率－无风险利率)
负债资本成本率	10.0%
税后负债资本成本率	7.0%
产权比例	40.0%
加权平均资本成本	10.5% ← 股本成本 * 股本占比 + 负债成本 * 负债占比

图 9.13

9.1.4 后续期实体价值

在模型中，已经预测了未来五年的经营结果。然而公司并没有在五年后停止经营，而是在可预见的未来继续产生销售额。现金流量折现法将基于终值的概念来量化所有未来产生的现金流量。

在五年预测期结束时，假设公司的经营状况已经达到了稳定的状态，并将在剩余的时间里继续保持稳定的增长。这种稳定增长的速度称为永续增长率。基于这个持续经营的假设，就可以拟定公式来模拟永续增长，然后通过数学上的重新排列，得出一个终值。这个终值代表所有未来现金流的总和，从预测期结束的第 5 年年末开始，一直延续下去。后续期实体价值的计算公式如图 9.14 所示。

$$后续期实体价值= \frac{1 + 永续增长率}{加权平均资本成本－永续增长率}$$

图 9.14

后续期实体价值往往是现金流量折现模型所得出的估值中占比最大的一部分。并且，这种方法得出的估值往往高于其他估值方法的结果。

图 9.15 展示了后续期实体价值的计算方式。

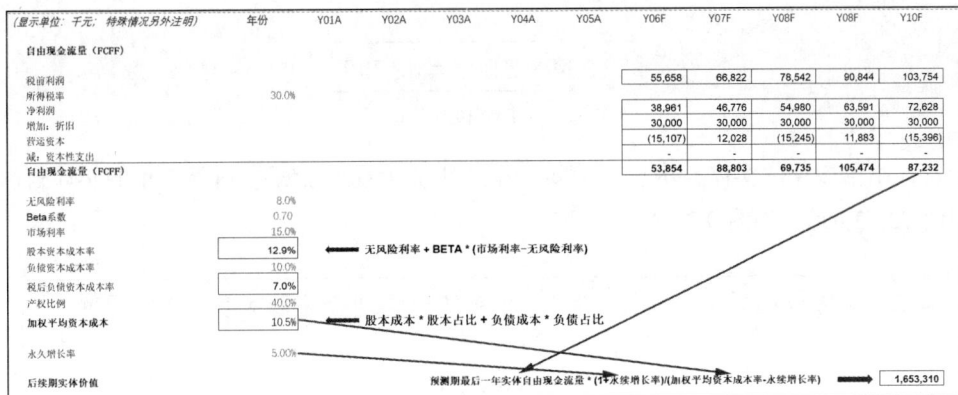

[显示单位：千元；特殊情况另外注明]	年份	Y01A	Y02A	Y03A	Y04A	Y05A	Y06F	Y07F	Y08F	Y08F	Y10F
自由现金流量（FCFF）											
税前利润							55,658	66,822	78,542	90,844	103,754
所得税率	30.0%										
净利润							38,961	46,776	54,980	63,591	72,828
增加：折旧							30,000	30,000	30,000	30,000	30,000
营运资本							(15,107)	12,028	(15,245)	11,883	(15,396)
减：资本性支出							-	-	-	-	-
自由现金流量（FCFF）							53,854	88,803	69,735	105,474	87,232
无风险利率	8.0%										
Beta系数	0.70										
市场利率	15.0%										
股本资本成本率	12.9%	← 无风险利率 + BETA *（市场利率-无风险利率）									
负债资本成本率	10.0%										
税后负债资本成本率	7.0%										
产权比例	40.0%										
加权平均资本成本	10.5%	← 股本成本 * 股本占比 + 负债成本 * 负债占比									
永久增长率	5.00%										
后续期实体价值		预测期最后一年实体自由现金流量 *（1+永续增长率)/(加权平均资本成本率-永续增长率）								→	1,653,310

图 9.15

9.1.5　计算现值

将加权平均资本成本作为折现率（r），对预测期和后续期的实体自由现金流量进行贴现，以得出实体自由现金流量的现值。

第 1 年的折现率计算如图 9.16 所示。

$$\frac{1}{1+r} = \frac{1}{1+WACC}$$

图 9.16

图 9.15 的示例中，$WACC$ 是 10.5%。因此，将 10.5%代入公式中，结果如图 9.17 所示。

$$第1年折现率 = \frac{1}{(1+10.5\%)} = 0.905$$

图 9.17

第 1 年实体自由现金流量的现值计算公式如图 9.18 所示。

第1年实体自由现金流量现值＝第1年实体自由现金流量 × 第1年折现率

图 9.18

图 9.15 的示例中，Y06F 是预测期的第 1 年，自由现金流量的值为 53,854 元。用第 1 年的折现系数 0.9 进行折现，得到现值 48,738 元，如图 9.19 所示。

$$53,854 \times 0.905 = 48,738$$

图 9.19

接着，用第 2 年的实体自由现金流量和第 2 年的折现率计算得到第 2 年的实体自由现金流量现值 72,730 元，如图 9.20 所示。

第2年实体自由现金流量现值=第2年实体自由现金流量 × 第2年折现率

$$=88,803 \times \left(\frac{1}{1+10.5\%}\right)^2$$

$$=88,803 \times 0.82$$

$$=72,730$$

图 9.20

以此类推，可以求得预测期每一年的实体自由现金流量现值以及后续期的实体自由现金流量现值，如图 9.21 所示。计算后续期实体自由现金流量现值所采用的折现率与预测期最后一年的折现率相同。

年数	1	2	3	4	5
折现率	0.90	0.82	0.74	0.67	0.61
	折现率 = 1/(1+加权平均资本成本)^年数				
预测期实体自由现金流量现值	48,719	72,676	51,629	70,643	52,854
后续期实体自由现金流量现值					1,001,744

图 9.21

实体自由现金流量现值是所有未来现金流量的现值之和，如图 9.22 所示。

年数		1	2	3	4	5
折现率		0.90	0.82	0.74	0.67	0.61
		折现率 = 1/(1+加权平均资本成本)^年数				
预测期实体自由现金流量现值		48,719	72,676	51,629	70,643	52,854
后续期实体自由现金流量现值						1,001,744
实体自由现金流量现值	1,298,264					

图 9.22

为了获得实体价值，还需要考虑债权人的债权部分。从实体自由现金流量现值中扣除掉净负债（负债－现金）和或有负债以得到实体价值，如图 9.23 所示。

实体自由现金流量现值	1,298,264	
减：负债	(275,000)	
加：现金	148,306	
减：或有负债	-	
股权价值	1,171,571	
在外流通普通股股数		10,000,000
股价 (NAIRA)	117.16	← 实体价值/在外流通普通股股数

图 9.23

将实体价值除以在外流通普通股股数，得到每股股票的估值，即每股 117.16 元。

9.2 相对估值法

相对估值法的理论依据为：通常类似的公司有类似的指标。这个理论依据听上去可能有点简单，但在一个涉及大量假设和估计的学科中，相对估值法很受分析师欢迎，因为它提供了一种合理、快速和简单的公司价值计算方法。相对估值法的实际计算简单明了，困难的是确定可比公司。

用于确定可比公司的标准如下：

- 行业；

- 规模；

- 资本结构；

- 地理位置；

- 增长速度。

行业：根据公司的主营业务确定公司所属的行业，并在该行业类别中寻找可比公司。

规模：规模与利润之间的关系并不完全是线性相关的。A 公司的资产基础是 B 公司的 2 倍，但 A 公司利润并不一定是 B 公司的 2 倍，因为 A 公司可能因为规模经济，获得 B 公司无法获得的批量折扣或其他有利的商业条款，使得最终利润远不止 B 公司利润的 2 倍。因此规模相近的公司才是合适的可比公司。

资本结构：一个严重依赖外债的公司会让股东面临更大的风险。这是因为持有负债的债权人和持有股权的股东比有清算优先权。在破产的情况下，公司的清算资产先支付给债权人后支付给股东。此外，重度负债的公司将不得不保持合理的利息保障倍数以维持其信用额度。

因此资本结构相近的公司才是合适的可比公司。

地理位置：地理位置非常重要，因为地理位置会对公司的经营产生重大影响。地理位置不同，经济环境、税收、关税和其他相关法律都可能会有所不同，这可能会对生产经营情况产生重大影响。因此应在同一地理位置内寻找可比公司。

增长速度：增长快的公司比增长慢的公司对潜在投资者更有吸引力。因此，应该寻找具有类似增长率的公司作为可比公司。

要找到符合所有标准的公司是不可能的，因此应当自己通过判断来选择与正在建模的公司相似的公司。一旦确定了 4～5 家可比公司，就可以计算一些倍数以对目标公司进行估值。

用于估值的常见的倍数如下：

- 销售额倍数 = 实体价值/销售额；
- 利润倍数 = 实体价值/税息折旧及摊销前利润；
- 市盈率 = 每股市价/每股收益。

由于类似的公司会有相似的指标因此，如果 A 公司实体价值与销售额的比是 K，那么 B 公司作为 A 公司的被比较对象，实体价值与销售额的比也应该是 K。

将 A 公司的实体价值与销售额代入公式，得到销售额倍数 K：

$$实体价值_A/销售额_A=K$$

转换公式，将销售额移至等号右边，等号的左边单独列示实体价值，得到

$$实体价值_A=K \times 销售额_A$$

将销售额倍数 K 与 B 公司的销售额代入公式，得到 B 公司实体价值的估值。

$$实体价值_B=K \times 销售额_B$$

由此可见，一旦有了 B 公司的销售额，以及来自 A 公司的销售额倍数 K，就可以通过采用相同的销售额倍数来计算 B 公司的实体价值。

在实务中，所确定的 4～5 家可比公司的倍数不会完全相同，因此需要求得平均值或中位数作为公共倍数 K。

9.2.1 可比公司法

图 9.24 列示了五家可比公司的数据。

公司名称	实体价值	股东权益	销售额倍数 FY06F	利润倍数 FY06F	市盈率 FY06F
公司A	2,141.0	2,670.3	2.4倍	9.1倍	18.2倍
公司B	1,321.0	3,385.8	2.3倍	10.3倍	22.1倍
公司C	1,456.0	3,623.4	3.1倍	11.3倍	23.7倍
公司D	1,289.0	3,866.4	1.9倍	10.1倍	21.4倍
公司E	987.0	2,970.0	2.2倍	9.3倍	15.1倍
平均值			2.4倍	10.0倍	20.1倍
中值			2.3倍	10.1倍	21.4倍

图 9.24

股东权益是指公司的市值，是公司普通股的股价乘以股数的总价值。通常取五个公司各自倍数的平均值或中值作为评估目标公司实体价值的倍数。使用中值是为了消除异常值的影响。假设有一组数字，分别为 3、5、4、3 和 22，那么平均值为 7，中值为 4。

显然，22 和整个数组中的其他数相比，差异很大，是个异常值，使得平均数 7 与数组中其他数字的相关性被削弱。而中值 4 代表数组中最中间的值，消除了异常值的影响，更能代表整个数组的特性。

图 9.25 列示了如何采用中值作为倍数来计算目标公司股价。

公司名称	实体价值	股东权益	销售额倍数 FY06F	利润倍数 FY06F	市盈率 FY06F
公司A	2,141.0	2,670.3	2.4倍	9.1倍	18.2倍
公司B	1,321.0	3,385.8	2.3倍	10.3倍	22.1倍
公司C	1,456.0	3,623.4	3.1倍	11.3倍	23.7倍
公司D	1,289.0	3,866.4	1.9倍	10.1倍	21.4倍
公司E	987.0	2,970.0	2.2倍	9.3倍	15.1倍
平均值			2.4倍	10.0倍	20.1倍
中值			2.3倍	10.1倍	21.4倍

	倍数	销售额	实体价值	负债	股东权益	股价
FY06F 销售额倍数	2.3倍 (中值)	325,582	748,838	126,694	622,144	62.2

	倍数	税息折旧及摊销前利润	实体价值	负债	股东权益	股价
FY06F 利润倍数	10.1倍 (中值)	58,908	594,971	126,694	468,278	46.8

	倍数	净利润	股东权益	股价
FY06F 市盈率	21.4倍	20,236	433,043	43.3

图 9.25

对于销售额倍数，公式如图 9.26 所示。

$$\because \frac{\text{实体价值}}{\text{销售额}} = \text{销售额倍数}$$

$$\therefore \text{实体价值} = \text{销售额} \times \text{销售额倍数}$$

图 9.26

销售额倍数的中值为 2.3 倍，预测的销售额为 32.558,2 亿元，因此按销售额倍数预测得出的实体价值为 74.883,9 亿元。

$$\begin{aligned}\text{实体价值} &= 325{,}582 \times 2.3 \\ &= 748{,}839\text{（万元）}\end{aligned} \quad \text{公式 9.1}$$

而计算股东权益则需要扣除 12.669,4 亿元的净负债。

$$\begin{aligned}\text{股东权益} &= 748{,}839 - 126{,}694 \\ &= 622{,}145\text{（万元）}\end{aligned} \quad \text{公式 9.2}$$

股数为 1 亿股，因此每股股价为 62.2 元。

$$\begin{aligned}\text{每股股价} &= 622{,}145/10{,}000 \\ &= 62.2\text{（元）}\end{aligned} \quad \text{公式 9.3}$$

由于目标公司的税息折旧及摊销前利润为 5.890,8 亿元，结合利润倍数，计算得出实体价值为 59.497,1 亿元。

$$\begin{aligned}\text{实体价值} &= 58{,}908 \times 10.1 \\ &= 594{,}971\text{（万元）}\end{aligned} \quad \text{公式 9.4}$$

扣除 12.669,4 亿元的净负债，得到股东权益 46.827,7 亿元，如图 9.27 所示。

$$\begin{aligned}\text{股东权益} &= 594{,}971 - 126{,}694 \\ &= 468{,}277\text{(万元)}\end{aligned}$$

图 9.27

除以股数，得到股价 46.8 元，如图 9.28 所示。

$$\begin{aligned}\text{每股股价} &= 468{,}277/10{,}000 \\ &= 46.8\text{(元)}\end{aligned}$$

图 9.28

以同样的方式，使用市盈率倍数法，得到 43.3 元的股价，如图 9.25 所示。

9.2.2 先例交易法

先例交易法将近期进行过类似交易的同类公司作为比较对象，并对股票的转手价格进行假设。

图 9.29 显示了先例交易的情况及其倍数。

交易类型	交易年份	销售额倍数	利润倍数	市盈率	持股比例
并购	FY03	2.7倍	11.7倍	23.0倍	100.0%
并购	FY03	1.5倍	7.2倍	13.3倍	60.0%
投资	FY03	3.0倍	10.0倍	17.5倍	22.0%
投资	FY02	1.8倍	5.9倍	11.7倍	10.0%
投资	FY01	2.8倍	12.2倍	19.5倍	35.0%
平均值		2.4倍	9.4倍	17.0倍	
中值		2.7倍	10.0倍	17.5倍	

图 9.29

股价计算如图 9.30 所示。

交易类型	交易年份	销售额倍数	利润倍数	市盈率倍数	持股比例
并购	FY03	2.7倍	11.7倍	23.0倍	100.0%
并购	FY03	1.5倍	7.2倍	13.3倍	60.0%
投资	FY03	3.0倍	10.0倍	17.5倍	22.0%
投资	FY02	1.8倍	5.9倍	11.7倍	10.0%
投资	FY01	2.8倍	12.2倍	19.5倍	35.0%
平均值		2.4倍	9.4倍	17.0倍	
中值		2.7倍	10.0倍	17.5倍	

	(中值)				
	倍数	Sales	EV	Net Debt	Mkt Cap	Share Price
FY06F 销售额倍数	2.7倍	325,582	879,071	126,694	752,377	75.2

	(中值)				
	倍数	EBITDA	EV	Net Debt	Mkt Cap	Share Price
FY06F 利润倍数	10.0倍	58,908	589,081	126,694	462,387	46.2

	(中值)			
	倍数	PAT	Mkt Cap	Share Price
FY06F 市盈率	17.5倍	20,236	354,124	35.4

图 9.30

根据销售额倍数得出股价为 75.2 元。

根据利润倍数得出股价为 46.2 元。

根据市盈率倍数得出股价为 35.4 元。

至此，已得到 3 种估值方法下的股票估值，如图 9.31 所示。

结果汇总

估值方法	最低值（元）	最高值（元）
现金流量折现法	117.2	117.2
可比公司法	43.3	62.2
先例交易法	35.4	75.2

图 9.31

可以用"足球场图"表示这些结果。"足球场图"来自不同的值分散在表格中不同的位置，就像不同的足球运动员分布在足球场上不同的地方一样。

绘制"足球场图"，首先需要构建一个安排图表数据的表格，表格中列示每种估值方法及其倍数所对应的股价最低值、最高值，以及最低值和最高值之间的差额。图 9.32 为图表数据的截图。

估值方法	销售额倍数	利润倍数	市盈率	现金流量折现法
现金流量折现法				117.2
可比公司法	62.2	46.8	43.3	
先例交易法	75.2	46.2	35.4	

估值方法	最低值（元）	最高值（元）	差额（元）
现金流量折现法	117.2	117.2	0
销售额倍数	62.2	75.2	13
利润倍数	46.2	46.8	0.6
市盈率	35.4	43.3	7.9

图 9.32

图表数据的构造步骤如下。

（1）使用 MIN 和 MAX 函数提取销售额倍数、利润倍数及市盈率方法下的最低和最高股价。

（2）单击"插入"选项卡，在"图表"选项组中，单击"插入柱形图或条形图"，选择"堆积条形图"，如图 9.33 所示。

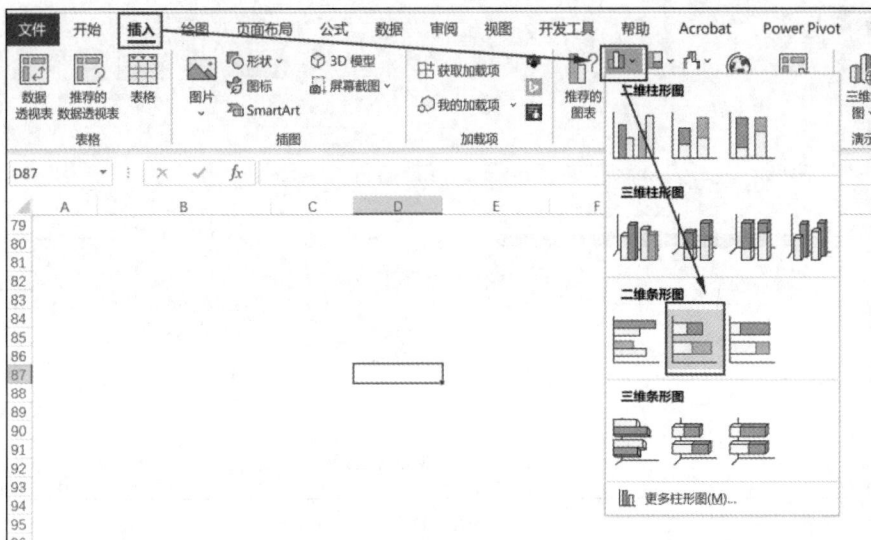

图 9.33

（3）将空白图移动到表格下方，如图 9.34 所示。

估值方法	最低值（元）	最高值（元）	差额（元）
现金流量折现法	117.2	117.2	0
销售额倍数	62.2	75.2	13
利润倍数	46.2	46.8	0.6
市盈率	35.4	43.3	7.9

图 9.34

（4）单击"图表设计"选项卡，单击"选择数据"，如图 9.35 所示。

（5）在"选择数据源"对话框中添加数据系列。表格中有三个数据序列，"最低值""最高值"和"差额"，但现在只需使用"最低值"和"差额"两个数据系列。单击"添加"后，将单元格区域 C71:C74 添加到"系列值"；单元格 C70 添加到"系列名称"，如图 9.36 所示。

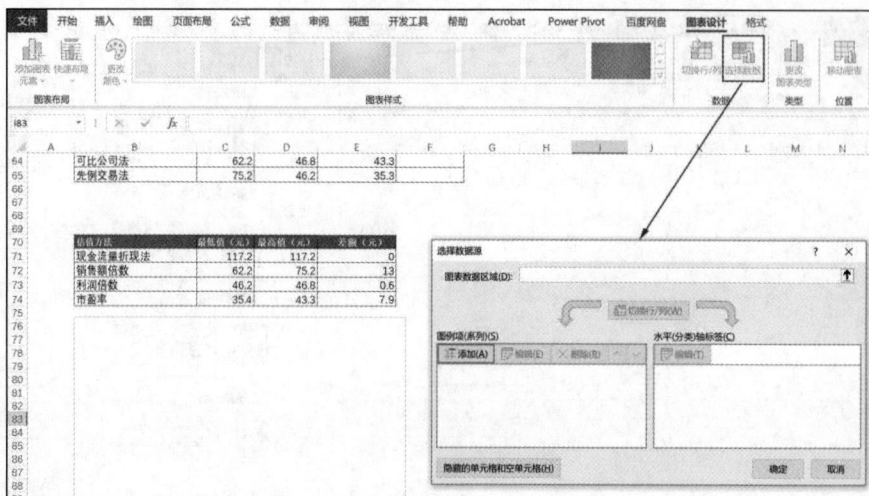

图 9.35

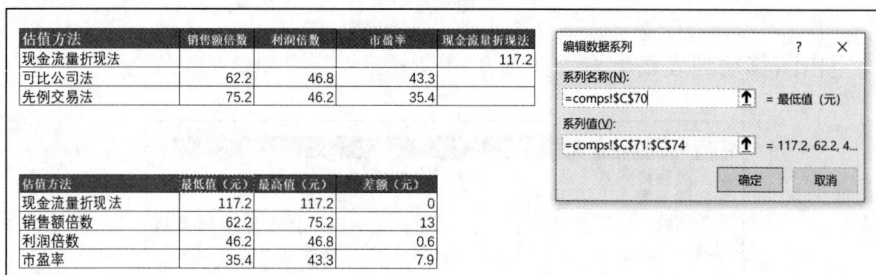

图 9.36

（6）重复上一步骤，将"差额"添加"系列值"，得到如图 9.37 所示的堆积条形图。

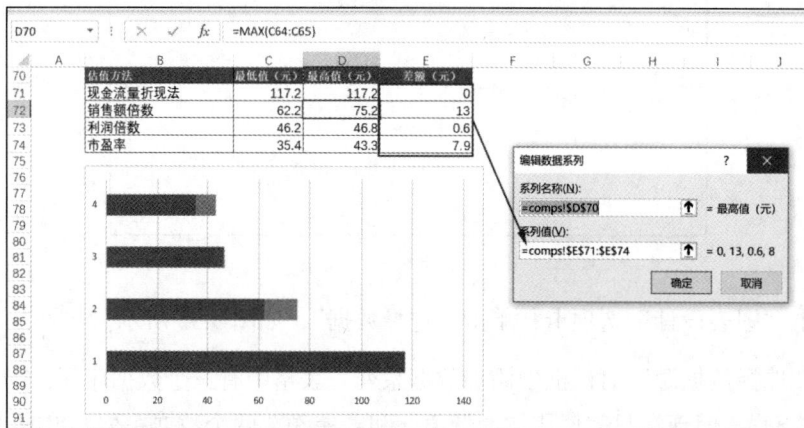

图 9.37

（7）右击"最低值"数据系列，打开"设置数据系列格式"对话框。在"填充与线条"下选中"无填充"，如图 9.38 所示。

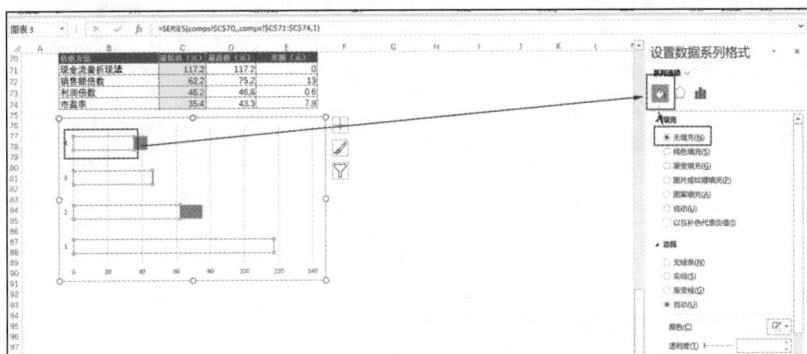

图 9.38

（8）右击"最低值"数据系列，添加数据标签。在"设置数据标签格式"对话框中将标签的位置设为"数据标签内"，如图 9.39 所示。

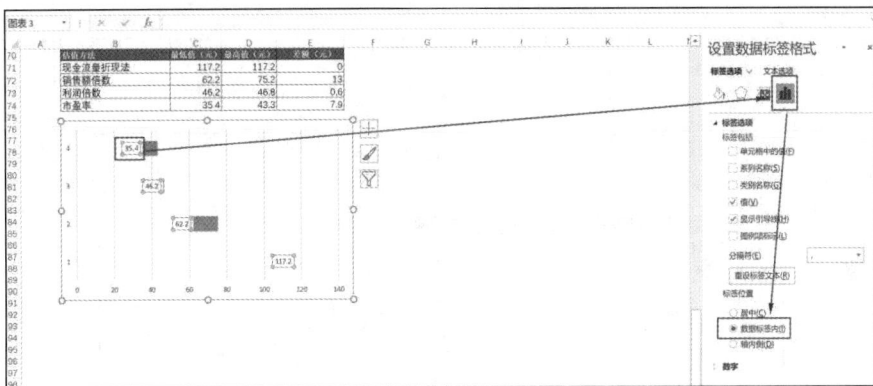

图 9.39

（9）将"最高值"数据系列的值设为"差额"数据系列的数据标签。右击"差额"数据系列的条形图打开"设置数据标签格式"对话框，在"标签选项"中选中"单元格中的值"，如图 9.40 所示。将单元格区域 D71:D74 添加至"数据标签区域"内，将数据标签的位置设为"轴内侧"。

（10）增加轴标签，如图 9.41 所示。

（11）增加图表标题。单击图右上角的十字，选中"图表标题"，如图 9.42 所示。

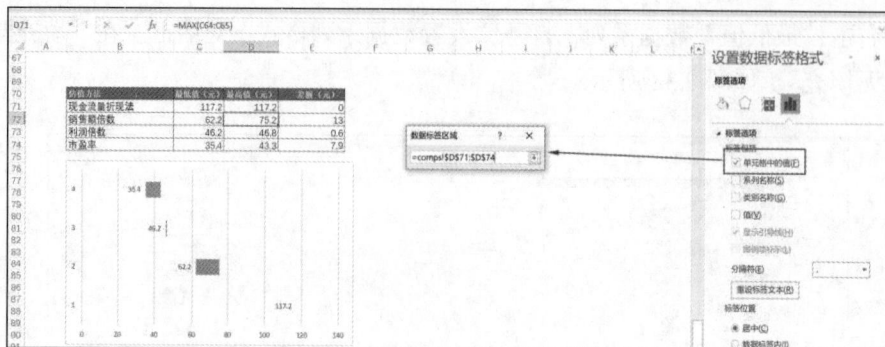

图 9.40

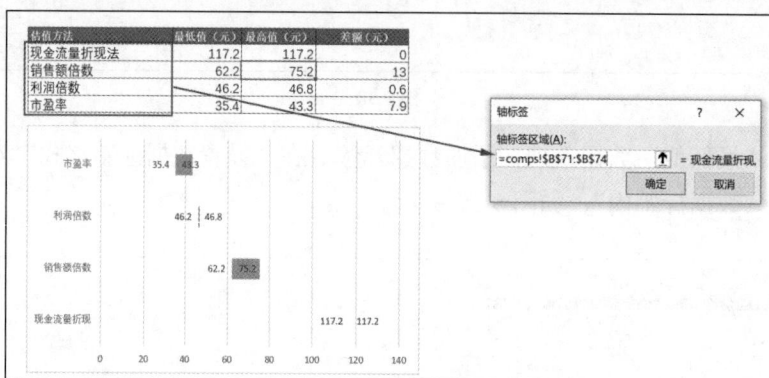

图 9.41

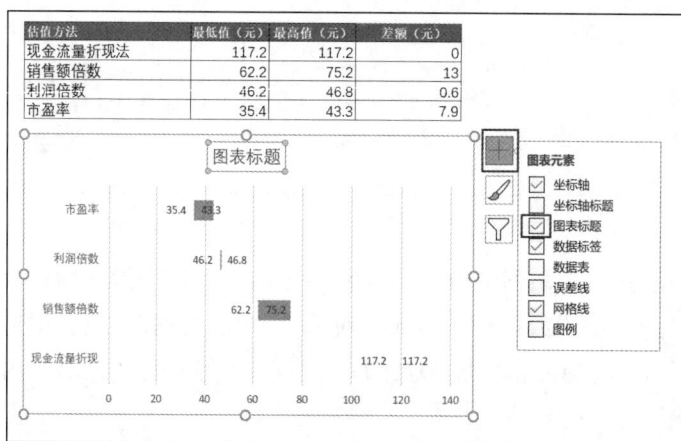

图 9.42

（12）删除一个"现金流量折现法"数据点的数据标签。由于表格中的现金流量折现值相同，因此只需保留一个"现金流量折现法"数据点。完整的"足球场图"如图 9.43 所示。

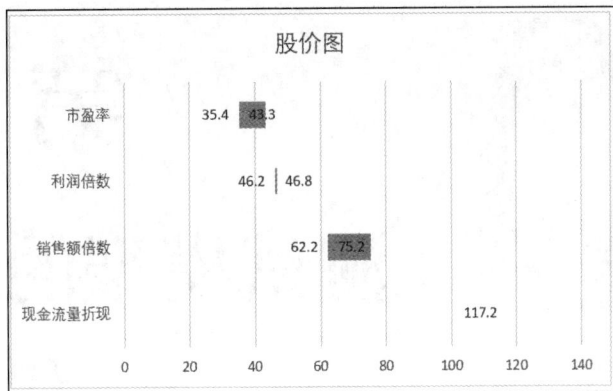

图 9.43

观察图 9.43 可得出以下几点。

- 目标公司的股票价格应在 35.4～117.2 元。

- 如果当前公司的股票价格低于 35.4 元，说明股票价格被低估，价格很可能会上涨。因此，应该现在买入以赚取股票上涨的利润。

- 如果当前公司的股票价格高于 117.2 元，说明股票价格被高估，价格很可能会下跌。因此，应该持币观望，等价格回落后再买入。如果已经持有了该股票，可以抛售持有的股票。

9.3　本章小结

在这一章中，我们了解了三种不同的估值方法：

- 绝对估值法中的现金流量折现法；

- 相对估值法中的可比公司法和先例交易法。

已经了解到，现金流量折现法被广泛认为是准确的方法；但由于简单和易于应用，相对估值法也很受分析师欢迎，因此如何估值并没有唯一正确的选项。常规的处理方式是同时运用三种方法得到一系列的结果，并在这一系列的结果中确定股价的合理波动范围。同时，我们还了解了如何创建足球场图来展示股价的波动范围。

在第 10 章中，将测试已经构建好的模型，看看它如何响应某些关键变量的变化。还将学习如何用鱼雷图展现您的发现，了解在建模过程中应该采取哪些步骤来确保将错误保持在最低限度。尽管如此，由于错误难以避免，您也要了解错误排除程序。

10

第10章
测试模型的合理性
和准确性

创建财务模型需要做出许多主观的假设和决定。为了尽可能减少这种主观性的影响，需要采用一些程序（其中一些程序在之前章节中已经提到）对模型进行测试，以辨别不可靠的假设条件，并关注对模型结果影响大的变量。

本章涵盖以下主题：

- 设置内置测试和程序；

- 错误排除；

- 理解敏感性分析；

- 使用直接和间接的方法；

- 方案选择器（场景分析）；

- 创建一个简单的蒙特卡罗模拟模型。

10.1 设置内置测试和程序

本质上，财务模型离不开公式和计算。虽然其中大多数公式和计算都很简单，但它们的数量和重复性使得发生错误成为可能。即使水平较高的建模者在对计算进行追踪时，也有可能会遇到棘手的问题。

以下是一些可以减少模型发生错误的程序。

- **硬编码单元格**：应该用蓝色字体来表示输入的原始数据，以区别于用黑色字体表示的用于计算的单元格，如图 10.1 所示（详见本书配套的彩图文件）。

(显示单位: 千元; 特殊情况另外注明)	年份	Y01A	Y02A	Y03A	Y04A	Y05A	Y06F	Y07F	Y08F	Y08F	Y10F
假设											
资产负债表											
资产											
非流动资产											
物业、厂房和设备		90,000	80,000	70,000	240,000	210,000	180,000	150,000	120,000	90,000	60,000
投资		12,197	11,549	58,106	63,106	58,106	58,106	58,106	58,106	58,106	58,106
非流动资产总额		102,197	91,549	128,106	303,106	268,106	238,106	208,106	178,106	148,106	118,106
流动资产											
存货		15,545	18,007	21,731	14,530	14,530	20,274	14,778	20,525	15,030	20,779
应收账款		20,864	31,568	35,901	28,054	28,054	39,026	31,097	42,207	34,423	45,683
现金和现金等价物		7,459	17,252	9,265	110,863	148,306	178,435	243,864	290,573	373,372	438,279
流动资产总额		43,868	66,827	66,897	153,447	190,890	237,736	289,739	353,305	422,825	504,741
流动负债											
应付账款		12,530	16,054	15,831	14,072	14,072	15,682	14,285	15,896	14,501	16,114
透支											
流动负债总额		12,530	16,054	15,831	14,072	14,072	15,682	14,285	15,896	14,501	16,114

图 10.1

采用这种编码方法，修正模型时关注黑色字体所在的单元格即可，可以减少浏览蓝色字体单元格的时间。

- **资产负债表复核**：为资产负债表增加余额核对栏，确保能够确认资产负债表是否平衡，并能迅速查明资产负债表失衡的原因。余额核对栏应该鲜明地标注在报表显眼的位置。

    要使资产负债表处于平衡状态，总资产减去流动负债就应等于总权益加非流动负债。如果有一个四舍五入的差额没有显示出来，仍然会引起不平衡的警报，如图 10.2 所示。这就是为什么应该使用 ROUND 函数来确保 Excel 在比较两个总数时忽略小数点。

- **现金和现金等价物**：资产负债表上的现金和现金等价物应与现金流量表中相应年份的期末现金余额相同。这就可以在一定程度上保证模型是正确的。

- **值只输入一次**：如果模型需要修正，只需修改原始单元格。引用了这个单元格的其他单元格会自动更新值，这样就减少了出错的可能性。

- **每行只使用一个公式**：利用 Excel 的引用功能（详见第 4 章），一行只输入一个公式，然后沿行向右在对应其余年份的单元格中复制公式。如果操作得当，将大大缩短建模时间，减少错误的发生。

E3 | =IF(ROUND(E58,0)=ROUND(E69,0),"正确","错误")

Wazobia 全球有限公司

	Y01A	Y02A	Y03A	Y04A	Y05A	Y06F	Y07F	Y08F	Y08F	Y10F
复核	正确	正确	正确	正确	正确	正确	正确	正确	正确	正确
（显示单位: 千元; 特殊情况另外注明）　年份										
假设										
资产负债表										
资产										
非流动资产										
物业、厂房和设备	90,000	80,000	70,000	240,000	210,000	180,000	150,000	120,000	90,000	60,000
投资	12,197	11,549	58,106	63,106	58,106	58,106	58,106	58,106	58,106	58,106
非流动资产总额	102,197	91,549	128,106	303,106	268,106	238,106	208,106	178,106	148,106	118,106
流动资产										
存货	15,545	18,007	21,731	14,530	14,530	20,274	14,778	20,525	15,030	20,779
应收账款	20,864	31,568	35,901	28,054	28,054	39,026	31,097	42,207	34,423	45,683
现金和现金等价物	7,459	17,252	9,265	110,863	148,306	178,435	243,864	290,573	373,372	438,279
流动资产总额	43,868	66,827	66,897	153,447	190,890	237,736	289,739	353,305	422,825	504,741
流动负债										
应付账款	12,530	16,054	15,831	14,072	14,072	15,682	14,285	15,896	14,501	16,114
透支										
流动负债总额	12,530	16,054	15,831	14,072	14,072	15,682	14,285	15,896	14,501	16,114
经营营运资本	31,338	50,773	51,066	139,375	176,818	222,054	275,454	337,409	408,325	488,628
长期资本	133,535	142,322	179,172	442,481	444,924	460,160	483,560	515,515	556,431	606,734
非流动负债										
无担保贷款	40,000	35,000	30,000	275,000	270,000	265,000	260,000	255,000	250,000	245,000
其他非流动负债	5,000	5,000	5,000	10,000	5,000	5,000	5,000	5,000	5,000	5,000
非流动负债总额	45,000	40,000	35,000	285,000	275,000	270,000	265,000	260,000	255,000	250,000
股权										
股本	70,000	70,000	70,000	70,000	70,000	70,000	70,000	70,000	70,000	70,000
留存收益	18,535	32,322	74,172	87,481	99,924	120,160	148,560	185,515	231,431	286,734
总股本	88,535	102,322	144,172	157,481	169,924	190,160	218,560	255,515	301,431	356,734
所有者权益和非流动负债总额	133,535	142,322	179,172	442,481	444,924	460,160	483,560	515,515	556,431	606,734

图 10.2

10.2　错误排除

如果出现错误，采取下列步骤有助于快速排除错误。

追踪引用单元格：引用单元格是指在当前单元格的公式中所包含的单元格。

追踪从属单元格：从属单元格是指包含了其他单元格的单元格。

以图 10.3 为例，单元格 K232 的公式中包含了单元格 K230 及 D231。单元格 K232 是单元格 K230 及 D231 的从属单元格，单元格 K230 及 D231 为单元格 K232 的引用单元格。

在"公式"选项卡的"公式审核"选项组中单击"追踪引用单元格"，就会显现蓝色细箭头，箭头的终点落在引用单元格所在位置，如图 10.4 所示（详见本书配套的彩图文件）。

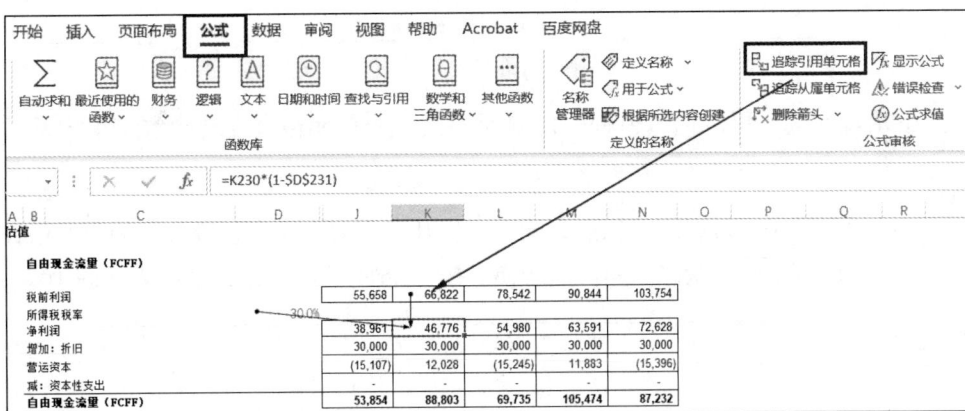

图 10.3

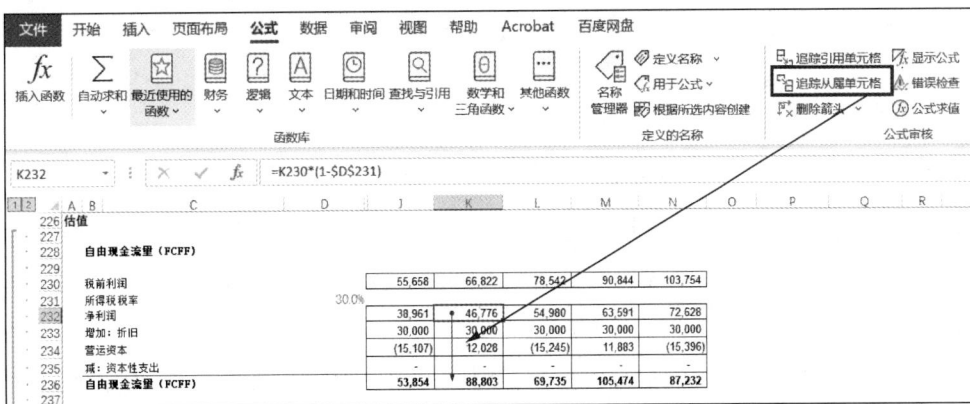

图 10.4

在"公式"选项卡的"公式审核"选项组中单击"追踪从属单元格",就会显现蓝色细箭头,箭头的终点落在从属单元格所在位置,如图 10.5 所示。

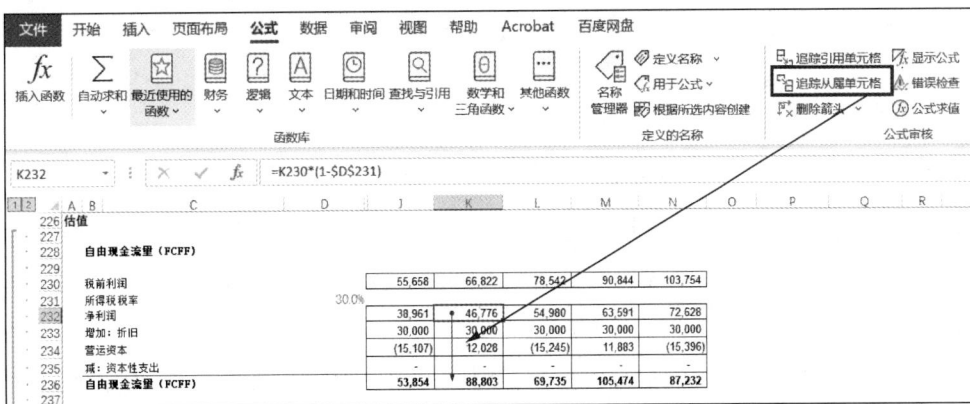

图 10.5

图 10.6 列示了单元格 D231 有多个从属单元格，同时，由于它是一个硬编码的值，因此没有引用单元格。

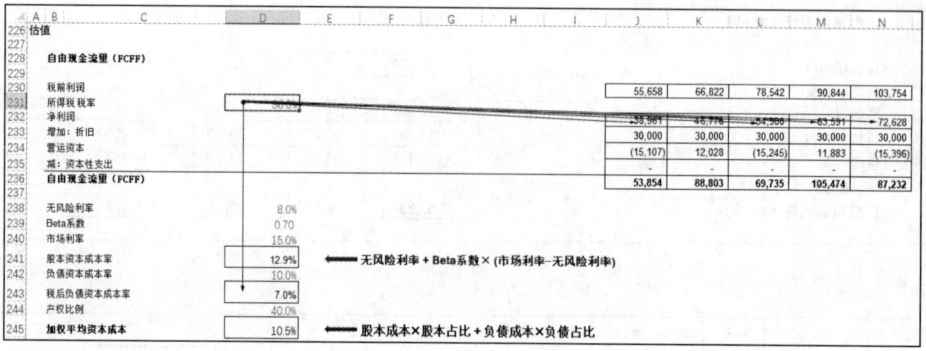

图 10.6

单元格出现问题，可以通过追踪引用单元格或从属单元格来发现导致结果异常的错误引用。

"Ctrl+`"组合键是非常有用的快捷方式，可以让工作表中所有包含公式的单元格在"显示公式"和"显示值"两个状态之间快速切换。按"Ctrl+`"组合键，估值表如图 10.7 所示。

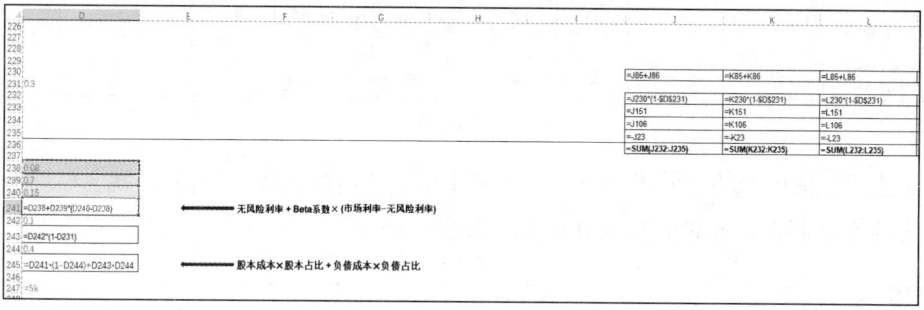

图 10.7

再按一次"Ctrl+`"组合键即显示值，如图 10.8 所示。

"Ctrl+`"组合键有助于快速浏览工作表中的公式并发现明显的错误。

公式求值：Excel 规定了运算符号（+、-、×、/和^）的执行顺序，以及先进行（）内的计算，再进行指数计算，然后从左到右依次乘除加减。当要写有多个运算符号的复杂公式时，知悉这个运算顺序有助于公式的正确执行。

不过，Excel 有时会出现因运算符号的顺序错误而导致的计算不正确，进而产生答案错误的情况。

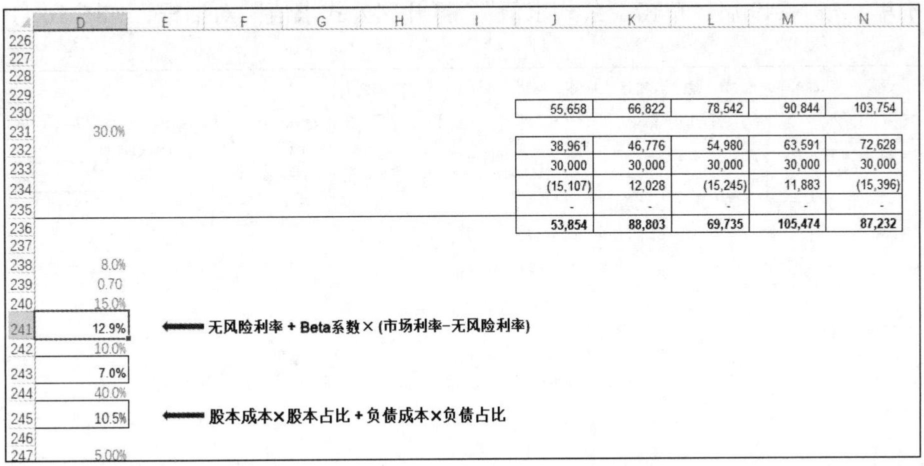

图 10.8

公式求值功能用于拆解计算步骤，有助于了解每一个计算步骤所产生的结果。以计算后续期实体价值为例，后续期实体价值的计算公式如图 10.9 所示。

$$后续期实体价值 = \frac{1 + 永续增长率}{加权平均资本成本 - 永续增长率}$$

图 10.9

将计算公式与案例相结合，单元格 N249 的公式为"=N236*(1+D247)/(D245−(D247))"，如图 10.10 所示。

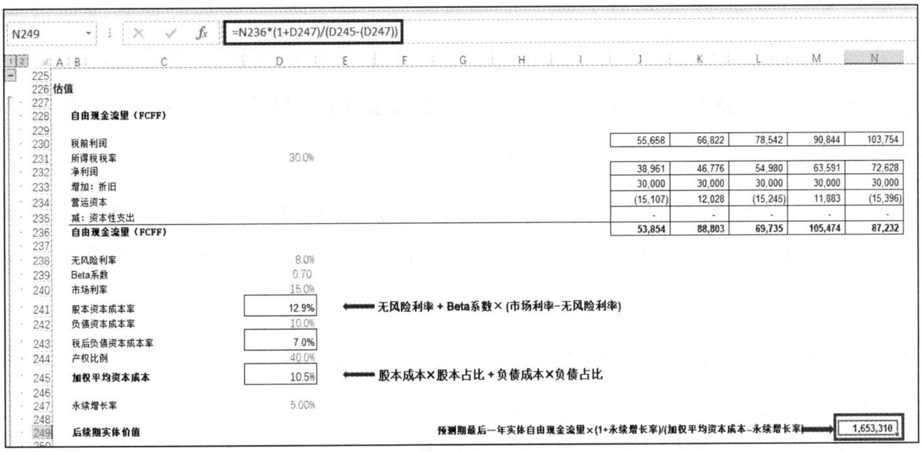

图 10.10

选中单元格 N249 后，单击"公式求值"，打开"公式求值"对话框，如图 10.11 所示。

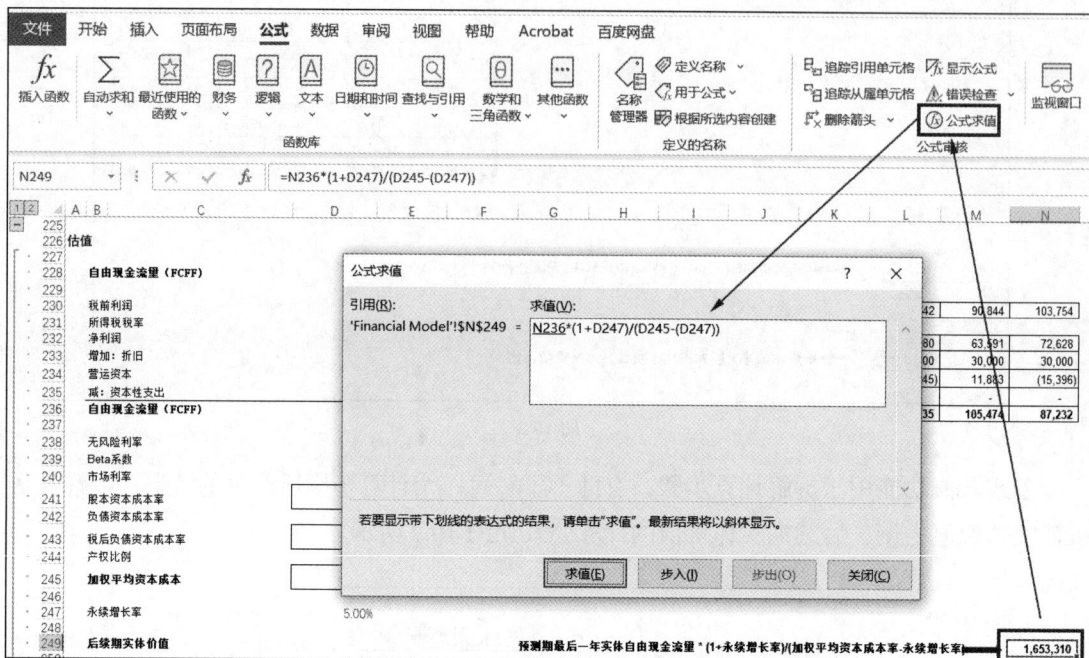

图 10.11

"公式求值"对话框的下方有四个按钮，分别是"求值""步入""步出""关闭"。在"求值"中某个部分下方标有下划线，表示这部分是当前正在运算的部分。这部分可能是某个引用的单元格，也有可能是关于加减乘除的算式，还可能是一个去除（ ）的算式。

默认情况下，Excel 将执行从左到右的运算顺序，除非有一部分的运算级别更高，如指数运算的级别先于乘除运算的级别。如果一个公式里既有指数运算又有加减乘除运算，Excel 将先执行指数运算，再执行乘除运算，最后执行加减运算。即从左到右的运算顺序只适用同等优先级的运算。

在"公式求值"对话框中单击"求值"按钮，会发现原有的"N236"被一个具体的值取代，并且 Excel 给出的是一个精确度为 10 位小数的值，而不是被四舍五入的整数值，如图 10.12 所示。

同时，下划线移至"D247"下方，这意味着单元格 D247 是下一个要运算的部分。按从左到右的顺序，下一步应进行乘法运算。但是，"（ ）"内的公式具备更高的计算优先级，因此，先计算"（ ）"内的公式。同时"（ ）"内的公式按从左至右的顺序计算。

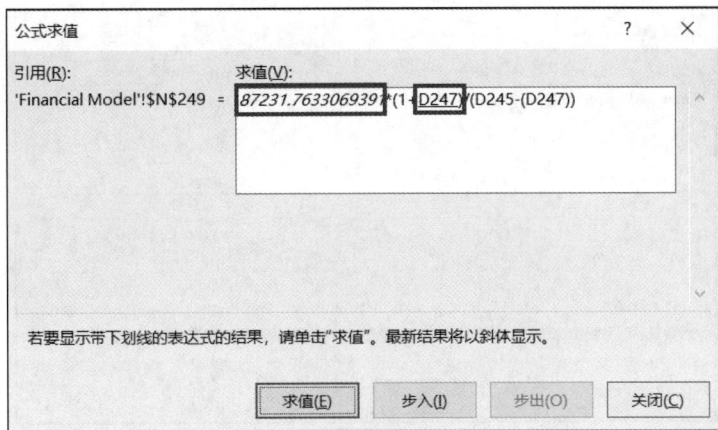

图 10.12

再次单击"求值"按钮，如图 10.13 所示，"D247"被"0.05"替代，同时下划线延伸至整个第一组"（）"下方，这意味着第一组"（）"内的内容将是下一步执行内容。

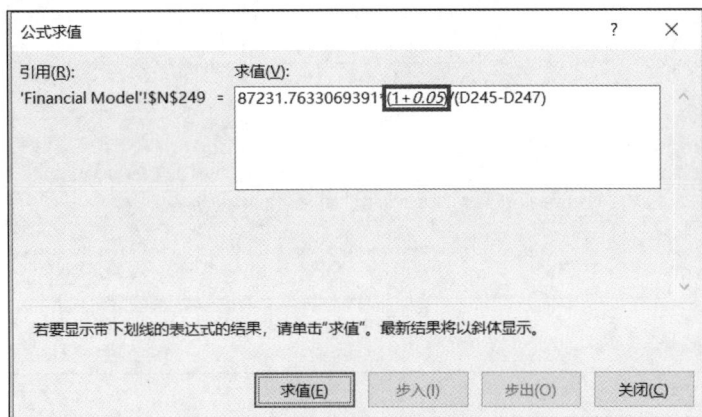

图 10.13

再次单击"求值"按钮，第一组"（）"内的公式运算完成，以值的形式显示在整个公式中，并得到提示，下一步运算为去"（）"，如图 10.14 所示。

再次单击"求值"按钮，第一组"（）"被去除，并提示下一步的运算发生在分子部分，如图 10.15 所示。

再次单击"求值"按钮，得到运算结果及提示，下一步运算为转换单元格 D245 的值，如图 10.16 所示。

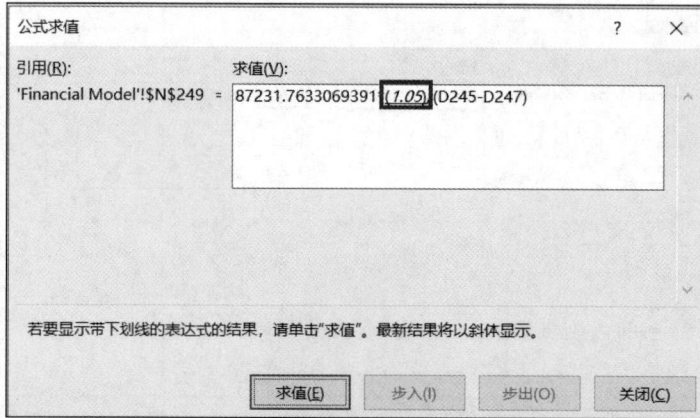

图 10.14

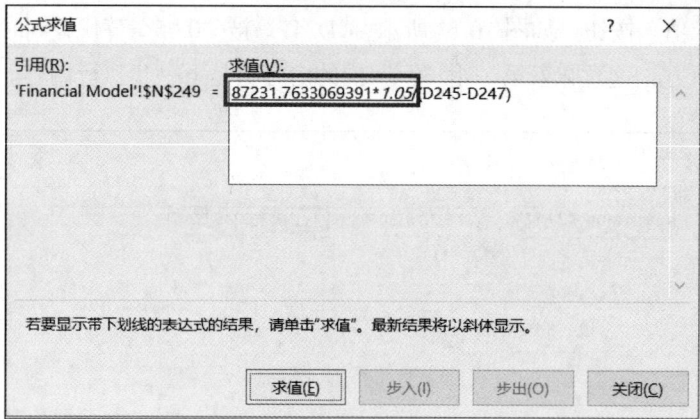

图 10.15

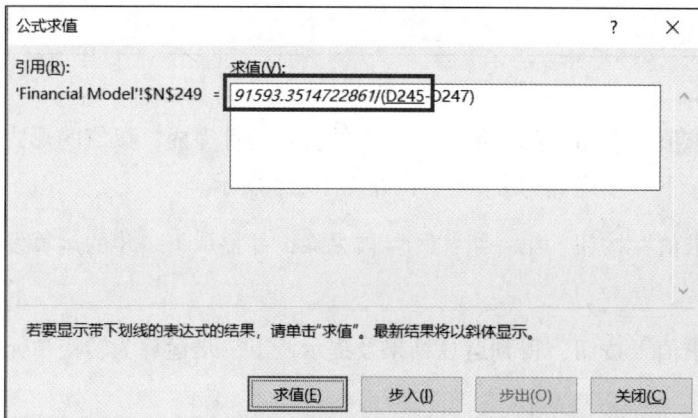

图 10.16

再次单击"求值"按钮，得到转换结果及提示，下一步运算为转换单元格 D247 的值，如图 10.17 所示。

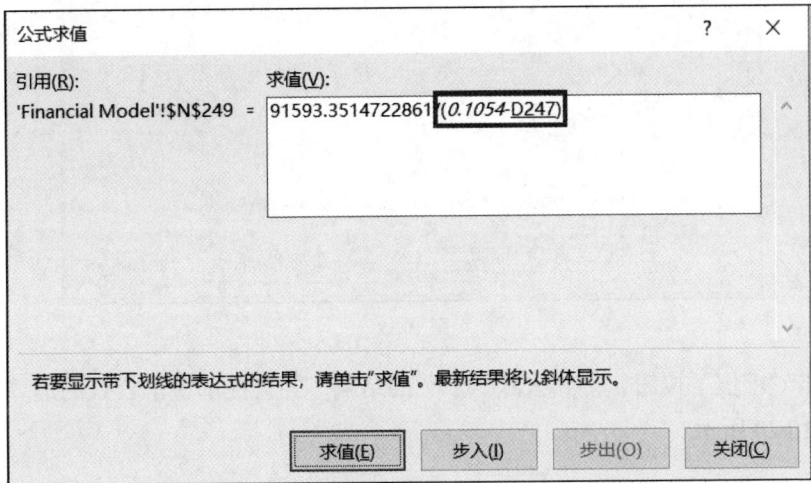

图 10.17

再次单击"求值"按钮，"D247"被具体的值替换，下划线移至整个"（ ）"的下方，如图 10.18 所示。

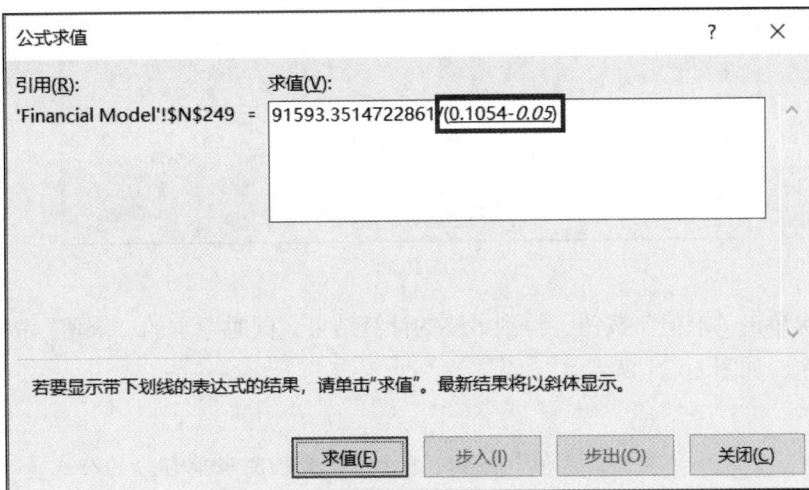

图 10.18

再次单击"求值"按钮，得到运算"（ ）"内公式的结果，并提示下一步运算为去除"（ ）"，如图 10.19 所示。

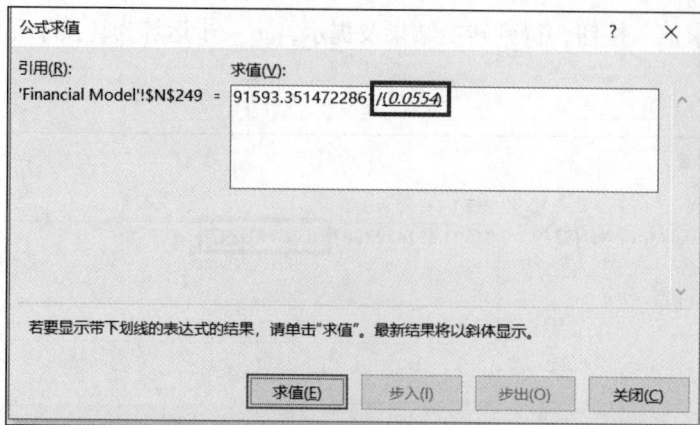

图 10.19

再次单击"求值"按钮，得到去除"（ ）"的结果，并且提示整个公式的运算只剩下最后一步，如图 10.20 所示。

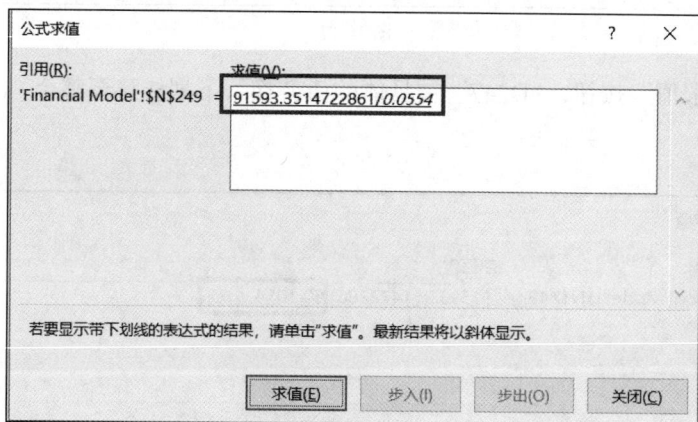

图 10.20

最后一次单击"求值"按钮，得到最终的计算结果，同时原本的"求值"按钮变为"重新启动"按钮，如图 10.21 所示。

> 单击"求值"按钮，Excel 就会检测当前部分的公式是否正确。如果公式有误，Excel 会弹出错误警告。这时需要单击"步入"按钮修正公式。公式修正完成后，单击"步出"按钮继续测试余下的部分是否正确。

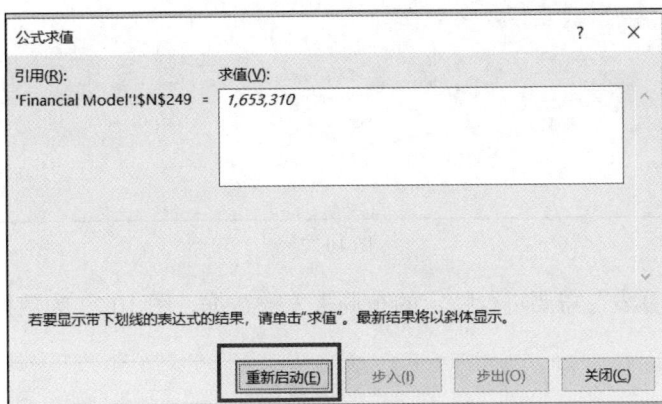

图 10.21

10.3 理解敏感性分析

在第 9 章中，已经了解了如何计算股票的价值。但模型有其固有的不确定性，需要采取一些方法来减少这些不确定性，如进行测试，看看改变初始值或某些变量后，股价会产生什么样的变化。

这样的测试过程称为敏感性分析。敏感性分析除了能反映目标值的波动性外，还能指明哪些初始值或变量对目标值的影响最大。需要确定两个在模型中占有突出地位的初始值或变量作为敏感性分析的元素。

之前的章节已经提到，销售额是利润表中重要的数据。所以，可以把销售额增长驱动因子作为敏感性分析的元素，另一个元素可以是后续期实体价值。第 9 章介绍了后续期实体价值对股价估值的影响，因此，可以将"永续增长率"，也就是用于得出后续期实体价值的一个变量直接作为第二个敏感性分析的元素。通过观察改变这些元素之后股价产生的变化来得到结论。

10.4 使用直接和间接的方法

敏感性分析有两种方法：直接法和间接法。这两种方法都使用"模拟运算表"，"模拟运算表"可以在"数据"选项卡的"模拟分析"下拉菜单中找到。图 10.22 为如何打开"模拟运算表"的示意图。

图 10.22

运行"模拟运算表"需要进行特定的布局来安放数据。图 10.23 为数据示例。

图 10.23

表格左上角的单元格罗列计算目标对象值的公式，在本案例中为股价估值的公式。这个公式是"模拟运算表"能够运行的关键条件，必不可少，但它返回的值不是需要观察的对象。因此，在进行布局时将这个单元格设置为白底浅灰色字体，以免造成干扰，分散注意力。

将永续增长率作为行标题，以 1% 的递增幅度依次将 3% 至 7% 输入表格的第一行。将销售额增长率作为列标题，以 2.5% 的递增幅度依次将 0% 至 10% 输入表格的第一列。输入完毕后将 5% 改为 4.5%、10% 改为 9.5%，如图 10.24 所示，以和假设条件一致。

选择整张表格，打开"模拟运算表"对话框，如图 10.24 所示。

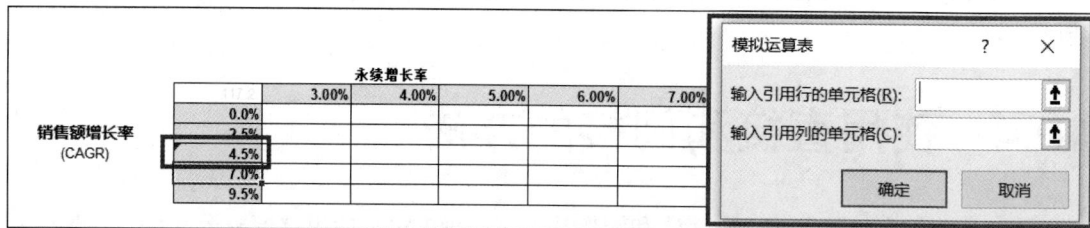

图 10.24

对话框提示需要输入两组数据，一是"输入引用行的单元格"，二是"输入引用列的单元格"。

10.4.1   直接法

直接法是指直接引用模型中的单元格的方法。在本案例中，标明"永续增长率"的单元格是单元格 D247，标明"销售额增长率"的单元格是单元格 J10，分别如图 10.25 和图 10.26 所示。

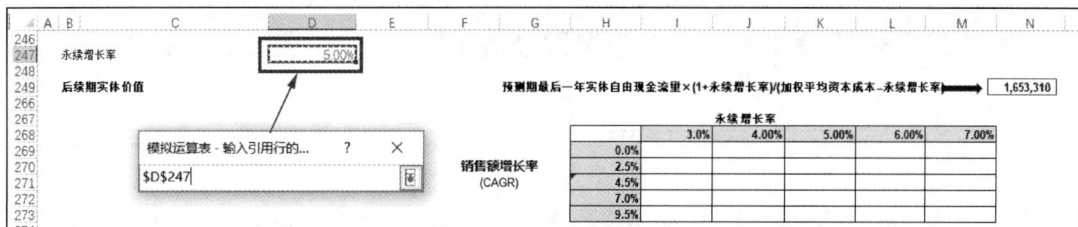

图 10.25

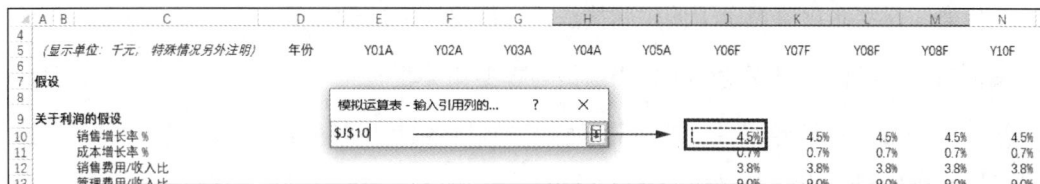

图 10.26

单击"确定"按钮后，运算结果被自动填充至表格中。每一个单元格中的值代表的是单元格所对应的永续增长率和销售额增长率共同作用下所产生的股票估值，如图 10.27 所示。

		永续增长率			
117.2	3.00%	4.00%	5.00%	6.00%	7.00%
0.0%	80.2	91.1	105.9	127.3	160.7
2.5%	85.2	96.6	112.1	134.5	169.5
4.5%	89.1	101.0	117.1	140.3	176.6
7.0%	94.1	106.4	123.3	147.5	185.4
9.5%	99.0	111.9	129.4	154.7	194.3

（销售额增长率 (CAGR) 标注于左侧）

图 10.27

可以通过观察永续增长率为 5% 以及销售额增长率为 4.5% 时的股票估值是否为 117.2 元，来评估模拟运算表的准确性。表中的估值为 117.1 元，如图 10.27 所示，与之前的估值 117.2 元非常接近，因此，可以判定这张模拟运算表的运行逻辑正确，并且运算结果正确。

查表可知，在 3% 的永续增长率和 0% 的销售额增长率的共同作用下，股票的估值最低，为 80.2 元；7% 的永续增长率和 9.5% 的销售额增长率的共同作用下，股票的估值最高，为 194.3 元。

10.4.2　间接法

间接法下，模拟运算表引用的是一个含有变量或驱动因子的公式，而不是一个独立值的单元格。首先，对模拟运算表进行布局，如图 10.28 所示。

销售额增长率 +/-2.5%		成本增长率 +/-2.5%		永续增长率 +/-1%	
变动幅度	股价（元）	变动幅度	股价（元）	变动幅度	股价（元）
0.0%	117.2	0.0%	117.2	0.0%	117.2
-2.5%		-2.5%		-1.0%	
2.5%		2.5%		1.0%	

图 10.28

作为公式一部分的驱动因子的初始变动率都为 0%。为"销售额增长率"和"成本增长率"添加"+2.5%"和"−2.5%"两个变化值，为"永续增长率"添加"−1.0%"和"+1.0%"两个变化值。这些变化值规定了使用间接法进行敏感性测试的范围。

编辑公式，以将三个驱动因子的当前值与模型相关联。

第一步：Y06F（预测的第一年）的销售额是通过将销售增长驱动因子乘以上一年（Y05A）的销售额而得出的，如图 10.29 所示。

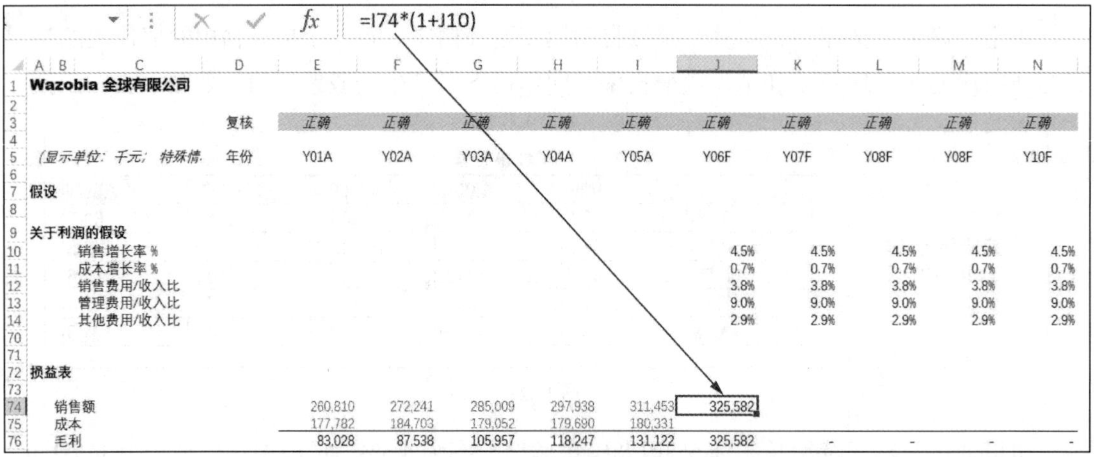

图 10.29

第二步：将单元格 C278 添加至公式中，此时的公式为计算销售增长率不做修正时 Y06F 的销售额，如图 10.30 所示。

第三步：将单元格 I74 中的公式向右填充至其他预测年份，如图 10.31 所示。

fx =I74*(1+J10+$C$278)

	A B	C	D	E	F	G	H	I	J	K	L	M	N
1	**Wazobia 全球有限公司**												
2													
3			复核		*正确*	*正确*	*正确*	*正确*	*正确*	*正确*	*正确*	*正确*	*正确*
4													
5	*(显示单位: 千元; 特殊情*		年份	Y01A	Y02A	Y03A	Y04A	Y05A	Y06F	Y07F	Y08F	Y08F	Y10F
6	**假设**												
7													
9	关于利润的假设												
10	销售增长率 %								4.5%	4.5%	4.5%	4.5%	4.5%
11	成本增长率 %								0.7%	0.7%	0.7%	0.7%	0.7%
12	销售费用/收入比								3.8%	3.8%	3.8%	3.8%	3.8%
13	管理费用/收入比								9.0%	9.0%	9.0%	9.0%	9.0%
14	其他费用/收入比								2.9%	2.9%	2.9%	2.9%	2.9%
70													
71													
72	利润表												
73													
74	销售额			260,810	272,241	285,009	297,938	311,453	325,582				
75	成本			177,782	184,703	179,052	179,690	180,331					
76	毛利			83,028	87,538	105,957	118,247	131,122	325,582	-	-	-	-
77	销售费用			9,204	10,521	11,099	11,210	11,719	12,250				
78	管理费用			25,145	26,402	21,752	26,786	28,001	29,271				
79	折旧			10,000	10,000	10,000	30,000	30,000	30,000	30,000	30,000	30,000	30,000
80	其他费用			5,675	13,342	4,394	8,559	8,948	9,353				
81	营业利润			33,004	27,273	58,712	41,692	52,455	244,707	(30,000)	(30,000)	(30,000)	(30,000)
82	其他收入			3,333	2,183	2,156	2,156	2,156	2,156	2,156	2,156	2,156	2,156
83	其他财务费用			9,265	9,644	9,848	9,586	9,586	9,586	9,586	9,586	9,586	9,586
84													
85	息税前利润			25,072	16,062	47,770	19,013	17,775	210,527	(63,680)	(63,180)	(62,680)	(62,180)
86	利息			2,000	3,750	3,250	15,250	27,250	26,750	26,250	25,750	25,250	24,750
87	税前利润			23,072	12,312	44,520	3,763	(9,475)	183,777	(89,930)	(88,930)	(87,930)	(86,930)
88													
89													
90	所得税			6,537	2,275	5,920	5,704	5,333	63,158	-	-	-	-
91													
92	净利润			18,535	13,787	41,850	13,309	12,443	147,369	(63,680)	(63,180)	(62,680)	(62,180)
93													
247	永续增长率	5.00%											

276	销售额增长率 +/-2.5%			成本增长率 +/-2.5%			永续增长率 +/-1%		
277	变动幅度	股价（元）		变动幅度	股价（元）		变动幅度	股价（元）	
278	0.0%	(77.9)		0.0%	(77.9)		0.0%	(77.9)	
279	-2.5%			-2.5%			-1.0%		
280	2.5%			2.5%			1.0%		

图 10.30

fx =I74*(1+J10+$C$278)

	A B	C	D	E	F	G	H	I	J	K	L	M	N
1	**Wazobia 全球有限公司**												
2													
3			复核		*正确*	*正确*	*正确*	*正确*	*正确*	*正确*	*正确*	*正确*	*正确*
4													
5	*(显示单位: 千元; 特殊情*		年份	Y01A	Y02A	Y03A	Y04A	Y05A	Y06F	Y07F	Y08F	Y08F	Y10F
6													
7	**假设**												
8													
9	关于利润的假设												
10	销售增长率 %								4.5%	4.5%	4.5%	4.5%	4.5%
11	成本增长率 %								0.7%	0.7%	0.7%	0.7%	0.7%
12	销售费用/收入比								3.8%	3.8%	3.8%	3.8%	3.8%
13	管理费用/收入比								9.0%	9.0%	9.0%	9.0%	9.0%
14	其他费用/收入比								2.9%	2.9%	2.9%	2.9%	2.9%
70													
71													
72	利润表												
73													
74	销售额			260,810	272,241	285,009	297,938	311,453	325,582	340,351	355,791	371,930	388,802
75	成本			177,782	184,703	179,052	179,690	180,331					
76	毛利			83,028	87,538	105,957	118,247	131,122	325,582	340,351	355,791	371,930	388,802

图 10.31

第四步：向下填充公式，得到成本的预测数据，如图 10.32 所示。

图 10.32

第五步：将单元格 C278 代入预测后续期实体价值的公式中，由于永续增长率在公式中被使用了两次，因此，单元格 C278 也要被添加两次，如图 10.33 所示。

图 10.33

第六步：返回模拟运算表模型，选择不包含标题行的表格，如图 10.34 所示。

销售额增长率 +/-2.5%		成本增长率 +/-2.5%		永续增长率 +/-1%	
变动幅度	股价（元）	变动幅度	股价（元）	变动幅度	股价（元）
0.0%	117.2	0.0%	117.2	0.0%	117.2
-2.5%		-2.5%		-1.0%	
2.5%		2.5%		1.0%	

图 10.34

第七步：单击"数据"选项卡中的"模拟分析"，选择"模拟运算表"，打开"模拟运算表"对话框，保持"输入引用行的单元格"为空，在"输入引用列的单元格"，输入单元格 C278，如图 10.35 所示。

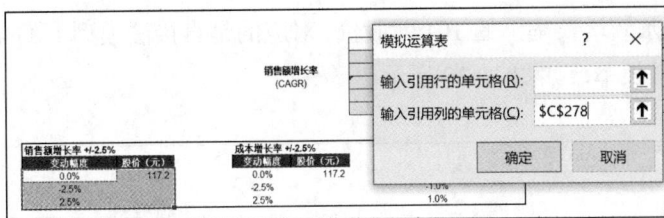

图 10.35

第八步：单击"确定"按钮，获得增长率变化后的股价，如图 10.36 所示。

| 销售额增长率 +/-2.5% | | 成本增长率 +/-2.5% | | 永续增长率 +/-1% | |
变动幅度	股价（元）	变动幅度	股价（元）	变动幅度	股价（元）
0.0%	117.2	0.0%	117.2	0.0%	117.2
-2.5%	105.6	-2.5%		-1.0%	
2.5%	129.8	2.5%		1.0%	

图 10.36

第九步：重复第六步至第八步，得到不同成本增长率及不同永续增长率下的股价，如图 10.37 所示。

| 销售额增长率 +/-2.5% | | 成本增长率 +/-2.5% | | 永续增长率 +/-1% | |
变动幅度	股价（元）	变动幅度	股价（元）	变动幅度	股价（元）
0.0%	117.2	0.0%	117.2	0.0%	117.2
-2.5%	84.4	-2.5%	138.3	-1.0%	101.0
2.5%	153.0	2.5%	93.9	1.0%	140.4

图 10.37

需要注意的是，间接法中的"0%"是指当前增长率的修正幅度，以销售额增长率为例，117.2 元的股价是基于 4.5% 的销售额增长率以及 5% 的永续增长率而得来的，因此，间接法中的"0.0%"是指直接法中的"4.5%"的销售额增长率。间接法中的"2.5%"是指直接法中的"7%"的销售额增长率。因此，间接法下的股价 153 元对应的是 7% 的销售额增长率以及 5% 的永续增长率，如图 10.38 所示。

图 10.38

间接法模型中永续增长率下的 101 元股价，对应的是直接法模型下的 4.5% 的销售额增长率以及 4% 的永续增长率，如图 10.39 所示。

股价 (元)	117.2					
				永续增长率		
		3.0%	4.00%	5.00%	6.00%	7.00%
销售额增长率 (CAGR)	0.0%	80.2	91.1	105.9	127.3	160.7
	2.5%	85.2	96.6	112.1	134.5	169.5
	4.5%	89.1	101.0	117.1	140.3	176.6
	7.0%	94.1	108.4	123.3	147.5	185.4
	9.5%	99.0	111.9	129.4	154.7	194.3

销售额增长率 +/-2.5%		成本增长率 +/-2.5%		永续增长率 +/-1%	
变动幅度	股价 (元)	变动幅度	股价 (元)	变动幅度	股价 (元)
0.0%	117.2	0.0%	117.2	0.0%	117.2
-2.5%	84.4	-2.5%	138.3	-1.0%	101.0
2.5%	153.0	2.5%	93.9	1.0%	140.4

图 10.39

间接法模型相对难以理解，配备图表加以说明能帮助使用人理解模型。龙卷风图表就是一个很适合展示变量对结果的影响的图表类型。需要从间接法模型中提取构建图表所需的数据，做好准备工作。

计算股价初始值负向变化的幅度。敏感性分析中分析的是变化的幅度，而不是变化的方向，因此，"–" 号对于模型而言没有意义。当负值产生时，需要用 ABS 函数将其变为正值。公式如下：

$$ABS((修正后股价-当前股价)/当前股价)$$

股票价格变化的百分比，随着变量的变化而变化，如图 10.40 所示。

图 10.40

将这个公式应用于成本增长率以及永续增长率后，得到其对股价的影响程度。用 SMALL 函数将各变量影响程度进行升序排序，排序公式为 "=SMALL (影响幅度百分比, 排名编号)"。

为了使 SMALL 函数能顺利运行，先增加一列辅助列，标明 1、2、3，再在 SMALL 函数表达式中引用辅助列，如图 10.41 所示。

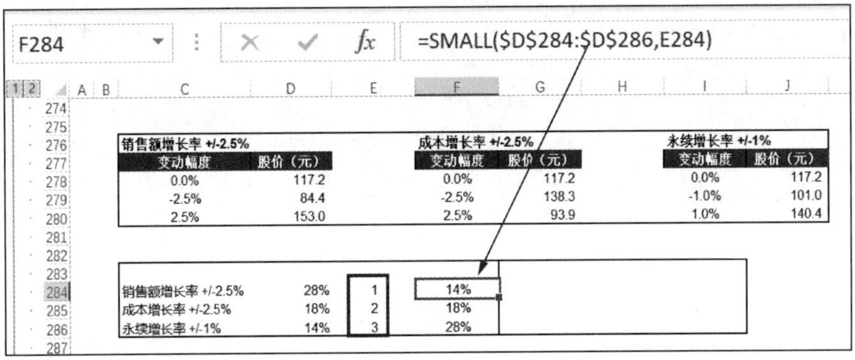

图 10.41

使用 INDEX 和 MATCH 函数（参见第 3 章），将变量名称与排序结果相匹配，如图 10.42 所示。匹配结果将作为龙卷风图表的水平轴标签。

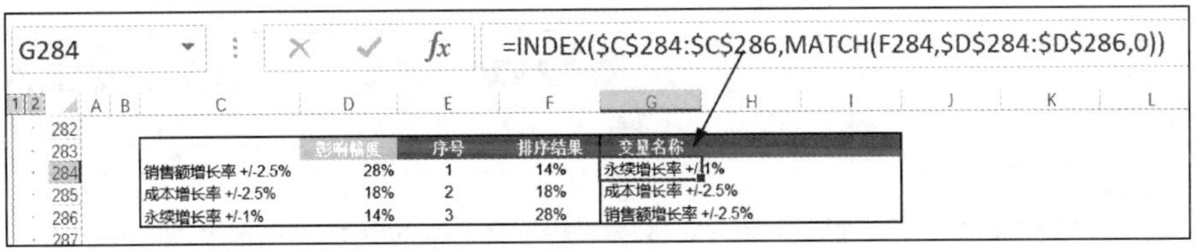

图 10.42

将"排序结果"复制至"变量名称"的右方，并在其右边再增加一列，用于列示排序结果的负值，如图 10.43 所示。

图 10.43

通过"插入"选项卡中的"堆积条形图"创建新图表。在"图表设计"选项卡中单击"选择数据"，打开"选择数据源"对话框，如图 10.44 所示。

影响幅度	序号	排序结果	变量名称	影响幅度	-ve
销售额增长率 +/-2.5%	28%	1	14%	永续增长率 +/-1%	14%	-14%
成本增长率 +/-2.5%	18%	2	18%	成本增长率 +/-2.5%	18%	-18%
永续增长率 +/-1%	14%	3	28%	销售额增长率 +/-2.5%	28%	-28%

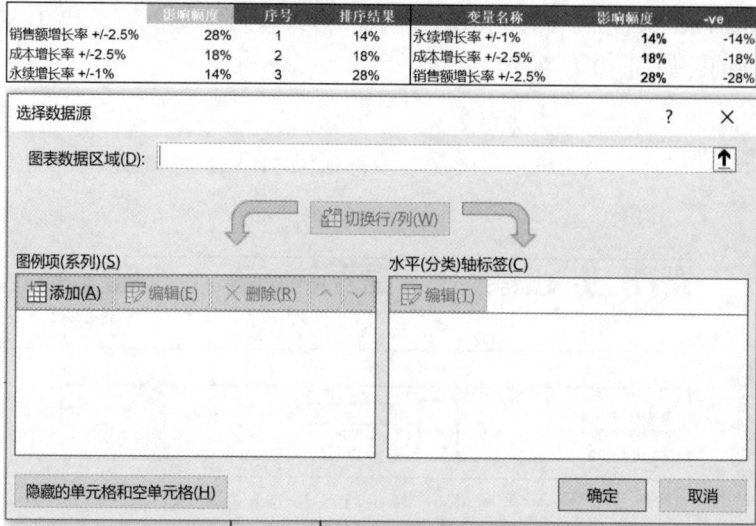

图 10.44

将影响幅度添加到"系列值",如图 10.45 所示。

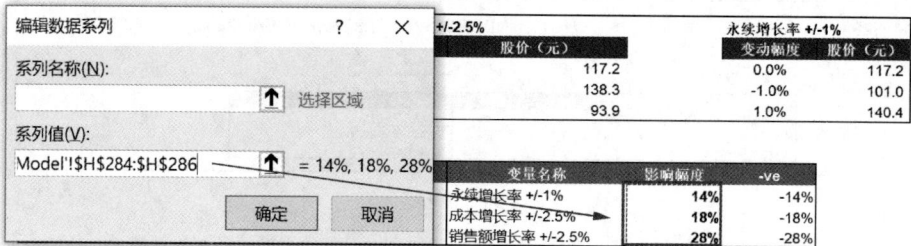

图 10.45

重复以上步骤添加第二个数据系列,如图 10.46 所示。

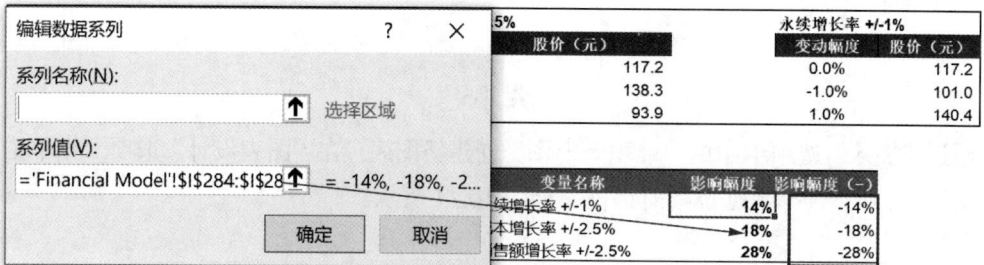

图 10.46

单击水平轴标签框内的"编辑"按钮，如图 10.47 所示。

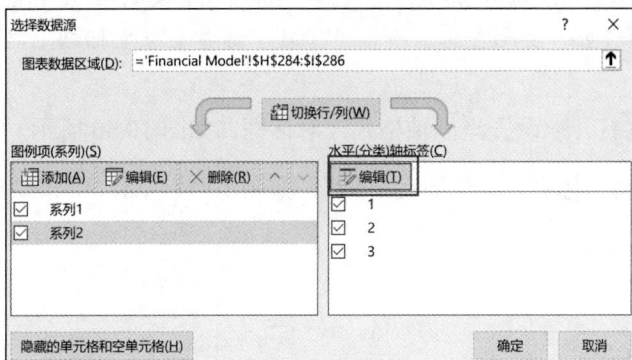

图 10.47

将变量名称添加到"轴标签区域"，如图 10.48 所示。

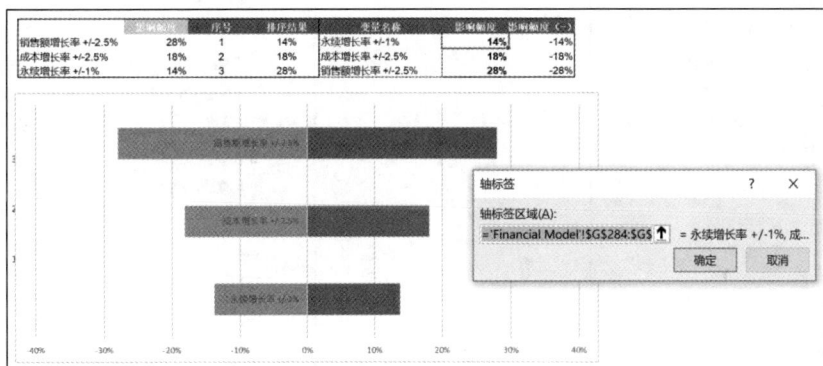

图 10.48

此时水平轴标签出现在图表的左半部分负值区域，如图 10.49 所示。

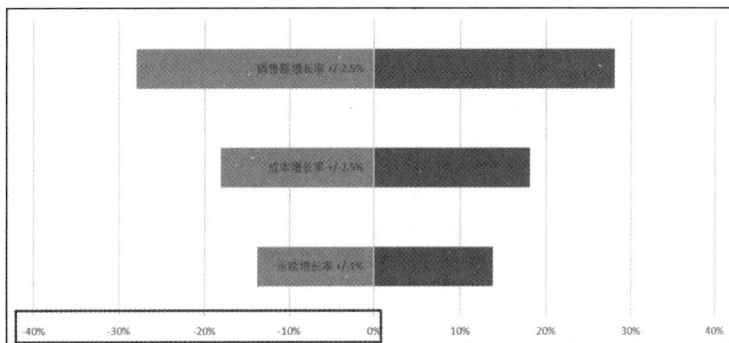

图 10.49

> 请记住，图表是一个堆积条形图，是旋转 90° 的堆积柱形图。因此它的水平轴（横轴）标签在纵坐标轴上显示。

双击水平轴标签打开"设置坐标轴格式"对话框，如图 10.50 所示。

单击"标签"，将"标签位置"改为"低"，如图 10.51 所示。

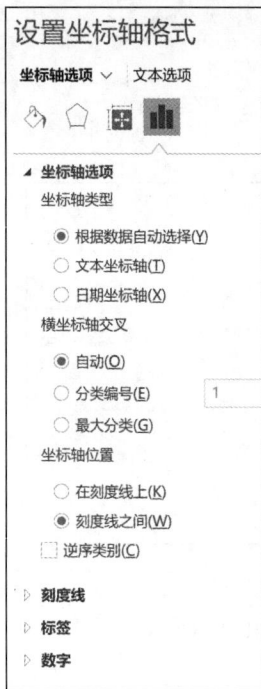

图 10.50

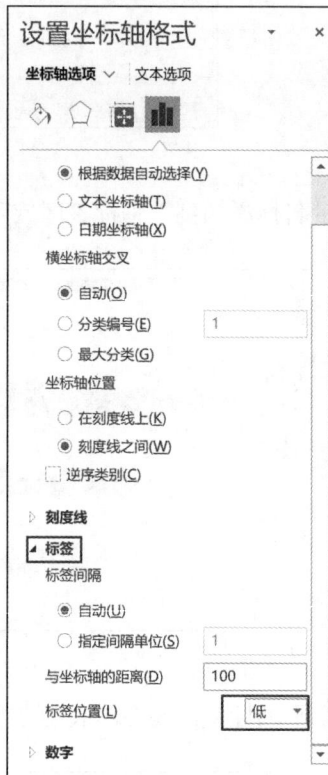

图 10.51

更改后的图表效果如图 10.52 所示。

分别更改数据系列的颜色，更改方式如图 10.53 所示。

最后，添加图表标题，突出图表的主题，如图 10.54 所示。

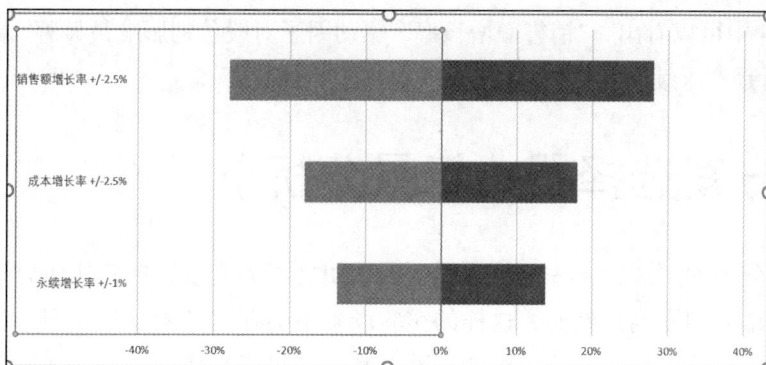

图 10.52

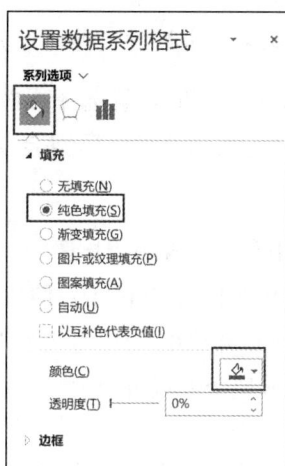

图 10.53

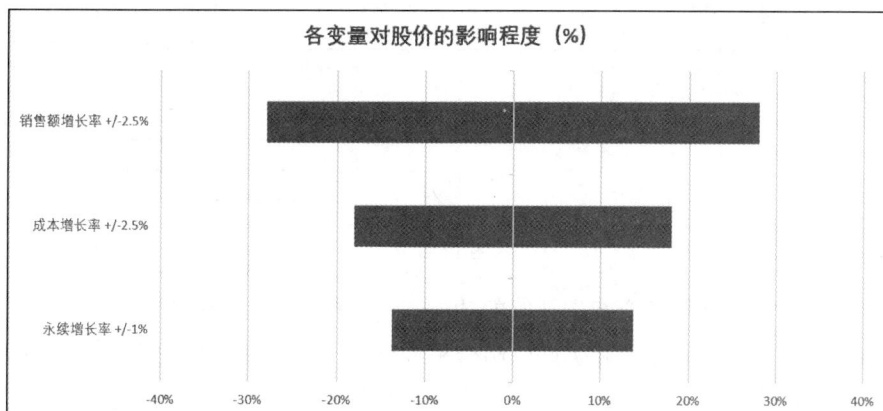

图 10.54

从图 10.54 中可以看出，"销售额增长率"驱动因子对股价的影响最显著，其次是"成本增长率"，最后是"永续增长率"。

10.5　方案选择器（场景分析）

在敏感性分析中，选择了一些值或驱动因子使之成为变量，在其他成分不变时，观察各变量对最终结果的影响。然而，这样的实验场景不会在实务中发生。因为各变量之间不是孤立的，实务环境不会只影响一种变量而对其他变量毫无作用，实务环境会同时影响一系列的变量。

因此需要模拟多种方案的实施结果。常见的三种场景分析为乐观的、普通的、悲观的。

要为每一种方案的各个变量假定一个值。就选择哪些内容作为变量而言，通常主观性越强的内容越适合被设定为变量。"方案选择器"模型会以所有变量的假定值为依据给出最终结果。

在图 10.55 的示例中，模型采用了"销售额增长率""永续增长率""加权平均资本成本"作为变量。选择这些内容作为变量的原因是这些因子对股价有重要影响且其取值具有主观性。按图 10.55 所展示的表布局设计模型，并给出"乐观"及"悲观"方案下每个变量的值。"普通"方案下各变量的值采用的是当前现金流量折现模型计算出的估值。

	销售额增长率	永续增长率	加权平均资本成本
乐观	6.0%	5.5%	9.0%
普通	4.5%	5.0%	10.5%
悲观	3.0%	4.5%	12.0%

股价（元）

图 10.55

组合框控件能使模型具备方案选择器的功能。组合框控件与 OFFSET 函数结合使用，能将被选择的方案与其对应的变量相关联。组合框控件在"开发工具"选项卡"控件"选项组中的"插入"下拉菜单内，是"表单控件"中从左数的第二个，如图 10.56 所示。

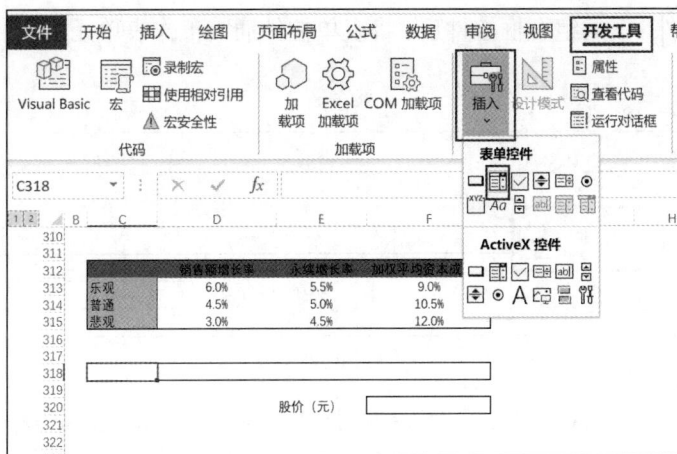

图 10.56

如果没有在 Excel 菜单上找到"开发工具"选项卡，就需要单击 Excel 左上角的"文件"选项卡，选择"选项"，打开"Excel 选项"对话框，在"自定义功能区"中选中"开发工具"，如图 10.57 所示。

图 10.57

单击"表单控件"下的组合框控件后,将表单控件插入工作表单元格 C318 中,如图 10.58 所示。

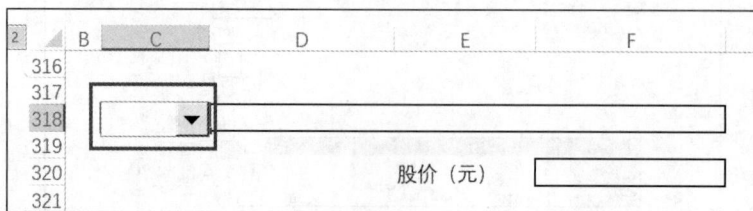

图 10.58

右击插入的组合框控件,打开"设置控件格式"对话框,在"数据源区域"中输入方案名称所在的单元格区域,在"单元格链接"中输入任意一个空白的单元格,如图 10.59 所示。

图 10.59

单击"确定"按钮后,各个方案名称即被装入组合框控件,单击组合框控件的下拉按钮,即可选择方案,如图 10.60 所示。

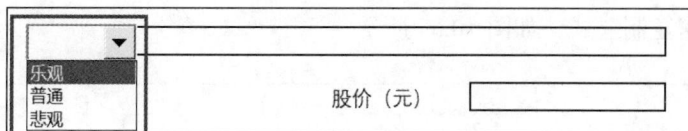

图 10.60

被选择方案的各变量的值将显现在单元格区域 D318:F318 中。要实现方案名称及其变量的联动，需要运用 OFFSET 函数。OFFSET 函数的参数能让 Excel 提取特定单元格的值。图 10.61 为 OFFSET 函数公式的构成。

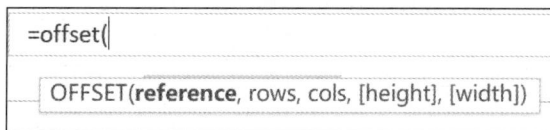

图 10.61

OFFSET 函数的第一个参数"reference"用于指定一个单元格作为起点坐标；第二个参数"rows"用于指定从起点坐标起向下偏移的行数；第三个参数"cols"用于指定从起点坐标起向右偏移的列数。"height"和"width"参数用于指定提取的行数或列数，这两个参数只在提取一定范围内的单元格时才使用。

当某个方案被选中后，在设置对话框中被指定为单元格链接的单元格中会显示一个数值，这个数值代表了当前方案在整个方案列表中的位置。选择"普通"方案，单元格 C320 的值即为 2，代表这是整个方案列表中排在第二个位置的方案，如图 10.62 所示。

图 10.62

在单元格 D318 中输入 OFFSET 函数。由于方案选择栏要同时显现三个变量的值，因此，需要运用之前在第 4 章中学到的知识，在写第一个取值公式时就将第一、第二参数用"$"符号锁定，以便快速复制公式，如图 10.63 所示。

	B	C	D	E	F
310					
311					
312			销售额增长率	永续增长率	加权平均资本成本
313	乐观		6.0%	5.5%	9.0%
314	普通		4.5%	5.0%	10.5%
315	悲观		3.0%	4.5%	12.0%
316					
317					
318	普通 ▼	=OFFSET($C$312,$C$320,COLUMN(A1))			
319		OFFSET(**reference**, rows, cols, [height], [width])			
320		2	股价（元）		
321					

图 10.63

由于单元格 C312 和 C320 被锁定了，因此，在复制公式时提取位置不会有变化，仍旧提取这两个单元格的值。单元格 C312 是所有公式的坐标起点，单元格 C320 为所有公式指定了下移的行数。但是，每个公式中向右偏移的列数是不一样的，需要用 COLUMN 函数进行动态引用。

当第一个公式编制完成后，按 "Ctrl+Enter" 组合键将公式同时填充至单元格区域 D318:F318，完成方案名称与其变量的联动。

单元格 F320 与单元格 D264 相关联，用来显示股价的估值。由于"普通"方案对各变量的赋值采用的是当前现金流量折现模型计算出的估值，因此当前显示的股价为 117.6 元，如图 10.64 所示。

	销售额增长率	永续增长率	加权平均资本成本
乐观	6.0%	5.5%	9.0%
普通	4.5%	5.0%	10.5%
悲观	3.0%	4.5%	12.0%
普通 ▼	4.5%	5.0%	10.5%
2	股价（元）		117.6

图 10.64

将方案列表中各变量的值与估值模型中的假设条件相关联。指定单元格 D318 为单元格区域 J10:N10 的引用单元格，使得"销售额增长率"的假设值与方案列表中的假设值相关联，如图 10.65 所示。

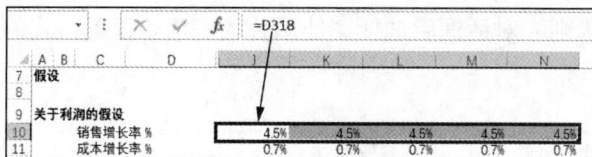

图 10.65

接着关联"永续增长率"和"加权平均资本成本"的假设值，单元格 F318 的引用单元格是单元格 D245，单元格 E318 的引用单元格是单元格 D247，如图 10.66 所示。

图 10.66

最后，使用条件格式在方案列表中突出显示被选择的方案。操作步骤为在"条件格式"下拉菜单中选择"新建规则"，如图 10.67 所示。

图 10.67

打开"新建格式规则"对话框后选择"使用公式确定要设置格式的单元格",如图 10.68 所示。

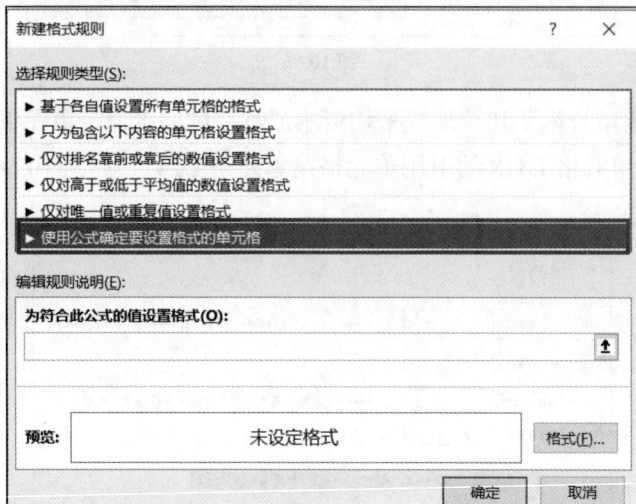

图 10.68

由于指定的条件与预设的条件不一致,因此需要使用公式来触发条件格式,而不是仅靠选中某个预设的选项。当方案模型中某个单元格符合"新建格式规则"对话框中设立的规则,那么该单元格将会被赋予特定的格式,如图 10.69 所示。

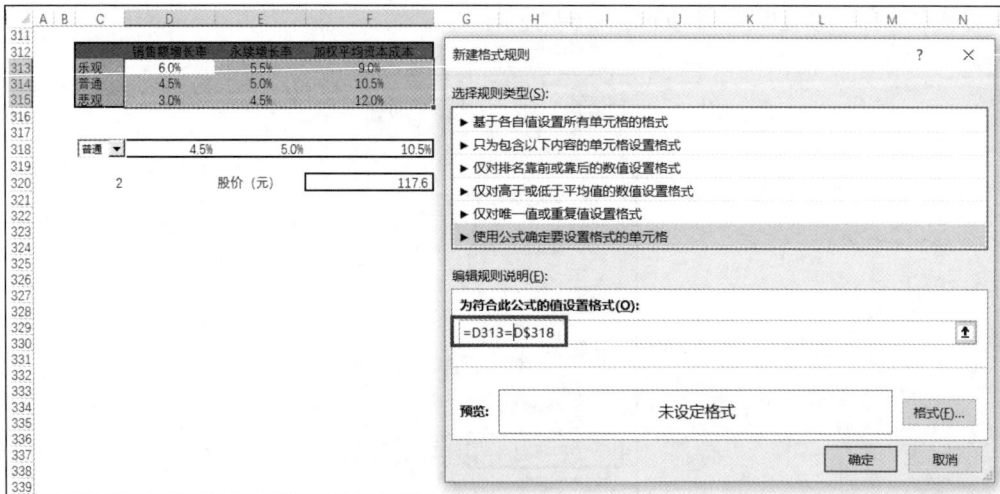

图 10.69

当通过单击相关单元格设立规则时,Excel 会自动锁定单元格。运用"相对引用""绝对引用""混合引用"的相关知识构建可以快速复制的公式以节省时间。由于条件格式的源单元格区域是 D313:F315，因此，需要将"$D$313"中的"$"号剔除，以使 Excel 可以在整个源单元格区域取数。目标单元格区域为 D318:F318，因此，只需解除列锁定即可，保留行锁定。

确定公式正确之后，按"Ctrl+Enter"组合键，用公式填充情景分析模板中的所有数值单元格。现在可以指定在条件满足时我们所希望显示的特殊格式，为字体选择粗体和红色的样式（详见本书配套彩图文件）。图 10.70 显示了如何指定一个自定义的字体颜色。

图 10.70

单击"填充"标签，选择黄色作为填充色，如图 10.71 所示（详见本书配套的彩图文件）。

单击"确定"按钮，返回"新建格式规则"对话框。此时，可以看到满足公式时单元格将被赋予的格式，如图 10.72 所示。

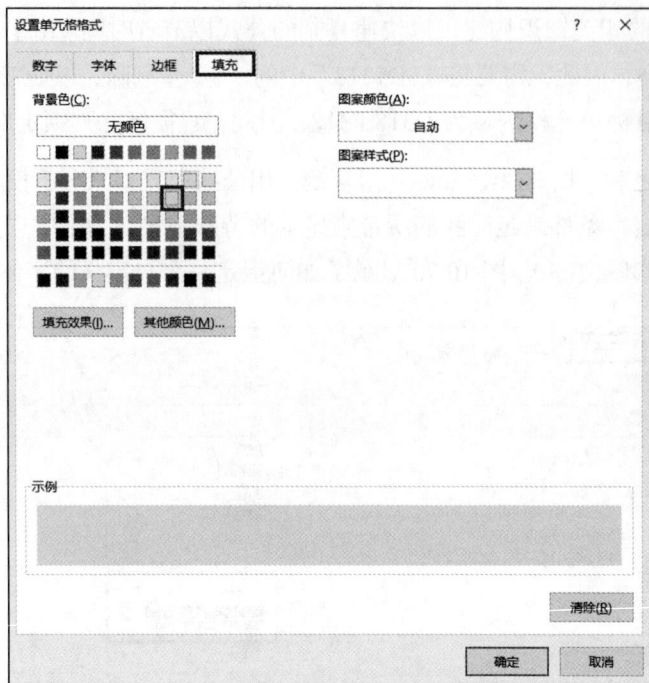

图 10.71

图 10.72

　　再次单击"确定"按钮，返回工作表。此时方案模型中"普通"方案一栏的单元格被自动赋予了格式，在方案选择区域，当前被选择的方案是"普通"方案，如图 10.73 所示。

	销售额增长率	永续增长率	加权平均资本成本
乐观	6.0%	5.5%	9.0%
普通	4.5%	5.0%	10.5%
悲观	3.0%	4.5%	12.0%
普通 ▼	4.5%	5.0%	10.5%
2	股价（元）		117.6

图 10.73

在方案选择区域，选择"乐观"方案，方案列表区域各单元格的单元格格式自动进行了更新，与选择区域的方案名称相同的方案各单元格变成了黄底红字（详见本书配套的彩图文件），同时，股价自动更新为 222.4 元，如图 10.74 所示。

	销售额增长率	永续增长率	加权平均资本成本
乐观	6.0%	5.5%	9.0%
普通	4.5%	5.0%	10.5%
悲观	3.0%	4.5%	12.0%
乐观 ▼	6.0%	5.5%	9.0%
1	股价（元）		222.4

图 10.74

在方案选择区域，选择"悲观"方案，方案列表区域各单元格的单元格格式同样自动进行了更新，股价也相应地变为 69.9 元，如图 10.75 所示。

	销售额增长率	永续增长率	加权平均资本成本
乐观	6.0%	5.5%	9.0%
普通	4.5%	5.0%	10.5%
悲观	3.0%	4.5%	12.0%
悲观 ▼	3.0%	4.5%	12.0%
3	股价（元）		69.9

图 10.75

10.6　创建一个简单的蒙特卡罗模拟模型

蒙特卡罗模拟模型适用于计算不同结果的发生概率。模拟过程中存在许多固有的不确定性，蒙特卡罗模拟模型利用随机生成的数字来获得数千个可能的结果，并从中推断出其中最有可能发生的结果。接下来的部分将涉及现金流量折现模型的组成部分——"自由现金流量增长率""公司自由现金流量额""加权平均资本成本"。

历史年份 Y02A 至 Y05A 的自由现金流量增长率的公式如图 10.76 所示。

$$第二年自由现金流量增长率 = \frac{第二年自由现金流量额}{第一年自由现金流量额} - 1$$

图 10.76

图 10.77 所示为历史增长率。

(显示单位：千元)		Y01A	Y02A	Y03A	Y04A	Y05A
估值						
自由现金流量（FCFF）						
税前利润		27,072	19,812	51,020	34,263	45,025
所得税税率	30.0%					
净利润		18,950	13,868	35,714	23,984	31,518
增加：折旧		10,000	10,000	10,000	30,000	30,000
营运资本			(9,642)	(8,280)	13,290	
减：资本性支出			-	-	-	-
自由现金流量（FCFF）		56,022	34,038	88,454	101,536	106,543
自由现金流量增长率			-39%	160%	15%	5%

图 10.77

通常，蒙特卡罗模拟模型会运行数千次，由于本书只是为了说明这个模型的使用原理，因此将次数限制在了 100 次。设计辅助数据表并构建公式求得自由现金流量平均年增长率，如图 10.78 所示。

从估值模型中求得加权平均资本成本，如图 10.79 所示。

假设每个标准差为 1%。标准差是衡量预期模拟结果与初始值差异的标准。使用 Excel 中的 RAND 函数作为随机数生成器，为计算自由现金流量平均年增长率和加权平均资本成本创建一个随机列表，RAND 函数的表达式为"=rand()"，如图 10.80 所示。

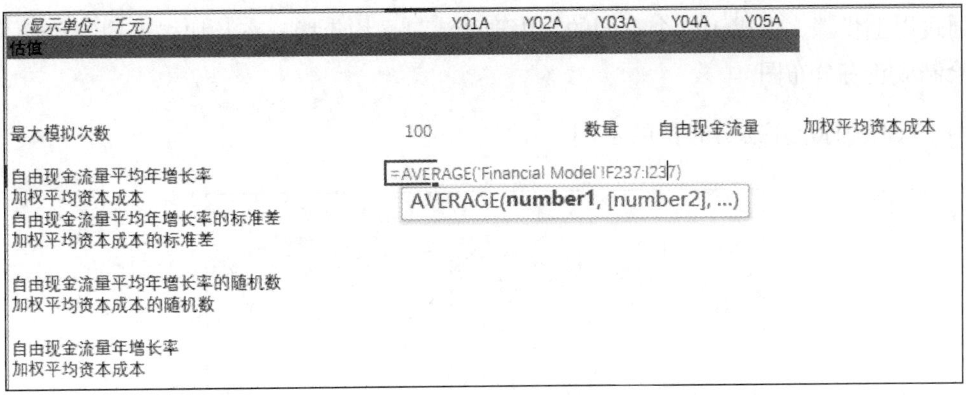

图 10.78

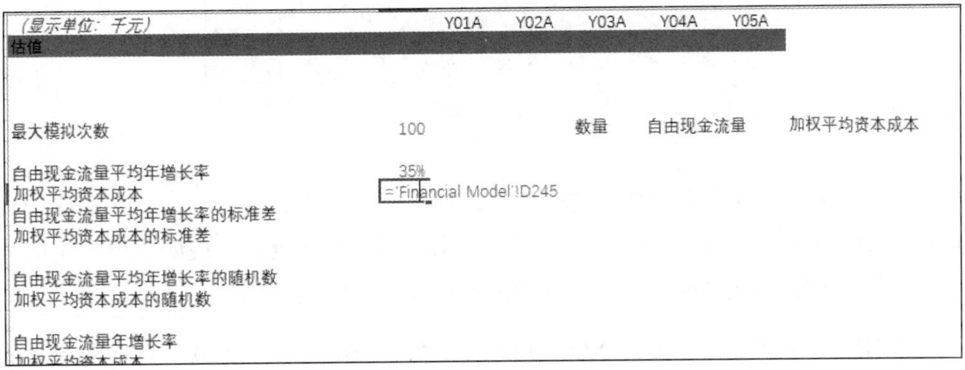

图 10.79

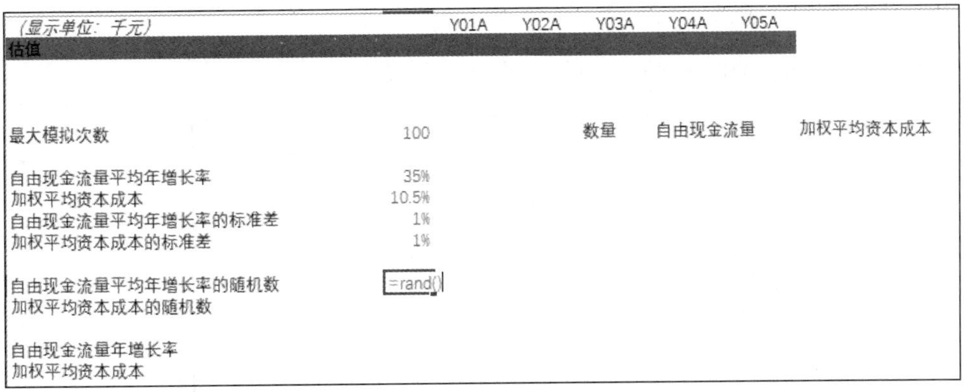

图 10.80

　　RAND 函数在 0 到 1 之间生成一个随机数。选中 Excel 中任意一个单元格按"Enter"键，RAND 函数都会生成新的随机数。假设现在生成的随机数为 0.83751，在当下的模型中，指产生某种结果的可能性是 83.751%。

通过以上步骤，生成 100 个不同的自由现金流量平均年增长率及加权平均资本成本，并将其绘制成正态分布图。

图 10.81 为标准正态分布图的示例。

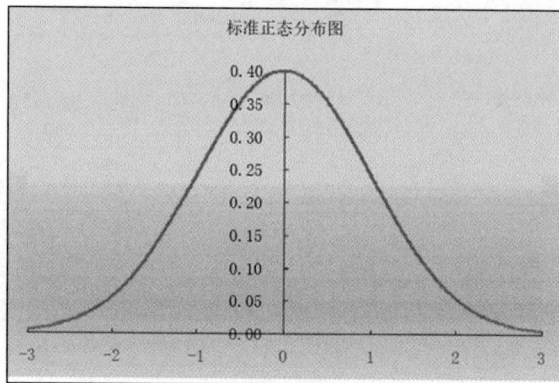

图 10.81

在图 10.81 中，可以从水平轴中的任意一点向上画一条垂直线。垂直线与曲线相交的点即产生这个值的概率。所有点聚集在中心峰值周围，点离峰值越远，说明该值发生的可能性就越小。峰值表示所有值的平均值，是变量最有可能产生的值。

在正在创建的这个场景中，用 NORM.INV 函数生成随机概率，并将这些随机生成的概率转换为自由现金流量平均年增长率及加权平均资本成本。函数 NORM.INV 所使用的参数为"均值""标准差""概率"。

图 10.82 是 NORM.INV 函数公式的示例。

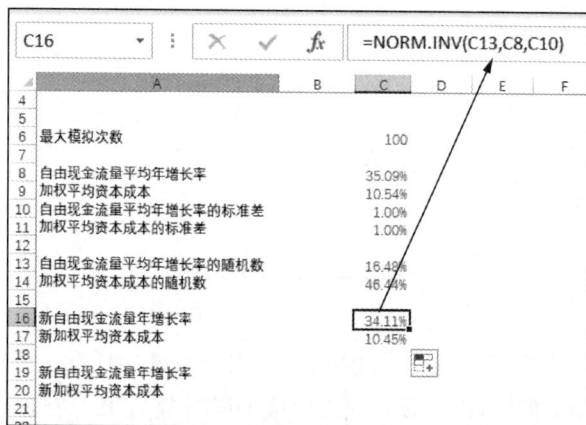

图 10.82

只需要按"F2"键后再按"Enter"键，即可以手动刷新 Excel 生成一个新的随机数。每次生成新的随机数时，新自由现金流量年增长率及新加权平均资本成本也会自动刷新。

> 请注意，案例中的数据和书中的示例会有所不同，这是因为 Excel 文件被打开时会自动刷新 RAND 函数。

可以将这些新值一个接一个地复制并粘贴到另一个位置，以便将其制成表。但采用这种方式，就需要这样做 100 次，以得到正在构建的场景所需的数量。另一种更有效的方法为使用模拟运算表。

首先在任意空白单元格中输入数值 1。选中该单元格，单击"开始"选项卡中的"填充"，选择"序列"，如图 10.83 所示。

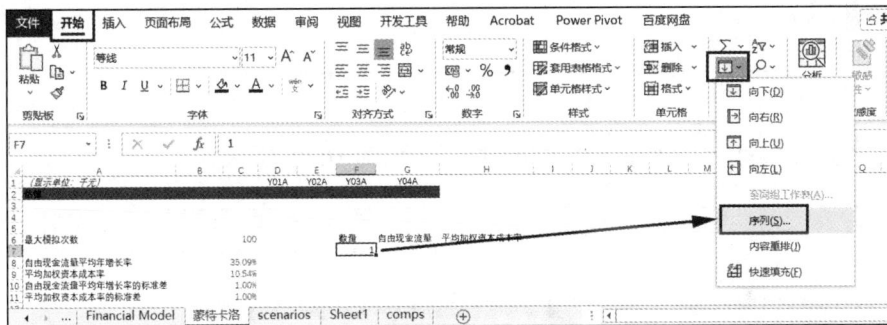

图 10.83

在打开的"序列"对话框中，将序列产生的位置设置为"列"，步长值设为"1"，终止值设为"100"，如图 10.84 所示。

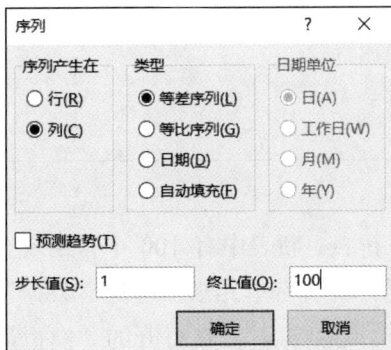

图 10.84

单击"确定"按钮后，工作表中会从之前输入的数值 1 开始生成一个从 1 到 100 的系列。现在，我们通过将"新自由现金流量年增长率"的值与数值 1 右边的单元格关联来创建第一个迭代，如图 10.85 所示。

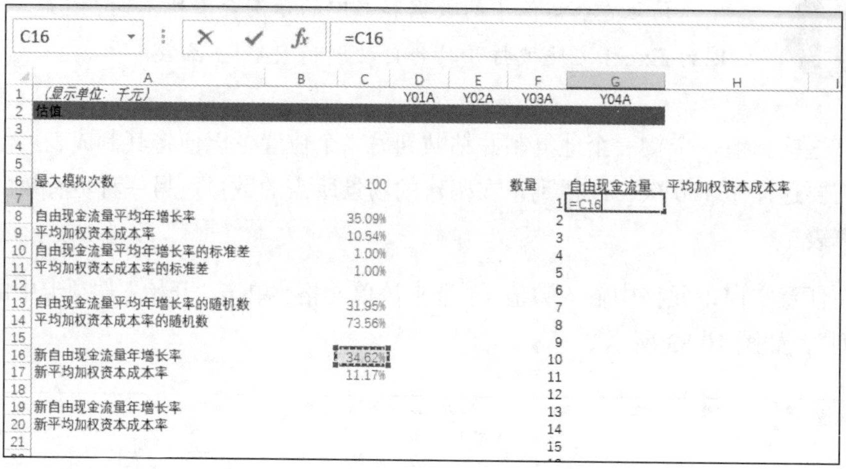

图 10.85

以同样的方式关联"新加权平均资本成本"，如图 10.86 所示。

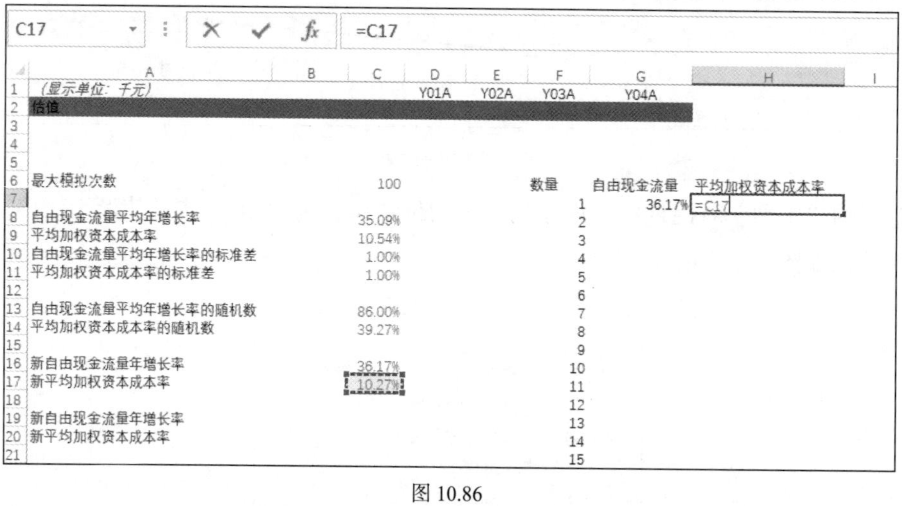

图 10.86

现在使用模拟运算表填充新表，新表中有 100 个自由现金流量年增长率和加权平均资本成本。选取新表中不带标题行的所有单元格，选择"数据"选项卡下"预测"选项组中"模拟分析"下拉菜单中的"模拟运算表"。在打开的"模拟运算表"对话框中，忽略"输入引用行的单元格"，在"输入引用列的单元格"中输入"$F$7"，如图 10.87 所示。

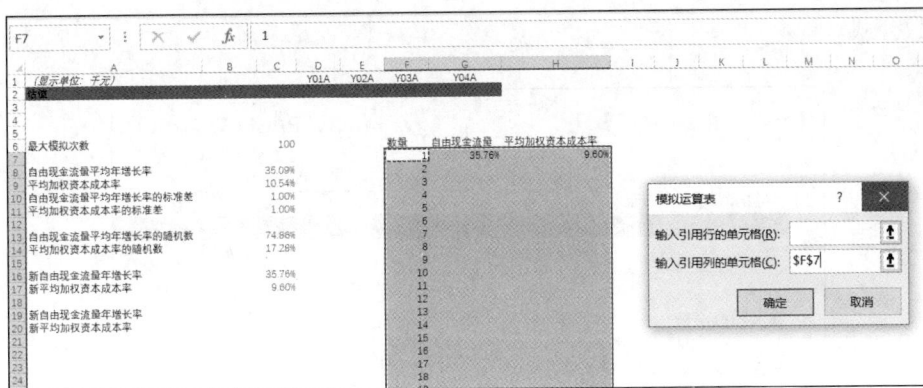

图 10.87

单击"确定"按钮后，会自动生成 100 个自由现金流量年增长率和加权平均资本成本，如图 10.88 所示。

数量	自由现金流量	平均加权资本成本率
1	34.47%	11.74%
2	36.44%	10.18%
3	35.29%	11.84%
4	34.47%	11.34%
5	33.42%	11.25%
6	36.08%	10.64%
7	36.08%	12.08%
8	37.08%	12.58%
9	35.16%	10.34%
10	35.40%	10.52%
11	35.11%	9.82%
12	33.93%	10.49%
13	35.29%	9.97%
14	37.19%	9.90%
15	34.84%	11.86%
16	35.17%	11.19%
17	35.32%	12.10%
18	34.36%	9.60%
19	36.09%	12.40%
20	36.41%	10.19%
21	33.80%	10.01%
22	34.31%	11.94%
23	36.03%	9.82%
24	34.28%	7.80%
25	35.37%	10.30%
26	36.63%	10.50%
27	35.32%	10.14%
28	34.78%	10.19%
29	34.63%	9.23%

图 10.88

下一步，通过取自由现金流量年增长率 100 次迭代值的平均值，得到最有可能产生的自由现金流量年增长率，并将此作为假设条件。图 10.89 列出了如何取得自由现金流量年增长率的函数公式。

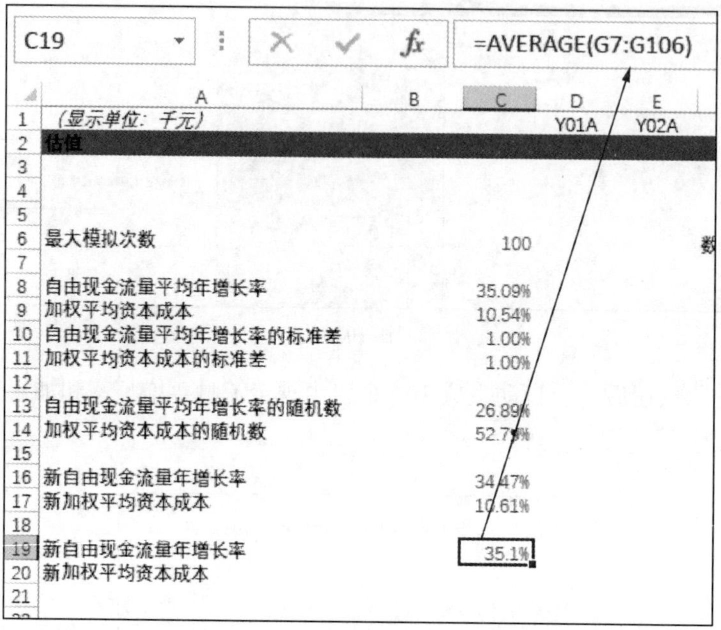

图 10.89

用同样的方式取得加权平均资本成本的平均值，如图 10.90 所示。

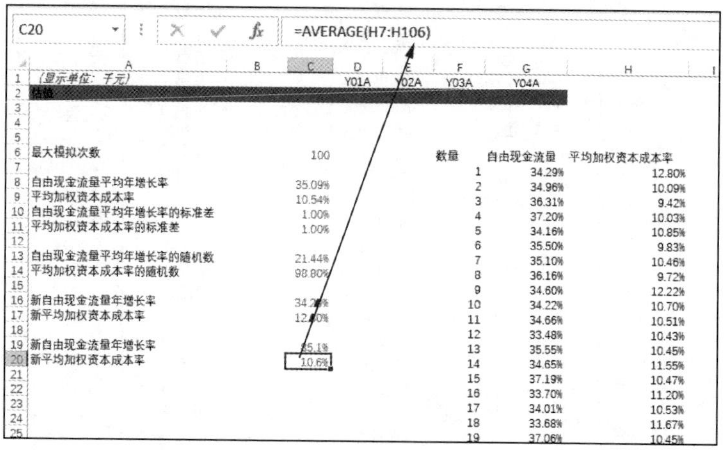

图 10.90

将刚取得的"新自由现金流量年增长率"假设条件代入估值模型，如图 10.91 所示。

在后续期实体价值的公式中替换"新加权平均资本成本"，如图 10.92 所示。

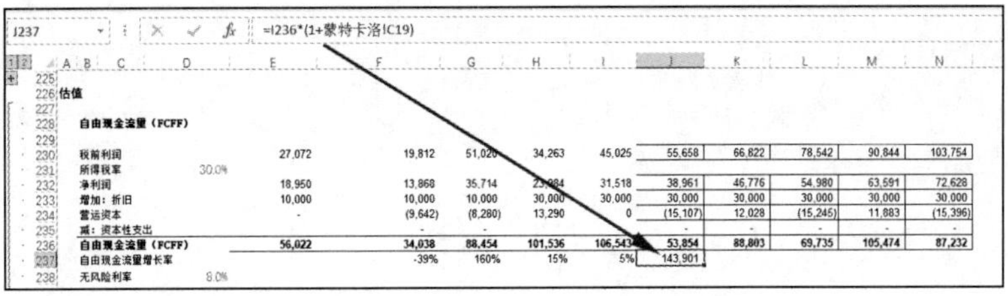

图 10.91

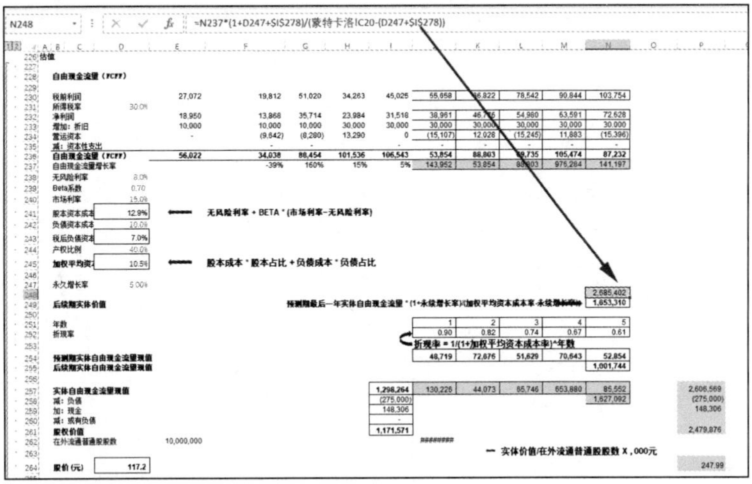

图 10.92

图中黄色标注部分（详见本书配套的彩图文件）为重新计算的每一个预测年度的自由现金流量的终值、现值以及后续期实体价值。公司的自由现金流量额为 268.54 亿元；股权价值为 247.99 亿元，最终得出股票价格为 247.99 元。

10.7　本章小结

在这一章中，我们学习了如何将一些测试及排错的过程纳入模型中以提高模型的准确性，也学习了一些基本的程序，以便在模型中显示错误的地方排除错误，了解了敏感性分析的含义，以及如何使用直接和间接的方法进行敏感性分析。我们还学会了如何在图表中显示结果，并对它们进行有意义的解释。最后，我们了解了场景分析及其与敏感性分析的区别，以及如何使用它。

财务建模是一个复杂的话题，希望本书能够帮助您了解财务建模。完全避免介绍一些技术内容是不可能的，但希望本书能让您觉得财务建模不那么复杂。